权威 · 前沿 · 原创

皮书系列为
“十二五”“十三五”“十四五”国家重点图书出版规划项目

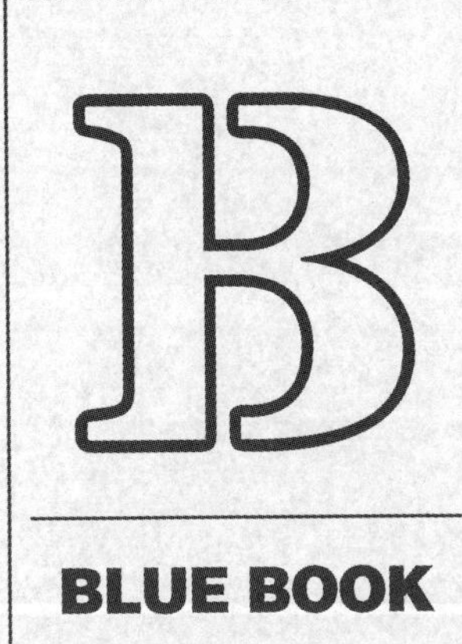

智库成果出版与传播平台

河北社会发展报告（2022）

ANNUAL REPORT ON SOCIAL DEVELOPMENT OF HEBEI (2022)

深入推进“十四五”社会高质量发展

主　编／康振海
执行主编／樊雅丽　王文录
副主编／侯建华

社会科学文献出版社
SOCIAL SCIENCES ACADEMIC PRESS (CHINA)

图书在版编目（CIP）数据

河北社会发展报告.2022：深入推进“十四五”社会高质量发展/康振海主编.--北京：社会科学文献出版社，2022.5
（河北蓝皮书）
ISBN 978-7-5201-9923-0

Ⅰ.①河… Ⅱ.①康… Ⅲ.①社会发展-研究报告-河北-2022 Ⅳ.①D672.2

中国版本图书馆 CIP 数据核字（2022）第047134号

河北蓝皮书
河北社会发展报告（2022）
——深入推进“十四五”社会高质量发展

主　　编 / 康振海
执行主编 / 樊雅丽　王文录
副 主 编 / 侯建华

出 版 人 / 王利民
组稿编辑 / 高振华
责任编辑 / 徐崇阳
文稿编辑 / 王　娇
责任印制 / 王京美

出　　版 / 社会科学文献出版社 · 城市和绿色发展分社（010）59367143
地址：北京市北三环中路甲29号院华龙大厦　邮编：100029
网址：www.ssap.com.cn
发　　行 / 社会科学文献出版社（010）59367028
印　　装 / 天津千鹤文化传播有限公司

规　　格 / 开 本：787mm × 1092mm　1/16
印 张：21.25　字 数：314千字
版　　次 / 2022年5月第1版　2022年5月第1次印刷
书　　号 / ISBN 978-7-5201-9923-0
定　　价 / 128.00元

读者服务电话：4008918866

河北蓝皮书（2022）
编辑委员会

主编简介

康振海　中共党员，1982 年毕业于河北大学哲学系，获哲学学士学位；1987 年 9 月至 1990 年 7 月在中共中央党校理论部中国现代哲学专业学习，获哲学硕士学位。

三十多年来，康振海同志长期工作在思想理论战线。曾任河北省委宣传部副部长；2016 年 3 月至 2017 年 6 月任河北省作家协会党组书记、副主席；2017 年 6 月至今任河北省社会科学院党组书记、院长，河北省社科联第一副主席。

康振海同志著述较多，在《人民日报》《光明日报》《经济日报》《中国社会科学报》《河北日报》《河北学刊》等重要报刊和社会科学文献出版社、河北人民出版社等发表、出版论著多篇（部），主持完成多项国家级、省部级课题。主要代表作有：《中国共产党思想政治工作九十年》《雄安新区经济社会发展报告》《让历史昭示未来——河北改革开放四十年》等著作；发表了《从百年党史中汲取奋进新征程的强大力量》《殷切期望指方向　燕赵大地结硕果》《传承中华优秀传统文化　推进文化强国建设》《以优势互补、区域协同促进高质量脱贫》《在推进高质量发展中育新机开新局》《构建京津冀协同发展新机制》《认识中国发展进入新阶段的历史和现实依据》《准确把握推进国家治理体系和治理能力现代化的目标任务》《奋力开启全面建设社会主义现代化国家新征程》等多篇理论调研文章；主持“新时代生态文明和党的建设阶段性特征及其发展规律研究”“《宣传干部行为规范》可行性研究和草案初拟研究”等多项国家级、省部级立项课题。

摘 要

本报告是河北省社会科学院主持编撰的河北蓝皮书丛书之一，是河北省社会发展年度报告（社会蓝皮书），由河北省社会科学院社会发展研究所组织院内外专家学者及相关部门研究人员撰写。

本报告分析了2021年河北省社会发展的基本形势和社会关注热点。2021年，是中国共产党建党100周年，是我国开启全面建设社会主义现代化国家新征程、向第二个百年奋斗目标进军的新起点，也是“十四五”规划开局之年，河北省委、省政府带领全省人民努力办好三件大事，齐心协力抗击疫情的再次冲击，在推进全省高质量发展的道路上迈出了重要步伐。具体到社会发展领域，民生投入持续增加，城乡居民收入稳步增长，就业形势总体稳定，医疗卫生、社会保障等公共服务水平有效提升，基层社会服务能力不断增强。推进共同富裕、提升全民素质、提高社会文明程度、改善人民生活品质、建设社会治理共同体成为社会共识和社会广泛关注的热点。报告同时指出，河北省社会发展领域还存在城乡差距和区域差距较大、基层公共服务能力偏低、人口结构变化潜在压力凸显等短板。展望2022年，河北省要在党的全面领导下，以推进共同富裕为目标，从更高站位推进社会发展。要以提高人民生活品质为主要任务，激活公共资源，从共建共享层面为河北省社会发展提供资源保障。要建立健全社会组织和公众充分参与的社会治理体制机制，激发社会活力，提高社会治理效能。要大力实施人才强省战略，引才聚才，为经济社会高质量发展提供人才支撑和智力支持。要善于利用现代化科技手段来改善治理结构、创新治理工具、改革治理方式，增强社会治

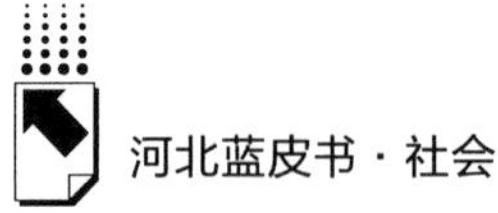

理的执行力。

本报告由五大板块构成，包括1篇总报告和21篇专题报告，对2021年河北省社会发展总体状况进行全面、系统研究，对城乡社会治理、公共服务、新型城镇化等热点问题进行专题研究。第一板块总报告，分析了2021年河北省社会发展的主要成就、存在的短板和问题、社会热点及2022年高质量社会发展的保障措施。第二板块综合发展篇，由4篇研究报告组成，全面地分析了2021年河北省城乡社会治理、人口发展、就业、生态文明建设等方面的总体形势和问题，并提出了对策建议。第三板块社会治理篇，由6篇研究报告组成，分别研究了河北省农村基层社会治理、智慧城市社会治理、数字乡村建设发展模式、社会化拥军创新模式、疫情常态下社会公众热点话题动态变化、区县（市）人口发展趋势及影响等问题。第四板块公共服务篇，由7篇研究报告组成，这些报告以翔实的数据和实地调查，分别分析了河北省养老设施供需平衡路径、农村互助养老幸福院提质增效、生育政策调整背景下托育服务供需状况、京津冀医疗卫生资源共建共享、职业教育产教融合、社会救助创新发展、农村公共文化服务水平高质量提升，提出了有针对性的对策建议。第五板块新型城镇化篇，由4篇研究报告组成，分别对河北省城市空间演进与优化方向、“强省会”城镇化发展战略、安全宜居城市治理、“空心村”基本状况等问题进行了研究。

关键词： 社会发展　社会治理　公共服务　新型城镇化　河北省

Abstract

This report is one of Blue Book of Hebei compiled by the Institute of Social Development of Hebei Academy of Social Sciences. It is an annual report on the social development of Hebei Province (Blue Book of Society) and written by experts and scholars inside and outside the institute and researchers from relevant departments.

This report analyzes the basic situation and hot spots of social development in Hebei Province in 2021. It is the 100th anniversary of the founding of the Communist Party of China in 2021, China's open all-round construction of socialism modernization country new journey, to the second goal to enter the new starting points of two hundred is also the start of the implementation of the Fourteenth Five-Year Plan. The Hebei Provincial Party Committee and the Provincial Government lead the people to do three major events well and make concerted efforts to fight Covid again, and take important steps on the road to promote the high-quality development of the province. In the area of social development, investment (input) in people's livelihood has continued to increase, incomes of urban and rural residents have risen steadily, the overall employment situation has been stable, the level of public services such as medical and health care and social security has been effectively improved, and the capacity of community-level social services has been strengthened. Promoting common prosperity, improving the quality of the people, raising the level of social civilization, improving the quality of people's lives, and building a community of social governance has become the focus of public consensus and widespread concern. At the same time, the report pointed out that there are still some shortcomings in the social development of Hebei Province, such as the gap between urban and rural areas and between regions, the low capacity of grassroots public services, and the change of population structure. Looking ahead to 2022, under the overall leadership of the party, Hebei should take a higher position to promote social development with the goal of promoting common prosperity. To improve the quality of people's lives as the main task, activate public resources, from the level of co-construction and sharing to provide resources for social development in Hebei. We need to establish mechanisms for social governance with the full participation of social organizations and the public, energize society and improve the effectiveness of social governance. In addition, it is important to vigorously implement the strategy of strengthening the province with talent, attracting and pooling talent, and providing talent and intellectual support for high-quality economic and social development. It is necessary to use modern scientific and technological means to improve the governance structure, innovate governance tools, reform governance methods, and enhance the execution of social governance.

The report consists of five sections, including one general report and 21 special reports. It conducts a comprehensive and systematic study on the overall operation of social development in Hebei Province in 2021 and conducts special studies on hot issues such as urban and rural social governance, public services, and new-type urbanization. The first section is the general report, which analyzes the main achievements, existing shortcomings, and problems, social hot spots, and guarantees measures for high-quality social development in Hebei Province in 2021. The second section is reports of comprehensive development, consists of four research reports, comprehensively analyzes the overall situation and problems of urban and rural social governance, population development, employment, ecological civilization construction, and other aspects in Hebei Province in 2021, and puts forward countermeasures and suggestions. The third section is reports of social governance, consists of six research reports, respectively studied the rural grass-roots social governance in Hebei Province, smart city social governance, digital rural construction and development model, social army innovation model, the dynamic change of public hot topics under the normal situation of the epidemic, population development of districts and counties and other issues. The fourth section is reports of public service, which consists of seven research reports. These reports are based on detailed data and field investigations. Respectively analyzes the supply and demand equilibrium path of endowment facilities resources in Hebei Province, rural mutual endowment happiness hospital efficiency, under the background of fertility policy adjustment nursery service supply and demand situation, medical and health resources co-construction and sharing of the Beijing-Tianjin-Hebei region, vocational education integration production and education, social assistance, innovation, and development, improve the rural public cultural service high-quality, targeted countermeasures and suggestions are put forward. The fifth section is reports of new-type urbanization, which is composed of four research reports, which respectively study the urban spatial evolution and optimization direction of Hebei Province, the development strategy of "strong provincial capital", the construction of safe and livable cities, and the status and governance of "hollow villages".

Keywords: Social Development; Social Governance; Public Service; New-type Urbanization; Hebei Province

目 录

Ⅰ 总报告

Ⅱ 综合发展篇

Ⅲ 社会治理篇

Ⅳ　公共服务篇

Ⅴ　新型城镇化篇

皮书数据库阅读使用指南

CONTENTS

I General Report

II Reports of Comprehensive Development

Ⅲ Reports of Social Governance

Ⅳ Reports of Public Service

V Reports of New-type Urbanization

总报告

General Report

B.1

2021~2022年河北社会发展报告

王文录　樊雅丽　郑　萍　侯建华*

摘　要： 2021年，是中国共产党建党100周年，也是“十四五”规划开局之年，这一年，在省委、省政府的领导下，河北省在高质量发展的道路上迈出了重要步伐，也再次经受住了新冠肺炎疫情局地发生的考验，全省民生建设持续推进，就业形势总体稳定，城乡居民收入稳步提高，公共服务水平有效提升，基层社会服务能力不断增强。但社会发展领域也存在一些短板，城乡差距和区域差距较大，人口结构变化潜在压力凸显，基层公共服务能力偏低，医疗、教育等重点领域仍需加强建设。展望2022年及整个“十四五”时期，河北省要以推进共同富裕为目标，在党的全面领导下，进一步激活公共资源保障能力，完善社会参与机制，加强

* 王文录，河北省社会科学院社会发展研究所研究员，研究方向为人口城镇化；樊雅丽，河北省社会科学院社会发展研究所所长、研究员，研究方向为社会治理；郑萍，河北省社会科学院社会发展研究所副研究员，研究方向为社会治理与生育政策；侯建华，河北省社会科学院社会发展研究所副研究员，研究方向为人口城镇化与社会政策。

高素质人才保障和现代化科技支撑，从更高站位推进社会发展，为建设现代化经济强省、美丽河北夯实基础。

关键词： 共同富裕　公共服务　社会文明　生活品质　社会治理

2021年，是中国共产党建党100周年，也是“十四五”规划的开局之年，更是河北人民不畏艰难、坚决抗击新冠肺炎疫情的一年。这一年，省委、省政府带领全省人民努力办好三件大事，加快制造强省、质量强省、文化强省、健康河北建设，在推进全省高质量发展的道路上迈出了重要步伐。聚焦社会发展领域，继续实施民生工程，巩固脱贫攻坚成果，深化生态环境治理，加快构建重大公共事件应急体系，推进基本公共服务均等化，强化社会文明建设，社会治理体系和治理能力现代化水平得到稳步提高。展望2022年，河北将加大“十四五”规划的落实力度，以推进共同富裕为目标，围绕冬奥会筹办和雄安新区建设，加快京津社会优质资源向河北转移，实施长城和大运河文化带建设工程，在基层建设社会治理共同体，推进公共服务高质量、均等化发展，为建设现代化经济强省、美丽河北夯实基础。

一　2021年社会发展基本形势

（一）民生领域财政支出占比超八成

2021年1～9月，河北省一般公共预算收入为3423.8亿元，居全国第8位，比上年同期增长13.5%，增幅居全国第19位。一般公共预算支出为6763.3亿元，比上年同期增长4.1%。财政支出进一步向民生领域倾斜，突出保障20项民生工程和10件民生实事，为保障和改善民生提供财政支撑。

2021 年 1 ~9 月，民生支出[①] 5451. 9 亿元，占一般公共预算支出的 80. 6%。各项民生支出中，超过千亿元的项目为教育、社会保障和就业，其中社会保障和就业支出最多，为 1232. 1 亿元，占一般公共预算支出的 18. 2%，其次为教育支出 1200. 4 亿元，占一般公共预算支出的 17. 7%。除一般公共服务外，增幅最大的支出项目为科学技术，增幅为 9. 6%，其次为卫生健康，增幅为 7. 6%（见表 1）。

表 1　2021 年 1 ~9 月河北省一般公共预算支出明细

支出项目	金额(亿元)	增长(%)	占一般公共预算支出的比例(%)
一般公共预算支出	6763. 3	4. 1	100. 0
一般公共服务	637. 5	9. 7	9. 4
公共安全	298. 1	-0. 6	4. 4
教育	1200. 4	2. 2	17. 7
科学技术	65. 4	9. 6	1. 0
文化体育与传媒	86. 8	-17. 2	1. 3
社会保障和就业	1232. 1	2. 1	18. 2
卫生健康	712. 6	7. 6	10. 5
节能环保	257. 9	-17. 1	3. 8
城乡社区	625. 2	-1. 5	9. 2
农林水	608. 9	-1. 4	9. 0
交通运输	364. 5	-5. 4	5. 4
其他	673. 9	—	10. 0

资料来源：河北省统计局，《2021 年河北统计月报》。

（二）城乡居民收入稳步增加

2021 年 1 ~9 月，河北省全体居民人均可支配收入为 21643 元，同比增长 9. 3%，城镇居民人均可支配收入为 29274 元，比上年同期增长 7. 6%，农村居民人均可支配收入为 13716 元，比上年同期增长 11. 6%，农村居民人均可支配收入增长幅度高出城镇居民 4 个百分点。从收入构成来看，由于

① 民生支出包括公共安全、教育、科学技术、文化体育与传媒、社会保障和就业、卫生健康、节能环保、城乡社区、农林水、交通运输项目的支出。

中央财政对工资支出项的审核，奖金津贴类支出暂停发放，全体居民的人均工资性收入占比为58.65%，比上年同期低0.77个百分点。针对疫情对企业生产经营的影响，省委、省政府采取减税、降费等多种措施帮助企业渡过难关，经营性收入由上年同期占比15.06%上升到16.24%（见图1）。

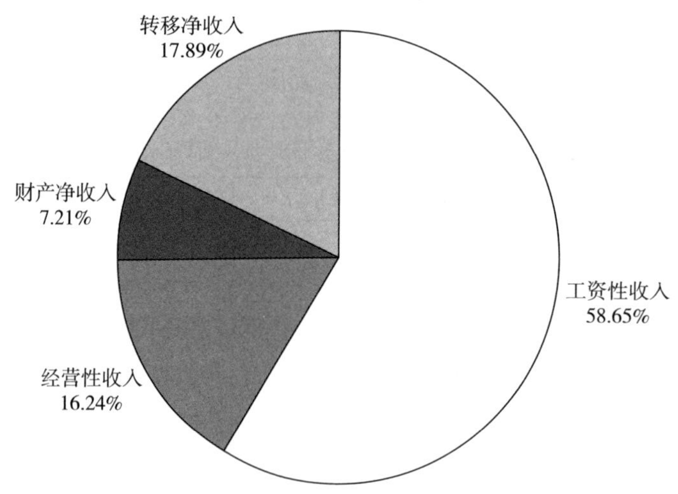

图1　2021年1~9月河北省全体居民人均可支配收入构成

资料来源：河北省统计局，《2021年河北统计月报》。

（三）社会保障水平持续提升

河北省社会保险扩面提质成效显著，社会保障的兜底作用进一步凸显。截至2021年9月，全省基本养老保险参保人数达到5328万人，同比增长1.4%，失业保险参保人数达到732万人，同比增长11.1%，工伤保险参保人数达到1117万人，同比增长5.5%（见图2）。社会保险统筹层次进一步提升，企业职工基本养老保险、工伤保险基金实现省级统筹，有利于社会保险事业公平、可持续发展。社会保障水平持续提升，企业和机关事业单位退休人员基本养老金持续上调，工伤职工伤残津贴月人均水平增加257元，供养亲属抚恤金月人均水平增加106元。

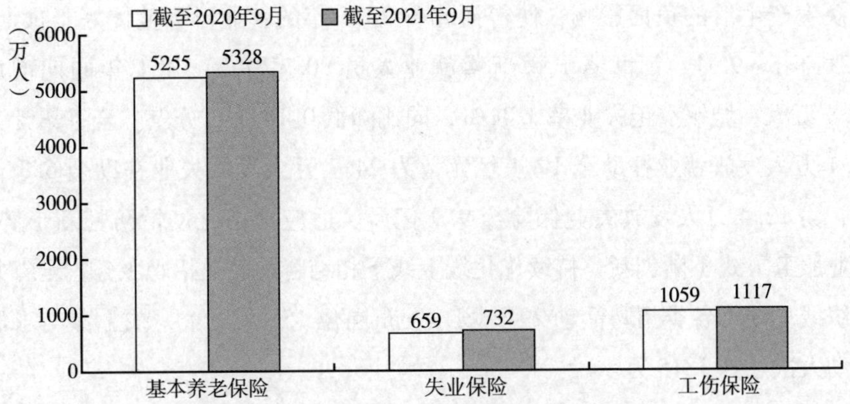

图 2 河北省社会保险参保人数年度对比情况

资料来源：河北省统计局，《2020 年河北统计月报》《2021 年河北统计月报》。

（四）医疗卫生公共服务供给持续增长

河北省医疗卫生公共服务供给总量持续增长。2021 年，全省人均基本公共卫生服务经费补助标准提高到 79 元。截至 2020 年底，每千常住人口拥有医疗卫生机构床位 5.94 张，每千常住人口拥有执业（助理）医师 3.22 人，医护比达到 1∶0.83，人均预期寿命达到 77.56 岁。全省二级以上医院共下派 2254 名中级以上医师进驻乡镇卫生院或社区卫生服务中心，基层医疗卫生机构服务能力不断增强。乡村一体化管理进一步提质增效，截至 2021 年 10 月，河北省共有 98 家乡镇卫生院、39 家社区医院达到国家推荐标准。疾病预防控制能力显著增强，基层医疗卫生机构的移动核酸检测车和负压救护车等疫情防控设备配置率显著提升，启动建设河北大学附属医院国家重大疫情救治基地。河北省首家互联网医院河北工程大学附属医院启动运营，缓解疫情防控带来的线下就医不便问题。

（五）就业形势整体好于预期

随着疫情防控能力不断提升，疫情防控与生产生活的统筹兼顾机制日益成熟，在保障疫情防控措施有效落实的前提下，河北省最大限度降低疫情对群众生产生活的负面影响，使得河北省2021年的就业形势整体好于预期。2021年1~9月，河北省城镇新增就业人员80.7万人，比上年同期增加12.8万人，城镇登记失业率3.31%，同比降低0.18个百分点。全省累计为26.1万人发放就业补助金19.4亿元，为24.7万人发放失业补助金6.3亿元，为12.4万人发放失业保险金9.9亿元。适应常态化疫情防控新形势，就业服务方式不断创新，持续优化线上线下相结合的就业招聘服务，全省共组织线上线下各类招聘活动2942场，发布岗位151.7万个，线上参与求职活动人次达到1815万。

（六）基层社会服务能力不断增强

基层社会治理能力显著提升，创新完善“五社联动”党建引领机制，党领导下的多元共治格局初步形成。基层社会服务能力不断增强，截至2021年10月，全省4717个城镇社区共建有养老服务设施4763个，其中，街道居家养老服务中心579个，社区日间照料服务站（点）3551个，具有日间照料功能的养老机构633个。医养结合取得重要进展，90%以上的养老机构与医疗机构建立合作关系。社会力量在基层社会治理中的优势和作用不断凸显，为基层社会治理注入活力。省级社会组织孵化初现成效，社会组织队伍力量不断壮大，截至2020年底，正式登记社会组织超过3.5万家，基层备案社区社会组织近10万家，专业社会工作者7.6万人，实名注册志愿者超过1000万人。乡镇（街道）社工站建设嵌入基层社区，截至2021年6月，全省已建成社工站51个，以乡镇（街道）社会工作站为基础的全省社会工作服务体系已具雏形。

二　社会发展领域的主要短板

（一）城乡差距且区域差距较大

2021年前三季度，城镇居民人均可支配收入29274元，农村居民人均可支配收入13716元，城乡居民人均可支配收入比2.13，同比缩小0.08。

虽然近年来农村居民人均可支配收入增速高于城镇居民人均可支配收入增速，城乡居民人均可支配收入比逐步缩小，但城乡居民人均可支配收入绝对差距在不断扩大，人均可支配收入差距从2010年的10305元增长到2020年的20819元，这是塑造新型城乡关系、实现城乡融合发展面临的最直接问题。从京津冀区域来看，河北与京津发展落差过大，2020年，京津冀三地地区生产总值分别为36102.6亿元、14083.7亿元、36206.9亿元，河北省地区生产总值占京津冀总量的41.9%，人口却占京津冀总人口的67.6%。不仅是经济总量，河北产业结构、公共服务、城镇化水平等均落后于京津，作为首都"护城河"，环境约束趋紧，转型升级任务重，经济发展与环境治理短期内存在一定的矛盾冲突，亟须找准二者平衡点，使经济发展与环境治理并行不悖。从河北省内部来看，冀西北、冀东、环京津、冀中南各区域之间差距较大，不协调、不平衡问题仍然突出并成为制约全省经济社会高质量发展的重要因素。

（二）人口结构变化潜在压力凸显

2020年第七次全国人口普查（以下简称"七普"）数据显示，河北省总人口7461万人，其中，0~14岁人口1509万人，占总人口的20.23%；15~64岁人口4913万人，占总人口的65.85%；65岁及以上人口1039万人，占总人口的13.93%[①]。与2010年相比，少年儿童和老年人口比重均有所上升，劳动年龄人口比重进一步下降，总抚养比达到51.85%，高于全国平均水平近6个百分点，人口结构变化带来的潜在压力进一步增大。一是人口出生率持续下降，人口增长放缓，劳动年龄人口规模缩小态势仍将延续，人口政策调整是一个长期的过程，低生育水平局面在未来较长一段时间很难被根本扭转，如果不能提供更加有效的政策刺激，这种人口发展态势对经济社会发展的不利影响将会更加突出。二是为扭转人口出生率下降态势，当前

① 国务院第七次全国人口普查领导小组办公室编《2020年第七次全国人口普查主要数据》，中国统计出版社，2021。

生育政策调整的作用逐步显现，未来几年出生人口可能会有所增加，由此带来的托育、学前教育需求将会有所放大，由供给不足造成的“入托难”“入园难”等问题可能会重回大众视野。三是人口老龄化加速，老年人口规模迅速扩大，养老服务需求增加，且随着生活水平的提高，居民对养老服务的质量要求也明显提升，养老服务体系建设面临严峻挑战。

（三）基层公共服务能力偏低

“十三五”时期，部分公共服务设施建设作为民生工程被强力推动，基本公共服务设施覆盖面不断扩大，基本上解决了“缺不缺、够不够”的问题，当前面临的主要问题是“好不好、精不精”。一是基层公共服务设施“硬件不硬”。部分县级文化馆、公共图书馆等公共服务设施建设年代较早，设施比较陈旧，功能不完善，标准化程度较低。以公共图书馆为例，2020年，全省共有公共图书馆176个，在总量上仅次于四川省，居全国第2位，但从藏量来看，全省人均拥有公共图书馆藏书0.46册，低于全国平均水平0.84册，在全国居于后列①。从乡镇（街道）、村（社区）公共服务设施来看，存在布局不合理、建设标准不高等问题，甚至部分设施被占用、挪用或闲置，“空壳化”现象仍然较为突出。二是基层公共服务“软件不软”。部分基层公共服务主体服务意识不强、服务方式缺乏创新性、设施使用率不高、基层公共服务人员队伍综合素质整体不高、服务供给的精细化程度不高、服务与群众的多样化需求不匹配等问题亟须解决。

（四）卫生健康服务功能不完善

河北省着力优化医疗卫生资源配置，卫生健康服务水平显著提升，但与群众期盼和社会发展需求还存在一定差距。一是医疗资源基本满足需要，但优质医疗资源不足。2020年，河北省拥有医疗卫生机构床位44.20万张，每千人口卫生技术人员6.96人，医疗资源基本满足群众就医需求，但优质

① 国家统计局：《中国统计年鉴2021》，中国统计出版社，2021。

医疗资源主要分布在省会及其他区域性中心城市，基层医疗卫生机构服务水平尚未得到根本提升，肿瘤、心脑血管等疾病的外转率较高，群众医疗服务需求未得到充分满足。二是医疗保障发展不平衡，不同群体、不同区域间基本医疗保险待遇有差异，重大疾病保障能力不足，医保基金压力持续加大。三是公共卫生突发事件防控能力不足。2021 年初和 10 月份，河北省发生的两轮疫情虽然都及时得到了有效控制，但也暴露出基层特别是农村存在的公共卫生突发事件预警防控机制不健全、重症监护和隔离防控基础设施不足、公共卫生与防疫人才短缺等短板。

（五）教育供给结构不尽合理

基础教育资源城乡之间、区域之间、学校之间差距较大，“择校热”造就的超级小学、超级中学依然存在，优质教育资源明显短缺且分布不均衡，义务教育实现优质均衡发展依然任重道远。职业教育校企合作深度融合不够，集团化发展不充分，现代学徒制培育机制不完善，人才培养模式相对滞后。高等教育资源相对不足，一流大学和一流学科建设滞后，博士、硕士等高素质人才培养规模偏小，高等院校创新与服务潜力尚未充分释放。“七普”数据显示，全省 15 岁及以上人口平均受教育年限 9. 84 年，略低于全国平均水平，居第 16 位。每 10 万人口拥有大专及以上受教育程度人口 12418 人，比全国平均水平低 3049 人，居全国第 24 位①，教育水平有待全面提升。

三　社会热点问题分析

（一）共同富裕成为全民关注重点

在推动高质量发展、全面开启建设社会主义现代化国家新征程的背景下，

① 国务院第七次全国人口普查领导小组办公室编《2020 年第七次全国人口普查主要数据》，中国统计出版社，2021。

共同富裕已经成为全党和全国各族人民的一个殷切希望。习近平总书记指出："适应我国社会主要矛盾的变化，更好满足人民日益增长的美好生活需要，必须把促进全体人民共同富裕作为为人民谋幸福的着力点，不断夯实党长期执政基础。"① 在高质量发展中推进共同富裕已经成为时代主题，可以预见，未来我国在社会发展领域必将采取一系列重大举措加快推进共同富裕。

习近平总书记的一系列关于共同富裕的论述概括出了共同富裕的基本内涵，同时，理论界根据总书记的论述进行了一系列的分析阐释。总的来看，共同富裕是全体人民的富裕，是人民群众物质生活和精神生活都富裕，不是少数人的富裕，也不是整齐划一的平均主义，是分阶段促进的共同富裕，包括以下几个要点。一是共同富裕是全民富裕。是包括所有中国人在内的全体人民共同实现了的富裕，不是少数人的富裕，也不是少数地区的富裕。二是共同富裕是全面富裕。就是说，我们所追求的共同富裕不仅是物质上的富裕，也是精神上的富裕，在更充分满足物质需求的同时，精神层面也要实现富裕，达到较高的精神文明水平，实现"双富裕"。三是共同富裕是渐进富裕。实现共同富裕是一个渐进的过程，一部分人先富裕起来，然后带动其他人实现富裕，一定地区先富裕起来，然后带动其他地区富裕，物质生活和精神内容先富裕起来，然后带动其他领域富裕。四是共同富裕是共建富裕。共同富裕不是等来的，而是必须通过共同奋斗，依靠全体人民的能动性和创造力，换来共同富裕。

推进共同富裕，需要遵循一定的原则要求，在健康的道路上不断前行。一是鼓励勤劳创新致富。勤劳致富是社会主义现代化建设的重要准则，在新发展阶段，更要支持一部分人提供劳动技能，通过辛勤劳动先富裕起来，同时，鼓励各种合法经营，保护知识产权和财产权，形成全社会向上的致富干劲。二是坚持基本经济制度。坚持社会主义的基本经济制度是推进共同富裕的制度保障，在推进共同富裕的道路上，需要强调公有制经济在共同富裕中

① 《习近平：扎实推动共同富裕》，"人民论坛网"百家号，2021 年 10 月 15 日，https://baijiahao.baidu.com/s?id=1713683149470717413&wfr=spider&for=pc。

的主体地位，同时保障非公有制经济的健康成长。三是量力而行。推进共同富裕不能超越阶段，也不能无所作为，应该从实际出发，实事求是，安排发展计划。四是坚持循序渐进。实现共同富裕是一个渐进的过程，因此，需要全体人民持之以恒、久久为功，一步一个脚印，扎扎实实本着共同富裕的目标前行。

尽管在推进高质量发展中存在很多实际困难，有些发展指标在全国的位次下滑，但是河北人民有信心也有能力，依托区位、资源和产业基础等优势，跟上全国的前进步伐，不断在高质量发展中推进共同富裕。一是努力实现产业转型升级的目标。河北省转型升级的任务十分繁重，改善环境、压缩产能、优化结构等目标的完成，不仅需要信心，也需要更加有效的办法。河北省“十四五”规划针对转型升级提出了一系列重大举措，接下来需要真抓落实，到2025年，基本实现转型升级的任务。二是对标京津，较大幅度地提高河北省公共服务水平。落实京津冀协同发展战略，一个艰难的使命是提高河北省公共服务水平，逐步缩小与京津的差距，因此，必须在现代教育、文化、社会保障等方面加快京津冀协同发展，特别是保障优质资源能够有效向河北转移，在实现共同富裕的道路上不拖后腿。三是加快推进现代化城市群、城市圈建设。世界城市化已经进入城市群、城市圈时代，研究表明，建设城市群、城市圈是提高需求水平、加快构建“双循环”新发展格局的重要支撑，河北省城市群、城市圈发育不足，都市区对周边地区发展拉动力不够，因此，推进共同富裕需要把城市群、城市圈建设放在十分重要的地位。四是特别关注低收入群体的生存与发展。脱贫攻坚让建档立卡贫困村脱贫，无论基础设施、住房还是收入都有了明显改善，但是很多低收入的普通村庄在发展的道路上遇到了很多困难，因此，在新发展阶段实施的乡村振兴战略中，应特别关注低收入普通村庄，保障这类村庄获得更多的发展机会。五是充分发挥特殊要素的效能。推进共同富裕，虽然政府担主责，但各类特殊群体，如社会组织特别是慈善组织是不可或缺的力量，同时，集体经济资源包括公共资源也是推进共同富裕的重要基础，因此，发挥各种特殊要素的特定作用，有助于加速实现共同富裕。

（二）把提升全民素质放在突出位置

全民素质的提升是实现高质量发展的重要前提，在以信息化、智能化为特征的新时代，没有全民素质的普遍提高，就很难支撑高质量发展和开启现代化建设新局面。正因为如此，河北省"十四五"规划才把提升全民素质放在一个重要位置，做出了一系列提升素质的制度安排。

加快推进教育现代化。河北省"十四五"规划明确指出，以立德树人为宗旨，坚持德智体美劳并举，深化教育改革，推进教育公平，建设与时代要求相适应的现代化教育体系，培养全面发展的社会主义建设者和接班人。河北省是教育大省，但不是教育强省，因此，需要在教育强省上不断发力。一是着眼建设一流学校、一流学科、一流人才。实施联合行动和引进计划，打造一批具有双一流水平的高等院校，补齐河北省一流学校和一流学科短板。把政策重点放在人才引进和培养方面，只要有了一流的人才就不愁建设不了一流学校，河北能否在人才政策上有所突破决定了一流学校建设的成败。二是探索科研体制创新机制。习近平总书记和党中央多次针对科研体制创新提出富有建设性的意见和建议，目前看，约束性的科研体制仍然是建设创新型国家的重要障碍，因此，河北省应在科研体制创新上率先做出示范，为科研和科研人员松绑，释放科研潜力和科研能量，造就更多的关乎本省发展的高级人才。三是加快普惠性教育的发展。适度扩大基本公共教育范畴，让教育公益性惠及更广泛人群，同时，支持非基本教育的发展，扩大普惠性教育范畴，将更多的民办教育纳入国家支持的普惠教育体系。四是加快素质教育方式新探索。研究制定素质教育指标规范体系，在小学和中学开展素质教育示范试点，建设一批真正遵循素质教育规范要求的学校，引领河北省教育逐步由应试教育向素质教育转化。

全面提高人口素质。无论科技多么进步，人始终都是生产发展的决定力量，也是实现共同富裕的主角，作为全民素质重要指标的人口素质，它的提升对实现高质量发展、共同富裕有着极为重要的意义，因此，必须高度重视人口素质的养成。一是推进人口优生优育。完善婚前检查制度，鼓励开展孕期保健，切实降低出生缺陷发生率，优化优育检查项目，持续降低婴幼儿死亡率。二是完善养老服务政策。加快社区养老服务设施建设，支持公益性、普惠性养老服务和互助养老，强化养老机构与医疗机构融合联合，建设医养康养综合体，完善机构养老照护体系，切实提高专业化照护水平，特别关注农村养老，支持和完善农村互助性养老，稳步建立长期护理保险制度，鼓励探索智慧养老、候鸟式养老、嵌入式养老等多种养老模式。

加快建设健康河北。人民健康是人民素质的重要体现，保障全省人民健康不仅可以降低社会治理成本，还可以为社会主义现代化建设贡献更大的力量。因此，必须把保障人民健康放在优先发展的战略位置，在制度和政策层面加速健康河北建设。一是建立健全公共卫生体系。积极吸纳京津优质医疗资源，建设国家级区域医疗卫生中心，保障重大疑难疾病就地就医，支持医疗资源向基层下沉，补齐偏远地区医疗资源短板，加快公立医院改革，切实保障医院公益性质，适度扩大医保报销目录范围，降低人民群众就医成本。加快京津冀标准互认，提高京津就医便捷度。二是建立完善医疗救助应急体系。坚持联防联控方针，深化完善重大公共卫生事件预防救助体系，提高疫情防控技术水平，保障各种疫情及时预防和控制，建立疫情防控常态化时期人民生活正常运转机制。三是细化爱国卫生运动方案。普及爱国卫生知识，切实保障饮水安全、食品安全，完善居民体检制度。四是积极开展全民健身运动。完善健身设施，提高千人健身设施比重，加快推进健身指导员制度建设，鼓励专业运动员参与健身指导，鼓励社区和村庄开展各种形式的健身活动。

（三）全面提高社会文明程度

社会文明程度是人类文明发展状况的集中体现。党的十九届五中全会明确把“提高社会文明程度”作为“十四五”时期文化建设的主要目标，社会文明程度达到新高度成为2035年基本实现社会主义现代化的一项重要指标。物质的繁荣并不等于国家的强盛，单一的经济实力强大也不等于社会主义现代化。社会主义现代化是全方位、综合性的现代化。同样，新时代共同富裕并非单一的物质富裕，而是包括精神层面的富裕，较高的社会文明程度不仅是共同富裕的应有之义，而且是真正实现共同富裕的精神保障和关键因素。

社会文明程度的提高需要发挥文化引领的正向作用。随着后工业社会快速发展，现代文明体系中，文化日益成为最具活力的成分，某种程度上成为超越物质技术的又一生产力。河北有着丰富的优秀历史文化资源和非物质文化遗产，要深入挖掘和系统阐释文物遗迹的历史文化价值，保护好其历史真实性和完整性。以文字、图片、录音、录像的形式，以口述史的记录方式，对濒危非物质文化遗产及其传承人开展抢救性记录。充分发挥礼仪礼节的教化作用和仪式的道德涵育作用，将群众文明实践活动融入传统节日庆祝环节中，丰富文明体验形式。在文化的保护、传承、利用中弘扬中华文明，推进社会文明发展。

深化拓展新时代文明实践探索，创新丰富文明实践形式。社会文明程度的提升不仅是将文明观念内化于心，更是将其固化于日常生活的行为实践中，通过一点一滴的文明实践积累，将文明实践嵌入社会建设的各个领域。高标准建设以新时代文明实践中心为代表的文化综合体，创新文明实践方式，发挥道德软化的社会治理功效，将文明实践从单纯的思想传播、政治动员向引领乡风文明、传承优秀文化、丰富文化生活、培养时代新人、优化社会治理功能拓展。积极发展文明实践志愿服务，健全志愿服务运行机制，调动整合开展文明实践的多方力量，依据群众需求，在理论宣讲、文化下乡、法治普及、科技服务、教育培训、矛盾调解等方面开展“菜单式”志愿服务活动，在潜移默化中形成“我为人人、人人为我”的良好风尚，夯实文明实践的群众根基。

新时代社会文明倡导健康乐活的社会生活方式。从国家职能层面看，政府要增加公共文化服务供给，提升文化惠民实效，尤其是进入新发展阶段，群众的文化需求层次显著提升，公共文化服务的供给不能再仅仅致力于满足保基本的基础性服务需求，而是要在兼顾公平正义的基础上，多元提供具有深度文化内涵和人文精神的更高品质的文化服务，满足群众对美好生活的文化追求。推动文化站、文化馆提质升级，建设新型文化体验空间，把城市繁华街区、公园、社区、乡村作为公共文化服务重点，“嵌入式”建设“城市书房”“文化驿站”等新型公共文化服务体验微空间，赋予公共文化服务新的时代文明特色。

（四）改善生活品质是人民美好生活新期待

“十三五”圆满收官，全面建成小康社会目标如期实现，民生福祉得到显著改善。“十四五”时期，我国开启全面建设社会主义现代化国家新征程，人民群众对生活品质也有了更高要求，顺应人民对美好生活的新期待，国家和省“十四五”规划把改善人民生活品质放在了突出位置，提出了明确要求，要坚持以人民为中心的发展思想，健全公共服务体系，提高社会建设水平，让发展成果更多、更公平地惠及全体人民。

深入实施就业优先战略，努力实现城乡居民更高质量和更充分的就业。坚持把稳就业、保居民就业放在首要位置，优先开展就业带动能力强的重大投资、重大项目，扩大就业容量，支持和规范发展新就业形态，扩大就业空间。统筹做好高校毕业生、返乡农民工、退役军人等重点群体就业。完善公共就业创业服务体系，积极开展公共就业服务专项行动，健全人力资源市场体系。加强职业技能培训，健全终身职业技能培训制度，加强各类企业职工和农村转移劳动力、未就业大学毕业生、退役军人等重点群体职业技能培训。

健全公共服务体系，推进基本公共服务均等化、可及化。抓住同老百姓切身利益密切相关的痛点、难点问题，全力做好普惠性、基础性、兜底性民生建设，坚持和完善各项民生保障制度，进一步健全基本公共服务制度体系，在幼有所育、学有所教、劳有所得、病有所医、老有所养、住有所居、弱有所扶等方面继续取得新进展。健全公共服务机制和相关保障制度，满足人民群众不同类别的需要，实现更高质量、更有效率、更加公平、更可持续、更为安全的发展。创新公共服务提供方式，鼓励支持社会力量兴办公益

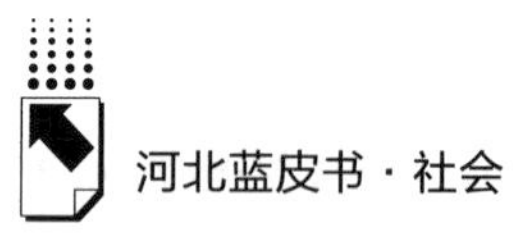

事业，满足人民群众多层次、多样化需求。

健全覆盖全民、统筹城乡、公平统一、可持续的多层次社会保障体系。完善企业职工、机关事业单位基本养老保险制度和城乡居民基本养老保险制度，发展多层次、多支柱养老保险体系，规范发展第三支柱养老保险。完善基本医疗保险制度，健全重大疾病医疗保险和救助制度，加强京津冀医疗保障的协同发展。探索新经济、新业态职业伤害保障和灵活就业人员参加工伤保险办法。健全基本生活救助制度和医疗、教育、住房、就业、受灾人员等专项救助制度，健全分层分类、城乡统筹的社会救助体系。提高孤儿、残疾人、高龄老人、退役军人等群体福利水平，推进殡葬改革，完善社会福利制度。坚持“房子是用来住的，不是用来炒的”定位，完善房地产市场平稳健康发展的长效机制，适度建设普通商品住房，满足人民群众首套和改善性居住需求，增加保障性住房供给，完善住房保障体系。

建设高品质生活空间。坚持人民城市人民建、人民城市为人民，落实生态文明思想和总体国家安全观，深入贯彻新发展理念，转变城市发展方式，走内涵式、集约型、绿色化的城市发展道路，建设宜居、创新、智慧、绿色、人文、韧性城市，打造高品质生产生活生态空间。完善农村基础设施，围绕农村厕所革命、生活污水治理、生活垃圾处理和村容村貌改善，着力优化农村人居环境，积极推进城乡产业协同发展，加强农业支持保护，培育乡村新产业、新业态，提升农村生活品质。

（五）建设更高水平的社会治理共同体

当前我国正在向第二个百年奋斗目标迈进，伴随社会主要矛盾的变化，为更好满足人民日益增长的美好生活需要，必须把促进全体人民共同富裕作为为人民谋幸福的着力点。建设更高水平的社会治理共同体是当前的时代需求，是国家治理现代化的重要基石。社会治理共同体建设是一个长期过程，新发展阶段要循序渐进地扎实推进“人人有责、人人尽责、人人享有”的社会治理共同体建设。

高水平建设社会治理共同体，要以人民为中心，着力提高社会治理主体的治理能力。社会治理不是政府的独角戏，社会治理共同体建设的主体是广大人民群众，要不断提升广大人民群众的能力素质、认知水平，最大限度调动人民群众参与社会治理的积极性、主动性和创造性，形成强大治理合力。同时要不断强化问题导向，应用推广疫情防控中形成的“大数据＋网格化”等经验做法，不断搭建群众参与社会治理的平台并拓宽制度化渠道。

推进河北社会发展，高水平建设社会治理共同体，要以兜底性、基础性、普惠性民生建设为依托，进一步推进河北基本公共服务均等化。进入新时代，美好生活需要日益广泛，人民不仅对物质文化生活有更高要求，对民主、法治、公平、正义、安全等方面的要求也日益提高。社会治理共同体建设关乎社会公平、正义等方方面面。河北进入社会发展的新阶段，要更加关切广大人民群众的新需求，在差异化的社会基础上以最大公约数努力解决河北人民群众的实际困难，形成社会认同，更好地凝心聚力。高水平建设社会治理共同体，要不断提高社会治理的社会化、法治化、智能化和专业化水平，提高社会治理效能，增强人民群众对社会治理成效的获得感。

四　更高站位推进河北社会发展

（一）加强党建引领

党的十九届六中全会全面总结了党的百年奋斗重大成就和历史经验，为做好河北社会发展工作提供了根本遵循。全会精神具有很强的政治性、思想性、战略性和指导性，将引领河北全省上下自觉从党百年奋斗的伟大成就中鼓舞斗志，从党百年奋斗的历史意义中坚定信念，从党百年奋斗的历史经验中汲取智慧。充分认识党建引领社会发展的时代要求和重大意义，坚持和加强党的全面引领，这是更高站位推进河北社会发展的根本保障。树立基层党组织在群众中的政治权威，增强政治引领力，是否坚定党的领导的理想信念决定着人心的向背。把党建引领贯穿到河北社会发展的各方面和全过程，推动形成党委统一领导、有关部门协同并进、社会力量共同参与的多元社会治理格局，协调推进河北社会发展，真正把党的领导优势转化为社会发展效能。

（二）激活公共资源保障能力

以人民为核心，以提高人民群众生活品质为主要任务，通过挖掘、整合、开发等形式激活公共资源，从共建共享层面为河北社会发展提供资源保障。高效地利用产业、就业、社保、教育、医疗、人才等转移性公共资源，实现河北人民在民生、社会保障等方面的资源共享。当前，河北省部分公共资源因为所有权分散在不同的所有者手里，使用难度增大并存在使用不足和使用效率低下的问题，把那些分散的、公共效益不高的资源整合起来，借助于政府、市场、社会合作开发新的公共资源等，激活公共资源的保障能力，为河北社会发展及河北人民美好生活水平提高提供支持和保障。另外，还应构建公共资源共建共享平台，对资源实现科学管理、合理利用，实现河北社会建设的有序推进。在医疗健康方面，加快推进人人享有基本医疗卫生服务的体制改革，推动“健康河北”优先战略的实施。在养老方面，加大财政倾斜力度，完善省级财政支持养老服务补贴、奖励政策，完善养老服务设施建设与运营补贴政策，引导养老服务机构优先接收经济困难的失能失智、高龄、计划生育特殊家庭老年人。

（三）完善社会参与机制

当前河北亟须建立健全社会组织和公众充分参与的社会治理体制机制，社会组织和公众参与不足仍然是河北社会治理的重要短板。虽然近年来政府花大力气培育了各类社会组织，社会组织数量增多，但真正能够积极发挥作用的不多。因此各级政府不能总是持有“大包大揽”的理念，要创新思维，积极打造一个包括政府、公民、企业、社会组织等在内的全社会群策群力的整体性、系统性的社会治理新格局。完善社会参与机制，创新基层与社会组织、社会工作者、社区志愿者、社会慈善资源的联动机制，进一步培育扶持基层公益性、服务性、互助性社会组织。还要不断提高对鼓励社会力量积极主动参与社会治理的重视程度，形成全社会高度认可的责任共担的社会参与意识，充分激发社会活力，培养社会公众参与社会治理的责任感和义务感，协同应对。积极构建社会的共治关系，在新的治理价值理念下培育更多的社会群体和社会力量，形成良善的社会治理结构，激发基层社会治理的活力，把各方面社会资源整合起来，发挥其最大社会治理效能。

（四）加强高素质人才保障

高素质人才保障是河北经济社会高质量发展的最关键环节。习近平总书记强调："人才是事业发展最宝贵的财富，人才资源是党执政兴国的根本性资源。"① 河北省正在不断树立人才是第一资源理念，大力实施人才强省的发展战略，以高标准人才工作为河北的经济社会高质量发展提供人才支撑和智力支持。高质量发展需要高素质劳动者，只有提高城乡居民收入水平，促进广大人民群众共同富裕，才能从根本上提升人力资本水平，夯实经济社会高质量发展的动力基础。坚持用留结合，创新人才发展环境，实现环境好、人才聚、事业兴。河北要实现可持续发展，应不断完善"人尽其才"的政策体系，配套制定人才政策，包括青年创新创业资助、平台建设奖励、住房安置、金融扶持、医疗保健、子女入学等各个方面。应持续不断完善高效便捷的服务体系，运用社会化、市场化的手段，提供信息咨询、人才认定、政策兑现、投融资、项目孵化、技术转化、科技中介等"一站式"服务。

（五）强化现代化科技支撑

新一代信息技术蓬勃兴起，面对科技发展新形势，为实现社会创新发展，河北要高度重视现代化科技对社会发展的支撑力。科技支撑作为社会治理体系的重要组成部分，对社会稳定及社会有序运行发挥着预见性、时效性、可持续性的治理效能。现代化的科技支撑大大提高了对社会运行情况的

---

① 《习近平眼里的"第一资源"为何如此重要》，"央广网"百家号，2018 年 7 月 18 日，https://baijiahao.baidu.com/s?id=1606319384923768479&wfr=spider&for=pc。

及时预警水平、对公共资源的高效配置水平，以及社会治理的科学化、精细化、智能化水平。现代化科技为社会治理带来巨大的潜力和可能性，为打通堵点、解决难点创造了机遇。推进河北社会发展，必须要紧紧抓住并把握好数字化、网络化、智能化的现代化科技带来的机遇，发挥好现代化科技的支撑作用。更要善于利用现代化科技手段来改善治理结构、创新治理工具、改革治理方式，增强社会治理的执行力。尤其是面对5G时代的到来，应把更多新技术应用到社会发展当中，利用新科技寻求社会意愿和诉求的最大公约数，更好地凝聚政府、市场、社会等各种主体的治理力量，让河北人民群众享受到科技进步带来的先进、便利，不断增强其获得感、安全感和幸福感。

综合发展篇

Reports of Comprehensive Development

B.2

河北省城乡社会治理发展报告

王凤丽　侯建华*

摘　要： 本报告分析了2021年度河北省社会治理基本形势与主要成绩，全省制定了社会治理工作的发展规划和远景目标，为今后社会治理工作指明了方向；全省取得抗击局部地区突发新冠肺炎疫情的伟大胜利；全省持续完善立体化、信息化社会治安防控和社会治理体系。此外，重点分析了2021年较突出的社会治理问题——网络平台治理。最后，本报告就当前和今后的工作提出对策建议，疫情防控是今后一段时间社会治理工作的重要任务，要进一步发挥大数据在社会治理中的重要作用，进一步发挥公检法部门在社会治理中的积极作用，进一步加大对网络平台相关社会问题的治理力度，并建议全省要及时梳理社会治理领域的创新典型和先进经验。

* 王凤丽，社会学博士，河北省社会科学院社会发展研究所副研究员，研究方向为文化社会学；侯建华，河北省社会科学院社会发展研究所副研究员，研究方向为人口城镇化与社会政策。

关键词： 网络平台 社会治理 河北省

一 2021年社会治理基本形势与主要成绩

2021 年度，社会各界高度关注社会治理工作。2021 年全国两会期间，人民网发布 520 万人次网友投票结果，选出 10 个关于“倾听民情、汇集民意”的热词，“社会治理”排第 10 名。其他 9 个分别是：依法治国、社会保障、乡村振兴、打虎拍蝇、绿水青山、金融风险、教育改革、住有所居、数字化生活。可以看到，这 9 个热词均与“社会治理”有着或多或少的关系，因此持续推进社会治理是当前的一项重要工作。在党的十九大和二中、三中、四中、五中及 2021 年 11 月召开的六中全会精神指导下，河北省社会治理工作取得明显成绩。

（一）制定了全省社会治理工作的发展规划和远景目标

2021 年，河北省制定了《河北省国民经济和社会发展第十四个五年规划和二〇三五年远景目标纲要》，其中，社会治理工作的发展规划与远景目标得以明确。“十四五”时期，河北省发展处于历史性窗口期和战略性机遇期，我国全面推进治理体系和治理能力现代化，完善共建共治共享的社会治理制度，为全省提升治理效能、当好首都政治“护城河”提供了坚强的制度保障。到 2035 年，全省将与伟大祖国同步基本实现社会主义现代化，全面建成新时代经济强省、美丽河北。各方面制度更加完善，基本实现治理体系和治理能力现代化，建成更高水平法治河北、平安河北。社会治理效能得到新提升。依法治省迈出坚实步伐，社会公平正义进一步彰显，共建共治共享的社会治理体系更加健全，基层基础更加稳固，重大突发公共事件应急能力和防灾减灾抗灾救灾能力明显增强，防范化解重大风险和安全发展体制机制不断完善，拱卫首都安全的“钢铁长城”更加牢固可靠。

（二）取得了抗击局部地区突发新冠肺炎疫情的伟大胜利

2021 年 1～2 月，河北省石家庄市和邢台市突发疫情；10～11 月，石家庄市和辛集市突发疫情，河北省先后两次成为全国人民关注的焦点。河北省疫情防控工作有条不紊，措施果断有效，得到广大人民群众的高度认可和支持配合，疫情很快得到控制。省委、省政府坚决贯彻习近平总书记重要指示，全面落实李克强总理批示和孙春兰副总理要求，在国务院联防联控机制和中央部委有力指导、兄弟省区市和社会各界鼎力支持下，众志成城、日夜奋战，激活应急指挥体系，压实“四方责任”，构建信息化疫情防控系统，分区分级科学管控，全面做好核酸检测、流调溯源、隔离观察、救治康复、环境消杀等工作，严防疫情扩散蔓延，守护人民生命健康，拱卫首都安全，疫情防控取得重要阶段性成效，生产生活秩序有序恢复。河北省之所以取得抗击局部地区突发新冠肺炎疫情的伟大胜利，主要原因有以下几个。

一是人民群众对党和政府的拥护、爱戴程度较一年前更高。一年来，以习近平同志为核心的党中央，团结带领全国各族人民，进行了一场惊心动魄的抗疫大战，经受了一场艰苦卓绝的历史大考，取得了抗击新冠肺炎疫情斗争重大战略成果。尤其是对比中外疫情防控工作和实效后，鲜明的差别消除了疫情防控初期我国部分群众对防疫工作的误解，广大人民群众对党和政府更拥护、更爱戴。

二是全省各级组织将“人民至上”的理念一以贯之，切实有效地做好抗疫工作，是促使舆情态势清朗指数持续向好的直接原因。元旦后，疫情在石家庄藁城区突发，省市党政部门立即采取有效措施，人民群众主动配合，积极响应各级党和政府的安排部署。石家庄政府虽未在第一时间召开新闻发布会，但在第一时间以果断迅速、井然有序的抗疫措施和切切实实的防疫行动赢得广大人民群众的高度认可。当媒体喊话催促石家庄尽快召开新闻发布会时，当地群众自发通过短视频向全国人民展示身边切实有效的防疫措施，有网友评论“请原谅我们石家庄没有市长”，以幽默的语言赢得全国人民对石家庄人民在抗疫中表现出的乐观主义精神的认可。这种舆情态势自发向好的积极局面，在2020年初，是不可想象的，这充分反映了以习近平同志为核心的党中央领导有方，特别是同西方发达国家的抗疫效果比较后，我国人民群众的获得感和幸福感普遍增强，党和国家与人民群众的凝聚力进一步提高。

三是经过一年多的常态化防疫实践，全党、全国和各地人民群众对疫情有了充分认识和了解，能迅速有效地应对。河北省虽在2021年两次突发局部疫情，涉疫地区人民群众的生产生活秩序受到一定影响，但未发生一年前武汉市因短期医疗物资短缺和基层应对措施不力而引发的社会恐慌心理，也未出现谣言满天飞或引爆网络负面舆情。在省委、省政府的领导下，全省各地、各部门和各行业井然有序，医疗物资和生活物资供应充足、配送及时，广大人民群众积极服从党和政府统一安排部署，从容应对疫情。

四是科技进步带来医疗进步，核酸检测及时迅速，广大人民群众对战胜疫情充满信心。2020年在武汉，我国花了10天时间建成“火神山”医院，中国速度令世界各国难以置信，但仍然未能立即满足当时“拥挤”的医疗需求；2021年在石家庄，河北省用10个小时建成可移动充气式P2级生物安全实验室“火眼”，这个规模化、标准化、可进行核酸检测的实验室平台，1天之内最多能检测核酸100万次。人口超过千万的石家庄，在短短几天内“全员核酸检测”、“第二轮检测”甚至“第三轮检测”能有条不紊地落实，加上国产疫苗快速研发、广大人民群众普遍接种疫苗、各类防疫措施不断完善，人民群众对疫情防控和医疗保障方面越来越有信心。

五是在常态化防疫阶段得到全面锻炼和加强的市域社会治理工作，开始发挥出更积极的作用。全国各地加强和创新社会治理，完善党委领导、政府负责、民主协商、社会协同、公众参与、法治保障、科技支撑的社会治埋体系。河北省在2021年度发生两次局部疫情，涉疫地区社会网格化综合治理工作有明显进步，社会组织和企业、志愿者等均积极参与疫情防控，以电商平台为代表的科技支撑等也发挥了重要作用，使得疫情迅速被控制住。而经过2021年的防疫抗疫工作实践，全省范围内的社会治理工作得到一次全面检验、锻炼和提升。

（三）完善了社会治安防控和社会治理体系

全省公安系统积极响应公安部推进“净网 2021”专项行动，在全省范围内集中开展打击电信网络诈骗推广引流犯罪收网行动，对通过诈骗话术网上引诱潜在受骗者，为电信网络诈骗提供推广引流服务的犯罪团伙进行重拳打击。其中，河北省破获的“张某某团伙冒充证券公司员工为电诈团伙推广引流案”，入选公安部 2021 年 11 月公布的“净网 2021”专项行动打击电诈推广引流犯罪十大典型案例。

围绕为建党 100 周年创造安全稳定政治社会环境这一主线，河北省 2021 年启动“燕赵—砺剑铸盾 2021”专项行动，严格贯彻“精准打击 +”的理念，聚焦“打击、整治、防控、维稳、基础”等 5 个方面，全省各地各级持续发力，严厉打击那些影响社会稳定和危害群众生命或财产安全的违法犯罪行为，捍卫政治安全、社会安定，切实保障人民群众的生命安全。“两抢一盗”、电信诈骗等民生类犯罪是近年来广大群众反映较为集中且最受关注的，针对这一现象，全省开展了“破小案、保民生”“断卡”“净网”“团圆”等专项行动，严打网络犯罪活动，侦办各类涉网违法犯罪案件 79 起，全力营造和谐清朗网络环境；严厉打击整治非法开办贩卖电话卡、银行卡买卖利益链条，侦办电信网络诈骗案 252 起；对扒窃、抢夺随身财物，偷盗电动车、农机农畜，砸车玻璃盗窃，入户盗窃等侵财类案件，破获 562 起，打掉团伙 19 个；同时，全省继续严打拐卖儿童犯罪，找回或解救失踪被拐儿童，并举行多场认亲活动。

2021 年，全省深入推进道路交通安全系统治理、依法治理、综合治理、源头治理，确保全省高速公路、国省道路、农村公路、城市道路等交通安全形势持续平稳，消除全省人民群众普遍关注的交通肇事肇祸等风险隐患，尤其是对“两客一危”及中重型货车、面包车等重点车辆加大违法违规查处力度。2021 年 1 月至 7 月，全省累计查处各类交通违法案件 2300 余万起，其中，酒驾醉驾违法 6.5 万起、超速行驶 69 万起、骑乘摩托车不戴头盔 3.2 万起。在加强严管的同时，还加强交通安全宣传教育，引导广大群众文明出行，社会各界通力合作，助力形成安全出行的良好社会氛围。

二 2021年较突出的社会治理问题——网络平台治理

虽然各平台“顶流”主播较少有来自河北省的，但河北省与全国各兄弟省区市一样，直播带货成为这一年网络平台的热门之一。网络直播在疫情防控常态化时期迅速发展，直接关乎实体经济转型升级和网络经济健康发展，又直接影响着千千万万普通消费者的切身权益。2021年平台主播涉税问题和2020年度“网络餐饮平台/外卖送餐员权益”，都成为全民关注的热点话题，二者不是孤立的，而是当前整个网络平台现存各类问题的一个缩影。互联网经济与社会保障、社会稳定、社会治理等工作有着密切关系，值得各级党和政府部门高度关注。

（一）认可并重视网络平台的性质及其积极意义

直播经济本身并不生产产品，但借助网络平台销售商品。网络平台的直播带货，是终端销售商向商品物流链、数字信息链和社会关系链的延伸，在一定程度上促进疫情防控常态化时期社会秩序稳定，助力工农业生产和交通物流的安全开展。这种由数据驱动、平台支撑、网络协同的经济活动单元构成的新经济模式，自世纪之交的电商平台开始兴起，2016年以后，尤其是疫情发生以来，迅速发展成为经济规模惊人、社会影响力惊人的新型经济业态，其“带货”内容，从日用快消品到火箭等大宗物品，覆盖各行各业、各个领域。

我国直播经济规模惊人、社会影响力惊人，对经济创新发展具有一定积极意义。健康的直播经济，可使其整个生态系统不同环节的参与者受益，从制造商、物流商、网络技术提供商、金融服务商到消费端用户可共享共赢。以网络平台快递、网约车、直播带货、众筹定制等现象为例，互联网经济已从配送端向整个供应链延伸，通过消费端左右生产端，给多个传统行业全产业链带来前所未有的影响，促进各类创新要素向企业集聚，为实现产业转型和创新发展提供了技术支撑和知识服务。

（二）网络平台带来一系列前所未有的社会问题

社会保障方面。直播依托于网络平台，背后涉及多个岗位：供应链从业人员、经营链从业人员和终端配送人员。这些岗位在2020年度进入人力资源和社会保障部与国家市场监管总局、国家统计局联合向社会发布的16个"新职业"名单，但网络经济多呈现为不固定、不持续的"零工经济"，不少个体从业者和网络平台之间属于不稳定、不持续的劳务关系，从业人员的工伤意外保险、女性从业人员的生育保险等方面，存在法律法规和政策约束机制尚不完善现象。

城乡社会治安方面。爆热的MCN、直播带货等"网红"经济模式，在商品的生产、销售、物流配送等各个环节，都有投机分子钻政策空子，这体现为直播间的带货与冲动消费、参差不齐的商品质量、素质不同的主播人员，以及海量的虚假销售"刷单"，还有比实体经济更难以解决的退货售后问题，甚至出现其他扰乱经济秩序的行为乃至违法违规问题。平台经济从消费端向生产端、供应端的延伸，使得调查取证难、法规依据少、受害者维权难，是当前社会治安的主要风险源之一。"薇娅"的偷漏税问题，即是一个既典型又突出的问题，在河北省的直播平台，也存在程度不一的偷漏税问题。

经济民生方面。直播经济的出现，一度给中小生产商和销售商带来商机，但商机中也有冲击，平台经济不仅冲击传统的从事2C、2B业务的中小经济实体，还借助自身"吸粉"能力，不断挤压中游渠道商和上游大型供货商。一些从事传统行业的中小生产商和销售商，面对直播经济全产业链的大肆入侵，整个产业链各个环节都努力压缩利润、降低成本，最终使一些产品滑向低端化、低质化和低俗化。一些单品产量低、品种分散度低、利润微薄的行业，被迫转型或终结。也有一些技术门槛不高的行业，其从业人员面临失业挑战和再就业难的困境。

三 当前的主要工作和今后的建议

（一）疫情防控是今后一段时间社会治理工作的重要任务

2022年，冬奥会、两会、二十大等陆续举行或召开。河北省要继续发挥首都政治“护城河”作用，坚持外防输入内防反弹，毫不放松做好疫情防控，践行人民至上、生命至上，防疫情、保安全、强基础、建机制。坚决落实好常态化防控措施，完善疫情防控机制，分级精准防控；持续抓好重点人群、重点部位、重点场所防控，严密入境口岸管控，强化冷链食品物品全链条防控；密切与京津及周边省份的协作，共同坚决拱卫首都安全；健全扁平化应急指挥体系，强化疫情应急响应机制，加强预警监测、排查检测、流调隔离、医疗救治和康复管理；改革完善疾病预防控制、重大公共卫生事件处置、应急物资保障、医疗保险和救助体系；有序推进疫苗接种，充实基层采样、医护等人员力量，为基层医疗卫生机构增配流动核酸检测车和负压救护车；充分发挥好基层医疗卫生机构和药店等的“哨点”作用，加强乡村及社区医师培训，做到早发现、早处置；全面推进城乡环境综合整治，提高全民健康素养，筑牢全社会健康防线。

（二）进一步发挥大数据在社会治理中的重要作用

一方面，要建设新型智慧城市，推进社会服务数字化。推进城市一体化监测感知能力建设，完善以“城市大脑”为中心的智能化治理网络，构建覆盖城乡的智能感知体系。推动全省11个地级市的“城市神经系统”往县乡基层下沉，深化安全管控、交通治理等智能化应用，构建一体化运营管理智能决策系统。按照分类指导、分级推进的方式，组织开展新型智慧城市建设试点，推动新一代信息技术与城市规划、建设、管理、服务和产业发展全面深度融合，打造一批新型智慧城市样板。探索构建全省新型智慧城市联网标准、规则体系，推进跨区域治理一体化能力建设。促进信息技术与公共服务深度融合，建设一批大型生活服务平台，大力发展智慧教育、智慧医疗、智慧文旅、智慧家居、智慧养老等，探索线上线下结合、跨界业务融合新模式。另一方面，要探索政府治理方式数字化变革。推进政府治理理念、方式变革，加强运用互联网、大数据、人工智能等技术手段进行行政管理探索创新，积极推进治理体制机制改革，以适应数据跨境流动、数字税、数字货币等新治理领域要求。进一步提升公共数据治理能力，加强公共数据安全管理。不断筑牢“制度、管理、技术”三道安全防火墙，贯彻落实公共数据安全分级标准，加强公共数据全生命周期安全管理，完善安全管理制度，提高技术防范能力，加强人员和应用的安全管理，保障数据使用安全，加强全省数据安全工作的检查与监管。

（三）进一步加大对网络平台相关社会问题的治理力度

一方面，继续推进数字经济和实体经济的深度融合，提升数字社会建设水平，鼓励网络经济更好地服务于更高质量、更有效率、更加公平、更可持续的经济和更为安全的社会发展大环境。坚持新发展理念，加强大数据共享技术平台建设，推动经济领域全产业链的创新发展。鼓励网络经济平台以虚拟的空间域态，在稳定城乡居民生活秩序、保证生产生活物资供应与配送方面发挥积极作用。特别是农村电商的发展，应积极响应国家扶贫助农政策，有的直接增加农产品销售额，有的提升乡土文化知名度、打造乡村旅游品牌，从各个方面服务于乡村振兴大业。在当前疫情防控常态化时期，应进一步完善线上办公、网络教学、远程会议等新型工作方式，既能保障工商、物流等行业的稳定与发展，也能保证教育、科研的顺利进行，改变人们传统的面对面近距离社交方式、工作方式和生活模式。另一方面，加强宣传、网信、发改、公安、国安等部门协同，着力引导网络平台规范发展、健康发展、安全发展，打造更健康的网络经济生态环境。任何有形或无形的、直接影响国计民生的重要领域都不能忽视互联网经济对国家安全、社会稳定和民生幸福的影响，要加大对互联网经济的引导力度，从法律法规或行业政策方面，予以强力规范；加快完善现有法律法规和行业政策，避免网络经济空间

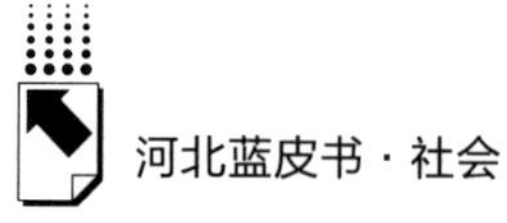

存在法律法规的域外之地。对网络经济带来的社会治理隐患加强监管和预警防范，采取联防联控、群防群治措施，以新技术应对新问题，以创新应对新挑战，全面改进网络经济生态环境，维护公平竞争的市场环境，维护社会公共利益和人民群众切身利益。

（四）进一步发挥公检法部门在社会治理中的积极作用

完善社会治理体系，健全党组织领导的自治、法治、德治相结合的城乡基层治理体系，完善基层民主协商制度，实现政府治理同社会调节、居民自治良性互动，建设人人有责、人人尽责、人人享有的社会治理共同体。公检法部门秉持以人民为中心的发展理念，多角度、全方面、宽领域主动承担社会治理职能，要进一步发挥公检法部门在国家治理体系和治理能力现代化建设过程中的独特作用。除了更充分地发挥公安部门在社会治理中的作用，还要加强检察部门和司法部门的作用。以检察部门为例，《人民检察院检察建议工作规定》指出，检察建议是检察机关依法履行法律监督职责，参与社会治理，维护司法公正，促进依法行政，预防和减少违法犯罪，保护国家利益和社会公共利益，维护个人和组织合法权益，保障法律统一正确实施的重要方式。检察建议对参与社会治理有重要的作用，其中“社会治理型检察建议”被视为五大检察建议的类型之一。2021 年 11 月，最高人民检察院印发四则民事检察参与社会治理的典型案例，这四则案例是检察机关通过向涉案单位和主管部门等提出检察建议的方式能动履职、积极参与社会治理的体现，有利于发挥民事检察在国家治理体系与治理能力现代化建设中的重要作用。这为河北省公检法部门在社会治理工作中发挥更重要的作用提供了启发。建议今后全省及时总结公检法部门参与社会治理的典型案例，在社会治理工作中发挥更重要的作用。

（五）及时梳理社会治理领域的创新典型与先进经验

积极梳理全省各地的创新典型与先进经验，以更好地在全省范围内加强和创新市域社会治理，推进市域社会治理现代化。一方面，加强全省社会治理人才队伍建设。加强全省社会治理工作的日常沟通联络，定期举办培训、研讨活动，常态化运用跨部门、跨层级协同工作方式，提升各区、各部门工作的紧密度和活跃度。组建一支全省社会治理专家队伍，支持社会治理决策管理。推进包容审慎治理，鼓励各区、各部门创新突破，对于非主观原因引起的社会治理问题，原则上予以容错免责。另一方面，建议由省宣传或新闻部门牵头，每年开展一次全省社会治理创新案例征集活动，可涉及以下几个方面：风险治理及应急防控体系建设；市域及基层社区社会治理；互联网平台社会治理与服务；城乡社会安全与社会公平；社会组织培育与发展；人口、家庭与婚育问题；等等。以此确保及时发现全省各地社会治理创新典型，及时研究和探索省、市、县社会治理创新规律，推进社会治理创新实践，提高社会治理水平，总结社会治理的典型创新做法和先进经验，全面提升全省社会治理工作水平。

参考文献

《中共中央关于制定国民经济和社会发展第十四个五年规划和二〇三五年远景目标的建议》。

民政部办公厅：《培育发展社区社会组织专项行动方案（2021—2023 年）》。

《河北省国民经济和社会发展第十四个五年规划和二〇三五年远景目标纲要》。

《上海市人民政府办公厅关于印发〈2021 年上海市公共数据治理与应用重点工作计划〉的通知》。

单平基、郭晋磊：《充分发挥民事检察参与社会治理的重要作用——评最高检民事检察参与社会治理典型案例》，《检察日报》2021 年 12 月 8 日。

《2021 年河北省人民政府工作报告》。

《助推基层治理　河北将建立“五社联动”基层社会治理新机制》，《河北日报》2021 年 9 月 9 日。

B.3
河北省人口发展态势与长期均衡发展研究

侯建华*

摘　要： 本报告利用第七次全国人口普查主要数据，对河北省人口规模、结构、分布、素质等基本变化和发展态势进行了分析。河北省人口规模持续增长，增速放缓，性别结构趋于合理，平均家庭户规模进一步缩小，“一老一小”比重上升，人口素质不断提高，城镇化速度较快，人口流动更加活跃。面对高质量发展对人口提出的新挑战、新要求，河北省应完善生育配套支持政策，积极应对人口老龄化，挖掘人才红利，优化人口布局，推动人口实现长期均衡发展。

关键词： 人口普查　人口老龄化　人口均衡发展

人口对经济社会发展具有基础性、全局性、战略性影响。2021 年是“十四五”规划开局之年，是我国开启全面建设社会主义现代化国家新征程、向第二个百年奋斗目标进军的一年，也是河北省加快建设现代化经济强省、美丽河北的开局之年。在这样的关键节点，研究全省人口发展状况和变动趋势，审视人口对经济社会发展的挑战，统筹考虑人口规模、结构、分布、素质，科学调整新时代人口发展政策，实现人口均衡发展，对建设“六个现代化河北”、推进高质量发展具有十分重要的意义。2020 年第七次

* 侯建华，河北省社会科学院社会发展研究所副研究员，研究方向为人口城镇化与社会政策。

全国人口普查（以下简称“七普”，其他同理）是进入新时代后开展的重大国情国力调查，备受社会关注，2021 年主要数据陆续公布，为研判当前人口发展态势提供了良好契机，本报告利用全国及河北省各地区《第七次全国人口普查公报》资料，对河北省人口发展形势进行初步分析研究。

一　河北省人口发展新变化

（一）人口规模持续增长，增速明显放缓

“七普”数据显示，截至 2020 年 11 月 1 日零时，河北省常住人口为 7461.02 万人（见图 1），与 2010 年“六普”的 7185.42 万人相比，增加 275.60 万人，人口规模继续保持增长态势，人口大省的基本省情没有改变，人口总量在全国仍居第 6 位，但占全国人口的比重从 2010 年“六普”的 5.36%下降到 5.28%，降低了 0.08 个百分点。从年均增长率来看，从 1990～2000 年的 0.88%到 2000～2010 年的 0.75%，进一步下降到 2010～2020 年的 0.38%，增速逐步放缓（见图 2）。

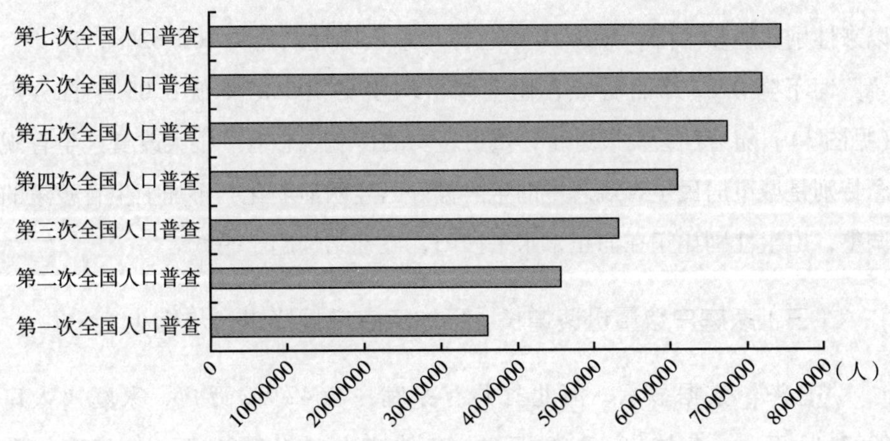

图 1　历次普查河北省常住人口

说明：“一普”1953 年，“二普”1964 年，“三普”1982 年，“四普”1990 年，“五普”2000 年，“六普”2010 年，“七普”2020 年。

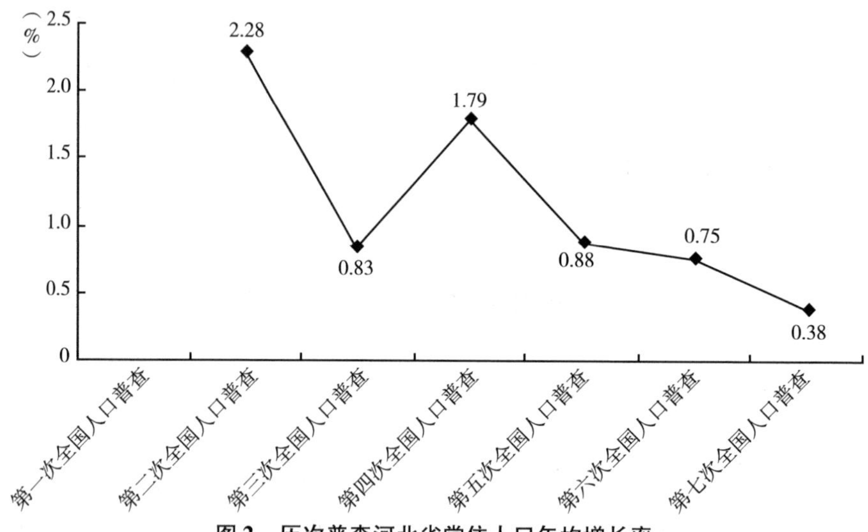

图2　历次普查河北省常住人口年均增长率

（二）性别结构稳步改善，性别比趋于合理

“七普”数据显示，河北省常住人口中，男性人口为3767.90万人，女性人口为3693.12万人，分别占50.5%和49.5%。从历次全国人口普查结果看，河北省人口性别比1964~1990年稳定在104%和105%之间，1990年以来性别比稳步下降，2020年“七普”总人口性别比为102.02%，比“六普”时下降0.82个百分点，比全国平均水平105.07%低3.05个百分点（见图3）。随着社会发展进步，重男轻女的传统观念有了很大改变，生育观念特别是城市居民生育观念中的生男偏好已经明显弱化，再加上生育政策的调整，出生性别比正在向正常水平回归，性别结构趋于平衡。

（三）家庭户数量迅速增长，平均家庭户规模进一步缩小

“七普”数据显示，河北省共有家庭户2542.96万户，家庭户人口6987.13万人，集体户92.60万户，集体户人口473.90万人。家庭户数量与“六普”的2039.51万户相比，增加503.45万户，增长24.68%，年均增长2.23%，远远高于人口增长速度。全省平均每个家庭户的人口

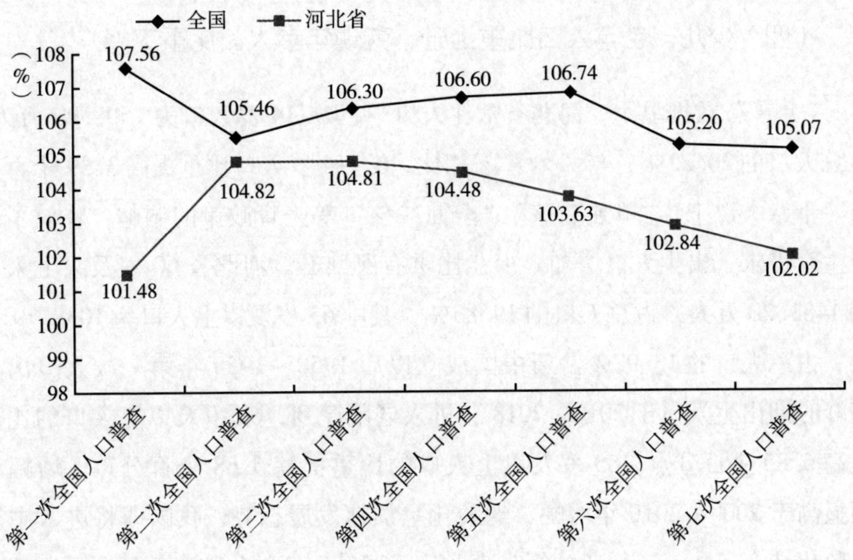

图3　历次普查人口性别比

为2.75人，比“六普”的3.36人减少0.61人，正在靠近2.62人的全国平均水平（见图4）。随着住房条件的改善、生活方式的变化及工作半径的延长，父母和成家子女单独居住成为比较普遍的现象，平均家庭户规模进一步缩小。

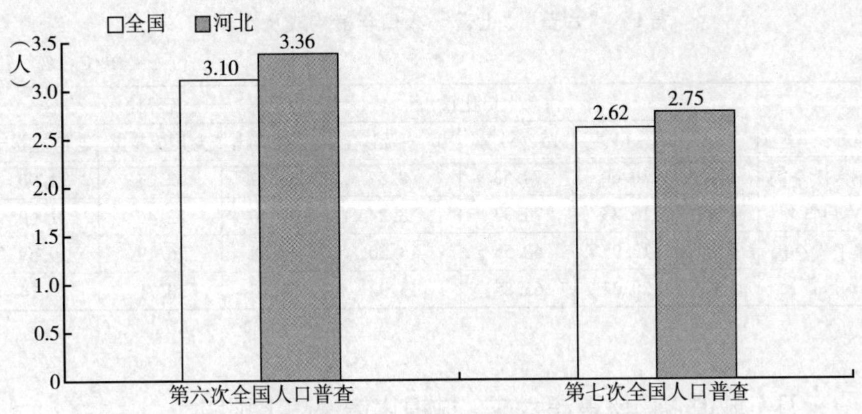

图4　“六普”“七普”全国及河北省平均家庭户规模

（四）少儿、老年人口比重上升，劳动年龄人口比重下降

“七普”数据显示，河北省常住人口中，0～14 岁人口为 1508.90 万人，占总人口的 20.22%，与“六普”相比，0～14 岁人口比重提高 3.39 个百分点。十八大以来，“单独二孩”“全面二孩”等生育政策的调整，释放了部分生育需求，出生人口增加，少儿比重有所回升。河北省 60 岁及以上人口为 1481.20 万人，占总人口的 19.85%，其中 65 岁及以上人口为 1038.79 万人，占总人口的 13.92%。新中国成立以后 1950～1958 年第一次人口出生高峰时期出生人口于 2010～2018 年进入老龄序列，60 岁及以上人口的比重提高 6.85 个百分点，65 岁及以上人口的比重提高 5.68 个百分点，增幅均明显高于 2000～2010 年增幅，老龄化呈加速发展态势，我国即将进入中度老龄化社会。在人口增速放缓、少儿比重回升、老龄化加速的情况下，劳动年龄人口出现明显下降，河北省 15～64 岁人口为 4913.33 万人，占总人口的 65.85%，与“六普”相比，15～64 岁劳动年龄人口减少 470.95 万人，比重降低 9.08 个百分点。这些变化反映在抚养比上，表现为抚养比的大幅提升，2020 年河北省少儿抚养比和老年抚养比分别达到 30.71% 和 21.14%，总抚养比上升到 51.85%，比全国总抚养比高 5.97 个百分点（见表 1）。

表 1　“六普”“七普”人口年龄构成及抚养比

单位：%

	地区	占总人口比重			抚养比		
		0～14 岁	15～64 岁	65 岁及以上	总抚养比	少儿抚养比	老年抚养比
第六次全国人口普查	全国	16.60	74.53	8.87	34.17	22.27	11.90
	河北省	16.83	74.93	8.24	33.46	22.46	11.00
第七次全国人口普查	全国	17.95	68.55	13.50	45.88	26.19	19.69
	河北省	20.22	65.85	13.92	51.85	30.71	21.14

（五）城镇人口比重超六成，城镇化增速超出预期

“七普”数据显示，全省居住在城镇的人口为 4481.65 万人，占常住人

口总量的60.07%，居住在乡村的人口为2979.37万人，占常住人口总量的39.93%，城镇人口比重与全国平均水平差距缩小至3.82个百分点。与“六普”相比，城镇人口增加1324.12万人，城镇人口比重提高16.13个百分点（见图5），增幅高于全国平均增长幅度，城镇化增速超出预期，处于快速发展阶段。

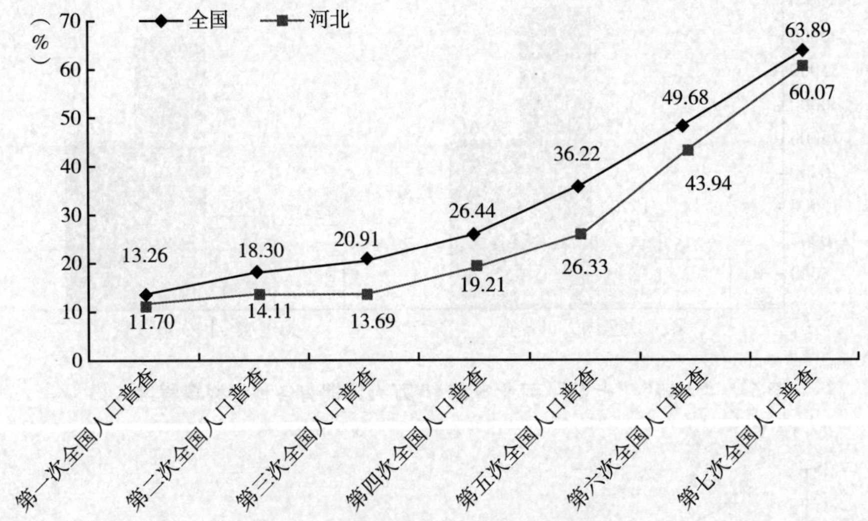

图5　历次普查全国及河北省城镇化率

（六）受教育水平明显提升，人口素质不断提高

根据“七普”数据，全省常住人口中，大学①、高中②、初中、小学文化程度的人口分别为926.49万人、1034.15万人、2980.70万人和1840.20万人，占总人口的比重分别为12.42%、13.86%、39.95%、24.66%。与“六普”相比，大学和高中文化程度人口增加，特别是大学文化程度人口增长明显，每10万人口中大学文化程度的人口数量由7296人增加为12418人，高中文化程度的人口数量由12709人增加为13861人，初中文化程度的

① 该部分大学指大专及以上。

② 该部分高中含中专。

人口数量有所减少，由 44400 人减少为 39950 人，小学文化程度人口数量基本持平，由 24661 人增加为 24664 人（见图 6）。从“六普”到“七普”，全省 15 岁及以上人口的平均受教育年限由 9.12 年提高到 9.84 年，文盲率由 2.61% 下降为 1.51%（见图 7）。

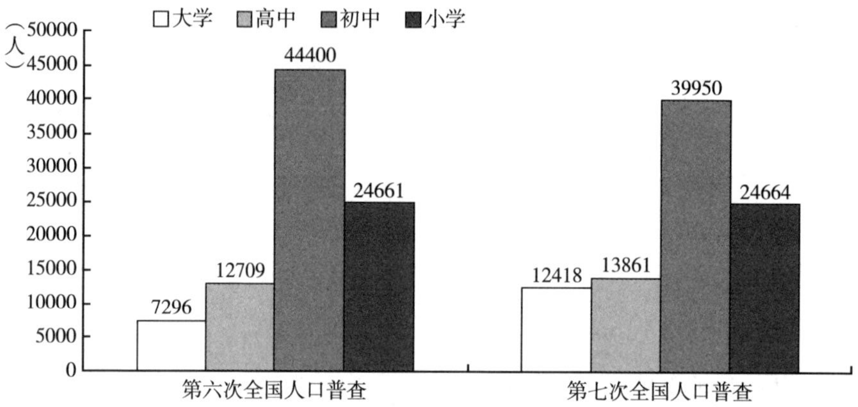

图 6　“六普”“七普”河北省每 10 万人口拥有各种受教育程度人口

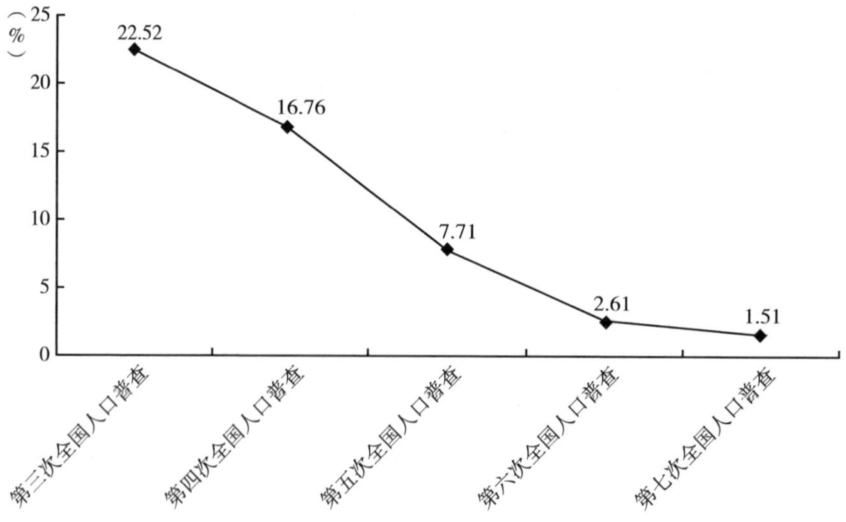

图 7　历次普查河北省文盲率

（七）流动人口规模扩大，人口流动更加活跃

“七普”数据显示，全省常住人口中，人户分离人口为1977.56万人，占比达到26.51%，与“六普”相比，增加1147.84万人，增长138.34%。人户分离人口中，市辖区内人户分离人口为444.27万人，与“六普”相比，增加282.05万人，增长173.87%；流动人口为1533.29万人，与“六普”相比，增加865.79万人，增长129.71%（见图8）。流动人口中，跨省流动人口为315.53万人，省内流动人口为1217.77万人，人口流动以省内流动为主。经济社会的发展进步、城镇化的快速推进和交通条件的改善，为人口流动创造了机会和便利，在低出生率、低死亡率的人口发展阶段，人口迁移和流动日益成为区域人口结构变动的关键影响因素。

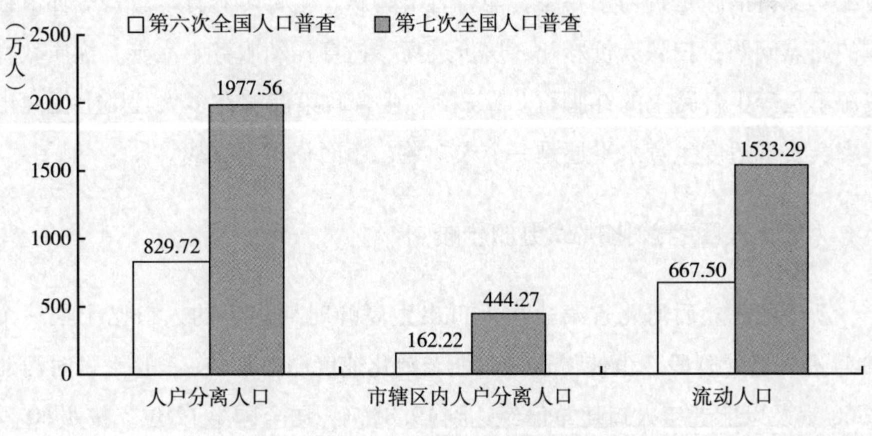

图8 “六普”“七普”河北省流动人口

二 人口发展面临的新挑战、新要求

人口规模、结构、分布、素质等都对经济社会发展有着深刻影响，而且人口发展自身存在一定惯性，这种影响很难快速转变，可能会延续相当长的时间。当前河北省高质量发展对人口发展提出了新挑战、新要求。

（一）实现适度生育水平压力较大

河北省的出生率已长期处于更替水平以下，这种状况早期是受计划生育政策调控影响，随着经济社会的发展，生育政策的影响越来越小，经济、社会、文化等因素的作用不断增强，低出生率已经由“外生性”转变为“内生性”。随着“二孩”生育政策的调整，生育水平虽有短期回升，但2019年、2020年连续出现出生人口下降，受经济社会发展、女性初婚年龄持续推迟、生育意愿降低等因素影响，生育水平长期走低的风险依然存在。2021年7月，《中共中央　国务院关于优化生育政策促进人口长期均衡发展的决定》出台，提出实施“三孩”生育政策及配套支持措施，推动实现适度生育水平，促进人口长期均衡发展。“三孩”生育政策的实施效果好坏，关键看配套支持措施是否切中要害，能否直击婚嫁、生育、养育、教育等环节存在的痛点问题，扫除天价彩礼、房价过高、托育托幼服务不完善、优质教育资源不足等生育路上的绊脚石。“三孩”生育政策能够在多大程度上提高出生率、实现适度生育水平还是一个未知数，还面临很大挑战。

（二）人口老龄化挑战更加严峻

新中国成立后河北省第一次人口出生高峰时期出生的人口已于上一个10年进入老龄阶段，也使得这一时期老龄化速度明显加快，“七普”时河北省60岁及以上老年人口比重已经达到19.85%，居全国第12位，按照60岁及以上老年人口比重20%～30%为中度老龄社会的标准，可以说河北省现在已经一只脚跨入了中度老龄社会。1963～1972年的第二个人口出生高峰，河北省人口净增加932万，年均增长2.0%，其中1963年人口出生率超过38‰，自然增长率超过28‰，是新中国成立后河北省人口出生率和自然增长率的峰值①，这一时期出生的人口将在2023年之后逐步进入老龄阶段，

① 侯建华：《2019～2020年河北省人口老龄化发展形势报告》，《河北蓝皮书：河北社会发展报告（2021）》，社会科学文献出版社，2021。

可以预见我国又将迎来一个老年人口规模迅速扩大的时期，与人均寿命延长、出生人口减少等因素叠加，人口老龄化进程将进一步加速。第二个人口出生高峰时期出生的人口正逢我国计划生育政策的实施，他们中有相当一部分人只生育了一个子女，届时空巢、独居老人数量将大大增加，而且随着医疗卫生和生活水平的提高，人均预期寿命将进一步延长，高龄老人数量也将相应增加，少子化、空巢化、高龄化将成为今后一个时期老龄化的基本特征。严峻的人口老龄化形势使经济社会发展面临的压力与挑战更加凸显，一方面，老龄化程度加深，经济增长潜在压力无疑会有所增加。据经济合作与发展组织（OECD）国家的数据，经济增长与人口老龄化程度表现为倒 U 形关系，当老年抚养比超过 17.5%，人口结构变动对经济增长的影响由正面转为负面[①]。河北省老年抚养比已经超过 21%，人口结构变动对产业结构、劳动力结构、消费结构等的影响将会逐步显现，当务之急是为应对人口老龄化对经济的负面影响进行前瞻性规划布局。另一方面，人口老龄化程度持续快速加深会给社会保障和公共服务带来明显压力。老年人口规模迅速扩大，养老、医疗等社会保障支出将会大幅度增加，劳动年龄人口减少，社会保障基金收支平衡状态将很难维持。高龄、空巢老年人增加，家庭养老功能弱化，社会养老服务需求将激增，老年人的文化体育、休闲娱乐、社区日间照料、机构养老、长期照护、医疗康复、安宁疗护等服务需求的充分满足给现有公共服务体系带来很大挑战。

（三）高质量发展对劳动力素质提出更高要求

2010～2020 年，河北省劳动年龄人口数量和比重下降，总抚养比上升到 51.85%，劳动人口的抚养负担进一步加重。人口学上一般把总抚养比在 50% 以下称为人口红利期，河北省总抚养比已经超过 50%，劳动力数量和比重虽有下降，但由于人口总量大，劳动力资源仍然比较丰富，短时间内不会造成劳动力短缺，值得注意的是劳动年龄人口自身结构老化等造成的供给

① 杨舸：《“中度老龄化”社会，我们准备好了吗?》，《光明日报》2020 年 10 月 29 日。

结构性矛盾可能会更加突出，数量型人口红利将会逐步消失。与此同时，人口素质不断提高，15 岁及以上人口平均受教育年限提高到 9.84 年，数量型人口红利正在向质量型人口红利转变，人口素质正在成为影响经济发展方式、产业结构、生产率的重要因素。此外，高质量发展离不开创新，离不开人才，这对劳动者的素质有了更高要求。河北省劳动年龄人口平均受教育年限虽然在逐步提高，但从全国来看，尚不具备优势。“七普”结果显示，河北省 15 岁及以上人口平均受教育年限在全国居第 16 位，与“六普”时相比，增加 0.72 年，增长幅度在全国居第 26 位，增速偏慢。从京津冀区域来看，河北省 15 岁及以上人口平均受教育年限与京津的差距分别为 2.80 年和 1.45 年（见表 2），每 10 万人口拥有的大学教育程度人口与北京的 41980 人、天津的 26940 人分别相差 29562 人、14522 人，差距较大，人口素质成为河北与京津协同发展的一块短板。在以人工智能为代表的第四次工业革命兴起的当今社会，经济和科技竞争最终是人才的竞争，全面提升人口素质既是高质量发展的要求，也是高质量发展的重要支撑。

表 2　2010 年、2020 年全国及 31 个省区市 15 岁及以上人口平均受教育年限对比

单位：年

地区	2020 年		2010 年		增幅	
	年限	位次	年限	位次	年限	位次
全　国	9.91	—	9.08	—	0.83	—
北　京	12.64	1	11.71	1	0.93	11
天　津	11.29	3	10.38	3	0.91	13
河　北	9.84	16	9.12	16	0.72	26
山　西	10.45	4	9.52	6	0.93	11
内蒙古	10.08	12	9.22	12	0.86	18
辽　宁	10.34	6	9.67	4	0.67	29
吉　林	10.17	9	9.49	7	0.68	28
黑龙江	9.93	14	9.36	8	0.57	31
上　海	11.81	2	10.73	2	1.08	3
江　苏	10.21	8	9.32	10	0.89	15
浙　江	9.79	19	8.79	22	1.00	7
安　徽	9.35	25	8.28	26	1.07	4

续表

地区	2020 年		2010 年		增幅	
	年限	位次	年限	位次	年限	位次
福　建	9. 66	23	9. 02	17	0. 64	30
江　西	9. 70	22	8. 86	20	0. 84	19
山　东	9. 75	21	8. 97	18	0. 78	24
河　南	9. 79	19	8. 95	19	0. 84	19
湖　北	10. 02	13	9. 20	14	0. 82	23
湖　南	9. 88	15	9. 16	15	0. 72	26
广　东	10. 38	5	9. 55	5	0. 83	22
广　西	9. 54	24	8. 76	23	0. 78	24
海　南	10. 10	11	9. 22	12	0. 88	17
重　庆	9. 80	18	8. 75	24	1. 05	6
四　川	9. 24	26	8. 35	25	0. 89	15
贵　州	8. 75	30	7. 65	30	1. 10	2
云　南	8. 82	29	7. 76	29	1. 06	5
西　藏	6. 75	31	5. 25	31	1. 50	1
陕　西	10. 26	7	9. 36	8	0. 90	14
甘　肃	9. 13	27	8. 19	27	0. 94	10
青　海	8. 85	28	7. 85	28	1. 00	7
宁　夏	9. 81	17	8. 82	21	0. 99	9
新　疆	10. 11	10	9. 27	11	0. 84	19

注：不含港澳台地区。

（四）人口发展区域不平衡问题亟待破解

河北省各地区在人口规模、人口结构、人口分布、人口素质等方面存在显著差异，这成为实现全省人口长期均衡发展所亟须破解的重要问题。从“七普”各市常住人口数量来看，石家庄人口超过 1000 万人，唐山、邯郸、邢台、保定、沧州、廊坊 6 个地区人口在 500 万人和 1000 万人之间，秦皇岛、张家口等 7 个地区人口在 500 万人以下。值得关注的是张家口、承德、衡水、定州、辛集 5 个地区人口减少，增长率在 -0. 6% 和 -0. 3% 之间。从劳动年龄人口来看，石家庄、唐山等 7 个地区 15 ~59 岁劳动年龄人口比重在60%以上，邯郸、邢台等7个地区15~59岁劳动年龄人口比重在57%和60%之间。从老龄化程度来看，唐山、秦皇岛等7个地区60岁及以上老年人口比重超过了20%，其中辛集、张家口已经超过25%，各地区步入中、重度老龄化社会的时间可能会相差10年以上。从15岁及以上人口平均受教育年限来看，石家庄、唐山、秦皇岛、廊坊4个地区超过10年，邯郸、邢台、辛集等9个地区在9年和10年之间，雄安新区在9年以下。从常住人口城镇化率来看，河北省总体上城镇化水平不高，各地差距也十分明显，石家庄、唐山等6个地区超过60%，邯郸、邢台等7个地区在50%和60%之间，雄安新区在50%以下，11个设区市中，最高的石家庄和最低的沧州之间相差19.04个百分点，区域发展不平衡问题十分突出（见表3）。

表3 “七普”河北省各地区常住人口情况

地区	常住人口		15岁及以上人口平均受教育年限(年)	人口年龄结构(%)			城镇人口比重(%)
	数量(人)	比重(%)		0~14岁	15~59岁	60岁及以上	
全　省	74610235	100	9.84	20.22	59.92	19.85	60.07
石家庄	10640458	14.26	10.76	19.48	62.48	18.04	70.18
唐　山	7717983	10.34	10.07	16.56	60.62	22.81	64.32
秦皇岛	3136879	4.20	10.37	15.17	61.47	23.36	63.97
邯　郸	9413990	12.62	9.45	25.67	57.18	17.15	58.27
邢　台	7111106	9.53	9.36	24.11	57.48	18.41	54.10
保　定	9242610	12.39	9.74	19.55	60.67	19.77	57.14
张家口	4118908	5.52	9.52	15.22	59.72	25.06	66.10
承　德	3354444	4.50	9.49	17.71	60.29	21.99	56.58
沧　州	7300783	9.79	9.39	22.31	57.96	19.72	51.14
廊　坊	5464087	7.32	10.14	19.82	63.33	16.85	64.84
衡　水	4212933	5.65	9.58	19.41	58.76	21.83	54.74
定　州	1095986	1.47	9.40	19.38	60.20	20.42	52.69
辛　集	594628	0.80	9.70	16.13	57.75	26.12	61.92
雄安新区	1205440	1.62	8.92	21.97	59.96	18.07	47.05

三　推动人口长期均衡发展的对策建议

当前河北省人口发展正面临重大历史性转向，人口增速减缓，育龄人群生育观念发生了深刻变化，人口老龄化不断加速，对全省的经济社会发展影响深远，与此同时，新形势、新发展对人口也提出了新要求。面对河北省人口发展新省情，必须尊重人口自身发展规律，注重人口与经济社会资源环境协调发展，完善人口发展和配套政策，推进人口长期均衡发展。

（一）完善生育配套支持政策，建设生育友好型社会

促进生育水平回升至适度水平并长期保持，是“十四五”乃至未来一段时间内维持人口规模适度发展、延缓人口老龄化的关键环节，要实现人口长期均衡发展，首先要把生育、养育、教育一体化考虑，完善配套支持政策，积极建设生育友好型社会，免除群众后顾之忧，在政策范围内提升生育水平。一是完善妇幼健康服务体系。新建或改扩建妇幼健康机构，健全省、市、县三级妇幼健康服务网络，提升妇幼健康机构服务能力。为应对可能出现的生育高峰，有条件的综合医院、乡镇（社区）卫生机构、乡村卫生室要增设妇幼健康相关科室或服务项目。加强妇幼健康人才队伍培养，提高服务质量。重视优生优育，实行婚前孕前健康检查、孕期指导、住院分娩、母婴保健、预防接种等全过程服务。推动提升生殖健康辅助诊疗技术水平，通过政府购买服务等方式为生育困难的低收入人群提供免费或普惠的生殖健康辅助技术服务。二是完善婴幼儿托育、学前教育服务体系。为支持职业女性平衡就业与生育关系，解决婴幼儿照护难题，应加快构建政府主导、社会力量广泛参与的托育服务体系，为人民群众提供有质量保障的、价格可承受的、方便可及的普惠托育服务。为解决“入园难”问题，要在加强公办幼儿园建设的基础上，支持普惠性学前教育资源的扩容，减轻家庭学前教育负担。三是制定女性就业支持政策。完善产假、配偶陪产假、育儿假等制度，利用税收、社会保障等政策支持和鼓励用人单位进行灵活的工作安排，为孕

期和哺乳期妇女提供便利条件，有条件的机关和企事业单位可以利用闲置办公用房建立育婴室和托儿所，为妇女兼顾就业与孕育子女提供便利。进一步扩大生育险的参保范围，将新就业形态从业人员、个体工商户、灵活就业人员等非正规就业人员纳入生育保险政策的覆盖范围。

（二）完善养老服务体系，积极应对人口老龄化

积极应对人口老龄化与国家发展全局、百姓福祉密切相关，对河北省“十四五”及更长一个时期经济社会高质量发展具有重大意义，应围绕老年人日益增长的多元化养老服务需求，加快完善居家社区机构相协调、医养康养相结合的养老服务体系。一是完善基本养老服务体系。加强公办养老院建设，强化公办养老院兜底线、保基本作用，确保有集中供养意愿的特困老年人能够实现应养尽养，经济困难的失能、高龄、计划生育特殊家庭老年人能够得到免费或低收费托养服务。针对农村青壮年外流、老龄化程度高的客观现实，着力加强农村养老服务体系建设，建立农村老年人关爱服务体系，对农村留守、残疾、计划生育特殊家庭老年人定期探访、帮扶。加强县级养老服务机构建设，提高农村特困老年人集中供养能力。加强乡镇养老院或区域性养老服务中心建设，加强农村互助性养老服务设施建设，让农村老年人可以享受便利可及的养老服务。推动社区居家养老服务深入发展，根据老年人需求开展助餐、助洁、助浴、助急、助行、助医等服务，让老年人居住在自己熟悉的社区即可享受专业服务。注重家庭养老的主体地位，为有养老负担的家庭成员提供照护补贴、技能培训、喘息服务、心理咨询、就业帮扶等支持政策，鼓励有条件的地区发放购房补贴支持子女与老年人同住，通过外部支持来加强家庭养老功能。二是提高养老保障水平。努力扩大基本养老保险、医疗保险覆盖面，加大政府补助力度，提高保险待遇，积极推动基本养老保险和医疗保险基金保值增值。大力发展企业年金、职业年金，鼓励保险机构开发个人储蓄性养老保险和商业医疗保险，加强个人养老及医疗保障。推广长期护理保险试点经验，全面建立长护险制度，减轻群众长期护理负担。三是推进医养融合发展。鼓励养老机构开办老年病医院、护理院、护理中心、康复中

心等医疗机构或康复机构，支持养老机构和医疗机构合作，开展医养结合服务。完善健康教育、预防保健、疾病诊治、康复护理、长期照护、安宁疗护等老年健康服务体系，满足老年人多层次、多样化的健康养老服务需求。

（三）提高人口素质，挖掘人才红利

全面提高人口素质，推动劳动力资源由“量”向“质”转变，实现“人口红利”向“人才红利”转变，为全省经济社会高质量发展培育新动力源。一是切实加强各级各类教育，争取用10～15年的时间使河北省劳动年龄人口的平均受教育年限有一个大的提升，推动教育大省向教育强省转变。全面提高农村义务教育质量，推进城乡义务教育实现优质均衡发展，让每个孩子都能平等地享有高质量的教育。适时实施十二年制义务教育，使城乡新增劳动力普遍接受高中阶段教育。强化职业教育与技能培训，以就业技能、创新创业为主，培养高素质、技能型劳动者。推进高等教育跨越式发展，支持一流学校和一流学科建设，提高高等院校服务经济社会能力。二是营造老有所为的社会环境，积极开发老年人力资源。2020年以后，“60后”群体逐步退休进入老龄阶段，他们中一大批人有知识、有技能，参与经济社会活动的积极性很高，是难得的老年人力资源，应积极鼓励身体健康、有工作意愿的专业技术型老年人适当延长工作年限，在科学研究、学术交流、咨询服务等方面继续发挥余热。大力发展老年教育，引导老年人更新观念，扩大交往，学习新技能，提高社会参与能力。积极发展社区社会组织，鼓励老年人参与互助养老、社区治理、社会服务等志愿活动，实现自我价值并为基层社会治理贡献力量。三是积极引进外部人才。更新观念，创新制度，实行更加积极、更加开放、更加有效的人才政策，支持石家庄、唐山、廊坊、雄安新区等地在国内硝烟四起的“引才大战”中发挥主力作用，在引进高端人才方面走在全省前列。积极引进国内外高水平大学，在河北省开展合作办学或设立研究机构，充分利用外部优质资源，搭建高层次人才培养平台。加大人才引进支持力度，对各类人才给予落户、购房、社会保险、子女入学、医疗、出行等方面的特殊政策，增强人才吸引力。

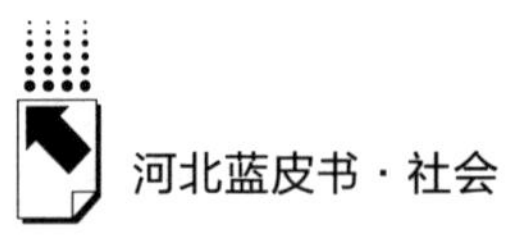

（四）完善人口流动机制，优化人口布局

人户分离、人口流动性不断增强是当前经济社会高质量发展下人口变化的基本趋势，在人口发生重大转向的历史关头，应完善人口流动政策和机制，促进人口合理、有序流动，进一步优化人口布局，促进人口与经济社会协调发展。一是引导人口向承载力高的地区合理聚集。各市应根据功能定位、资源环境、人口现状开展资源环境承载力评价，科学确定人口容量，实行差别化的人口政策。引导太行山、燕山、坝上等生态脆弱区人口适度向坝下和平原地区迁移。二是推动人口向城镇适度集中。积极融入京津冀世界级城市群建设，努力提高城镇化发展水平，缩小城镇化率与全国平均水平及京津的差距。支持省会建设，提高城市能级和首位度，推进大中小城市协调发展，建设规模适度、结构合理的城镇体系。深入推进户籍制度改革，努力破除体制机制障碍，促进劳动力和人才自由流动。加强城镇基础设施建设，提高公共服务水平，完善农村转移人口市民化的配套政策，促进人口适度向城镇集中。三是完善流动人口服务政策。加强制度建设，完善公共资源及服务的供给机制，根据人户分离和流动人口规模持续增长、结构不断变化产生的新需求提供有针对性的配套服务，完善教育、卫生、养老、体育、文化等公共服务资源配置，增强人口“拉力”，吸引大规模人口流入，参与经济社会建设，优化区域人口结构。

参考文献

国务院第七次全国人口普查领导小组办公室编《2020年第七次全国人口普查主要数据》，中国统计出版社，2021。

河北省统计局、河北省第七次全国人口普查领导小组办公室：《河北省第七次全国人口普查公报》，2021年5月19日。

荣素燕、李志晓：《河北省2019年人口发展报告》，《统计与管理》2020年第12期。

杨舸：《“中度老龄化”社会，我们准备好了吗?》，《光明日报》2020年10月

29 日。

林进龙、穆光宗：《努力推动人口长期均衡发展》，《中国人口报》2021 年 3 月 22 日。

杨宜勇、赵玉峰：《积极促进我国人口长期均衡发展研究》，《江淮论坛》2021 年第 3 期。

林宝：《从七普数据看中国人口发展趋势》，《人民论坛》2021 年第 5 期。

郭俊缨、张伊杨：《中国人口发展重大转向：从数量型到质量型人口红利》，《人口与健康》2021 年第 6 期。

陆杰华、林嘉琪：《中国人口新国情的特征、影响及应对方略——基于“七普”数据分析》，《中国特色社会主义研究》2021 年第 3 期。

《河北省人民政府关于印发〈河北省人口发展规划（2018—2035 年）〉的通知》（冀政字〔2018〕41 号）。

B.4

河北省就业形势分析报告

房保国　邢明强　刘 洋*

摘　要： 习近平总书记强调，就业是最大的民生工程、民心工程、根基工程，是社会稳定的重要保障，必须抓紧抓实抓好。党的十九届五中全会将“实现更加充分更高质量就业”列入了“十四五”时期经济社会发展主要目标，对就业工作提出了新的更高要求。党的十九届六中全会，全面总结党的百年奋斗重大成就和历史经验，也为开启就业工作新征程提供了方向指引和根本遵循。河北省委、省政府历来高度重视，连续4年将就业创业列入全省民生工程。2021年是“十四五”开局之年，做好该年的就业创业工作意义重大。

关键词： 就业形势　产业升级　服务改革

一　河北省2021年前三季度经济运行状况

（一）经济基本面持续向好，第一、二产业稳定输出，服务业贡献突出

根据地区生产总值统一核算结果，2021年前三季度，全省地区生产总值29060.7亿元（见图1），同比增长7.7%，两年平均增长4.6%，与上半年两年平均增速基本持平。分产业看，第一产业增加值2335.0亿元，同比

* 房保国，雄安新区人才发展服务中心主任，研究方向为人力资源管理；邢明强，河北省人社厅人力资源和社会保障研究所研究员，研究方向为人才资源开发；刘洋，河北师范大学汇华学院讲师，研究方向为人力资源管理。

增长6.8%；第二产业增加值11626.0亿元，同比增长4.0%；第三产业增加值15099.7亿元，同比增长10.5%。

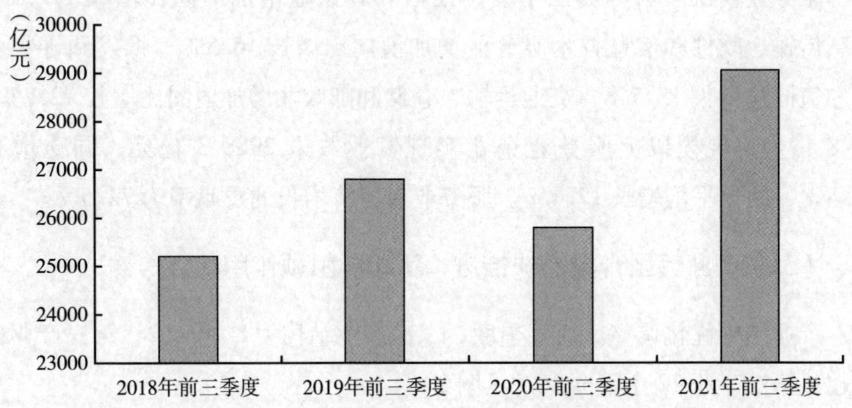

图1 2018~2021年各年前三季度河北省地区生产总值

资料来源：河北省统计局。

农业生产形势较好。秋粮生产稳定。蔬菜生产稳定增长，总产量3234.8万吨，同比增长1.4%。水果生产稳中有增，产量923.0万吨，同比增长1.3%。畜牧业生产企稳向好，生猪存栏1799.0万头，同比增长7.1%，猪肉产量204.4万吨，同比增长22.3%；禽蛋产量292.3万吨，同比减少0.3%；牛奶产量374.1万吨，同比增长5.2%。畜牧、蔬菜、果品三大支柱产业总产值占农、林、牧、渔业总产值的比重为73.7%。

工业生产平稳增长。前三季度，规模以上工业增加值同比增长5.1%，两年平均增长3.9%。工业三大门类生产全面增长。制造业增加值同比增长4.6%，采矿业增加值同比增长7.2%，电力、热力、燃气及水生产和供应业增加值同比增长8%。主要经济类型企业生产保持增长。私营企业增加值同比增长2.7%，股份制企业增加值同比增长4.8%，外商及港澳台商投资企业增加值同比增长6.0%。大中小型企业全面增长。大型企业增加值同比增长2.3%，中型企业增加值同比增长7.9%，小型企业增加值同比增长7.3%。1~8月份，全省规模以上工业企业实现利润总额1862.8亿元，同

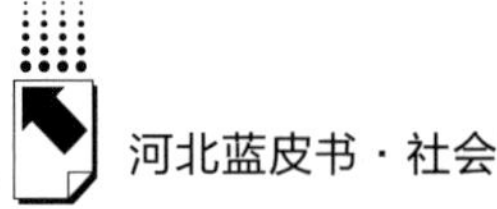

比增长 46.8%，两年平均增长 16.6%。营业收入利润率为 5.59%，同比提高 0.76 个百分点。

服务业较快增长。前三季度，住宿和餐饮业增加值同比增长 17.3%，信息传输、软件和信息技术服务业增加值同比增长 16.5%，批发和零售业增加值同比增长 15.5%，交通运输、仓储和邮政业增加值同比增长 12.7%。1 ~8 月份，规模以上服务业企业实现营业收入 2988.3 亿元，同比增长 11.5%，两年平均增长 12.1%。服务业对经济增长的贡献率为 72.5%。

（二）产业转型升级加快推进，新动能引领作用凸显

产业结构优化调整。前三季度，三次产业结构为 8∶40∶52，第三产业比重超过第二产业 12 个百分点（见图 2）。

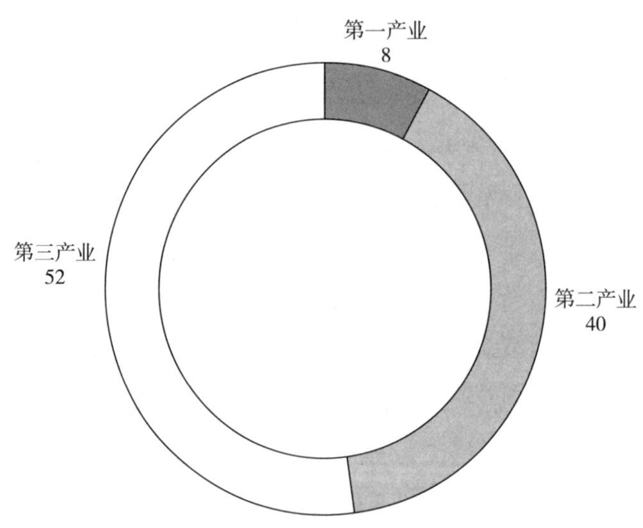

图 2　2021 年前三季度三次产业结构

资料来源：河北省统计局。

新产业发展较快。前三季度，规模以上工业战略性新兴产业增加值同比增长 11.4%，增速比上半年加快 2.9 个百分点。其中，城市轨道交通设备制造同比增长 1.2 倍，生物化学农药及微生物农药制造同比增长 40.2%，

显示器件制造同比增长35.3%，中成药生产同比增长32.4%。高新技术产业增加值同比增长13.4%，增速快于规模以上工业8.3个百分点，占规模以上工业增加值比重为20.9%，同比提高2.3个百分点。

新产品生产提速。前三季度，新能源汽车产量同比增长1.1倍，工业机器人产量同比增长52.6%，太阳能电池产量同比增长70.8%，电子元件产量同比增长32.5%。

新业态持续活跃。前三季度，全省网上零售额2240.3亿元，同比增长28.0%。其中，实物商品网上零售额2015.2亿元，同比增长24.4%。

新主体不断壮大。第三季度末，全省法人单位154.2万个，同比增长10.7%，增速同比加快4.0个百分点。高技术行业市场主体增长较快，高技术制造业法人单位8.2万个，同比增长9.6%；高技术服务业法人单位26.2万个，同比增长16.8%。

（三）社会有效需求持续回暖，对外经贸增长平稳

固定资产投资平稳增长。前三季度，固定资产投资同比增长0.4%，两年平均增长1.0%，比上半年两年平均增速加快0.4个百分点。投资建设项目个数增长较快。在建项目个数同比增加1212个，增长7.3%，增速比上半年提高9.5个百分点。服务业投资提速。服务业完成固定资产投资同比增长5.0%，增速比1~8月份加快1.5个百分点，是全省固定资产投资增长的重要动力。房地产市场增长平稳。全省房地产开发投资同比增长11.7%。

消费市场稳定复苏。前三季度，社会消费品零售总额实现9475.3亿元（见图3），同比增长9.7%，两年平均增长2.8%。分城乡看，城镇市场消费品零售额8061.6亿元，同比增长10.2%；乡村市场消费品零售额1413.7亿元，同比增长6.6%。限额以上单位实现零售额2967.3亿元，同比增长12.9%，两年平均增长4.1%。升级类商品消费较为活跃。限额以上单位金银珠宝类同比增长54.0%，家用电器类和音像器材类同比增长62.3%，通信器材类同比增长28.0%。基础民生和基本生活类商品销售增势稳定。限额以上单位粮油、食品类商品零售额同比增长3.6%，饮料类同比增长

24.6%，烟酒类同比增长 21.0%，服装、鞋帽、针纺织品类同比增长 8.8%，日用品类同比增长 6.8%。

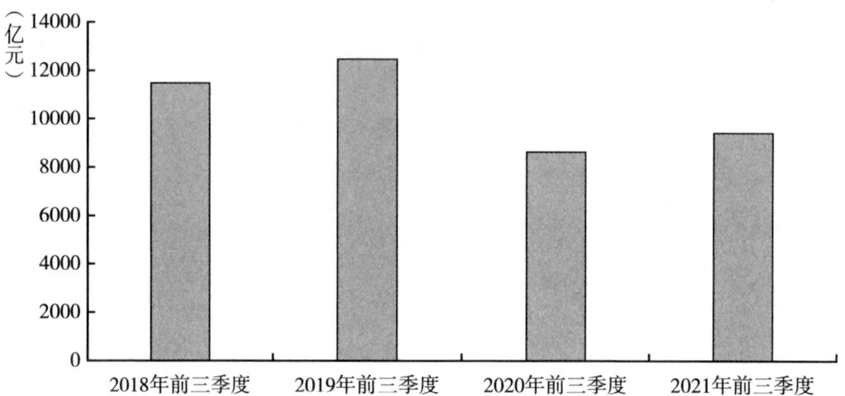

图 3　2018～2021 年各年前三季度社会消费品零售总额

资料来源：河北省统计局。

进出口和利用外资增长较快。前三季度，进出口总值实现 3982.9 亿元（见图 4），同比增长 26.9%。其中，出口 2182.0 亿元，同比增长 23.5%；进口 1800.9 亿元，同比增长 31.2%。实际利用外资 95.7 亿美元，同比增长 10.1%，增速比上半年加快 2 个百分点。

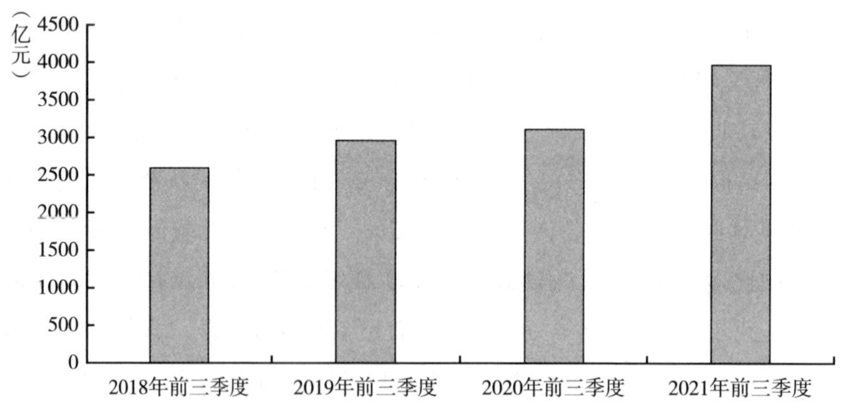

图 4　2018～2021 年各年前三季度进出口总值

资料来源：河北省统计局。

（四）国家战略纵深推进，“三件大事”提速加力

京津冀协同发展向深度广度拓展。前三季度，京津转入单位4236个，其中，法人单位2687个，产业活动单位1549个。北京大兴国际机场临空经济区建设加快，廊坊临空经济区完成固定资产投资同比增长21.8%。张家口首都水源涵养功能区和生态环境支撑区“两区”规划建设加快推进。雄安新区建设加快推进。域内完成固定资产投资同比增长37.5%。冬奥会筹办有序进行。全面落实“四个办奥”理念和“简约、安全、精彩”办赛要求，全面攻坚冲刺，冬奥项目收尾工作有序推进。

（五）人民福祉持续增进，基本民生保障有力

社会就业保持稳定。前三季度，城镇新增就业80.70万人，比上半年增加29.03万人。9月末，城镇登记失业率为3.31%，比6月末下降0.17个百分点，控制在全年4.5%计划目标以内。

市场价格总体平稳。前三季度，居民消费价格同比上涨0.6%，涨幅比上半年增加0.1个百分点。分类别看，食品烟酒价格同比上涨0.6%，衣着同比下降0.7%，居住同比下降0.2%，生活用品及服务同比下降0.3%，交通和通信同比上涨3.8%，教育文化和娱乐同比上涨0.9%，医疗保健同比上涨0.2%，其他用品和服务同比下降1.1%。在食品烟酒价格中，粮食价格同比上涨0.6%，猪肉价格同比下降28.1%，鲜菜价格同比上涨3.6%。9月份，居民消费价格同比上涨0.6%，涨幅比8月份回落0.2个百分点。前三季度，工业生产者出厂价格同比上涨15.8%，9月份同比上涨20.2%；前三季度，工业生产者购进价格同比上涨17.9%，9月份同比上涨25.0%。

居民收入持续增长。前三季度，全省居民人均可支配收入21643元（见图5），同比名义增长9.3%，扣除价格因素实际增长8.7%。按常住地分，城镇居民人均可支配收入29274元，同比名义增长7.6%，实际增长7.0%；

农村居民人均可支配收入 13716 元，同比名义增长 11.6%，实际增长 10.6%。城乡居民人均可支配收入倍差 2.13，同比缩小 0.08。①

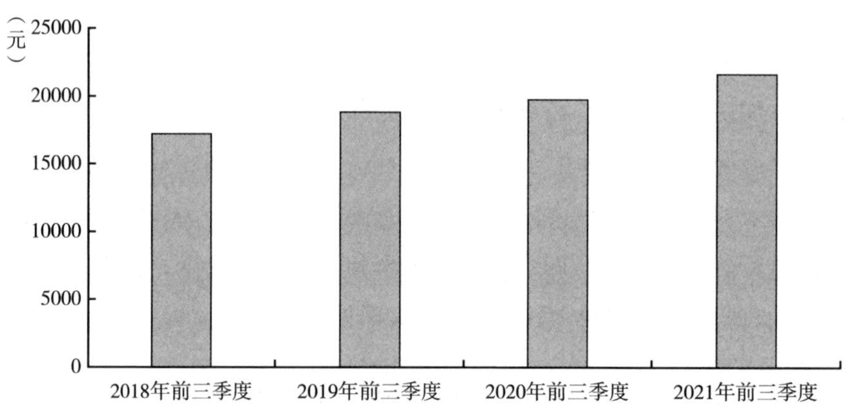

图 5　2018～2021 年各年前三季度居民人均可支配收入

资料来源：河北省统计局。

二　“十四五”河北省面临的就业形势分析

“十四五”时期，小康社会已全面建成，以国内大循环为主体、国内国际双循环相互促进的新发展格局逐步形成，党中央将稳就业、保就业作为“六稳”“六保”首位工作。河北省区位优势明显，京津冀协同发展、北京冬奥会筹办重大战略实施，蕴含巨大的就业需求。同时河北省产业体系完备，农业现代化进程加快，工业化体系不断完善，服务业对经济增长拉动作用明显增强，企业经营日渐复苏，经济效益稳步提升，给全省就业工作带来利好。

（一）河北省三次产业就业形势分析

2010～2018 年河北省三次产业就业人数及其占比如表 1、图 6 所示。

① 《“2021 年前三季度河北省国民经济形势”新闻发布会》，河北新闻网，2021 年 10 月 25 日，http://zhuanti.hebnews.cn/2021－10/25/content_8650925.htm。

表1　2010～2018年河北省三次产业就业人数及其占比

单位：万人，%

年份	各产业就业人数			各产业就业人数占比		
	第一产业	第二产业	第三产业	第一产业	第二产业	第三产业
2010	1464.21	1250.85	1150.08	37.88	32.36	29.76
2011	1439.63	1319.83	1202.96	36.33	33.31	30.36
2012	1426.27	1400.79	1258.68	34.91	34.28	30.81
2013	1404.49	1438.07	1341.37	33.57	34.37	32.06
2014	1398.88	1437.79	1365.99	33.29	34.21	32.50
2015	1387.83	1437.43	1387.24	32.95	34.12	32.93
2016	1380.33	1439.74	1403.88	32.68	34.09	33.24
2017	1366.90	1396.58	1443.18	32.49	33.20	34.31
2018	1360.10	1367.70	1468.40	32.41	32.59	34.99

资料来源：河北省统计局。

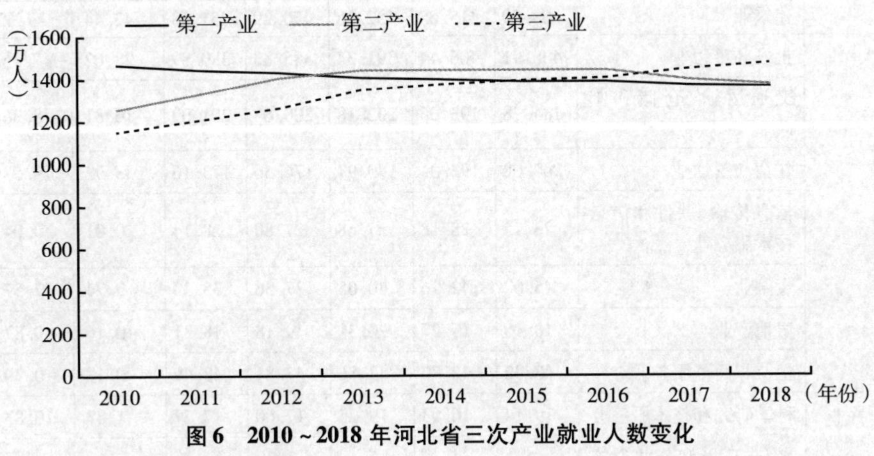

图6　2010～2018年河北省三次产业就业人数变化

资料来源：河北省统计局。

2010～2018年第一产业就业人数从1464.21万人连续下降至1360.10万人；第二产业就业人数，2010～2016年大体上呈增长趋势，从1250.85万人增长到1439.74万人，但2016～2018年连年下降，从1439.74万人缩减至1367.70万人；第三产业就业人数从1150.08万人连续增长至1468.40万人。

从产业就业结构现状看，2010～2018年第一产业就业人数占比呈下降趋势，从37.88%下降至32.41%；第二产业就业人数占比，2010～2013年从32.36%增长至34.37%，2013～2018年从34.37%下降至32.59%；第三产业就业人数占比从29.76%连续增长至34.99%。

2014～2018年河北省分行业就业人数及其变化情况见表2、图7。

表2　2014～2018年河北省分行业就业人数及其变化情况

单位：万人，%

	分行业	就业人数					5年间变化	增长率
		2018年	2017年	2016年	2015年	2014年		
第一产业	农、林、牧、渔业	1360.05	1366.90	1380.33	1387.83	1398.88	-38.83	-2.78
第二产业	采矿业	72.67	83.46	86.71	89.78	94.49	-21.82	-23.09
	制造业	842.60	858.10	861.68	858.85	853.75	-11.15	-1.31
	电力、热力、燃气及水生产和供应业	44.31	39.97	38.97	38.51	38.02	6.29	16.54
	建筑业	408.09	415.05	452.38	450.29	451.53	-43.44	-9.62
第三产业	批发和零售业	408.91	406.44	391.34	385.83	380.89	28.02	7.36
	交通运输、仓储和邮政业	184.28	193.05	202.18	200.63	201.09	-16.81	-8.36
	住宿和餐饮业	207.08	195.01	179.97	176.56	173.16	33.92	19.59
	信息传输、软件和信息技术服务业	28.15	28.18	27.68	27.80	28.14	0.01	0.04
	金融业	45.07	42.76	40.05	37.56	35.33	9.74	27.57
	房地产业	18.15	15.27	20.31	19.18	18.31	-0.16	-0.87
	租赁和商务服务业	43.32	42.80	43.86	47.81	43.49	-0.17	-0.39
	科学研究和技术服务业	19.14	16.93	19.25	17.60	17.27	1.87	10.83
	水利、环境和公共设施管理业	21.64	20.43	19.90	19.35	18.92	2.72	14.38
	居民服务、修理和其他服务业	146.44	142.43	139.77	137.00	135.30	11.14	8.23
	教育	140.40	140.79	124.74	125.13	124.61	15.79	12.67
	卫生和社会工作	67.28	65.96	64.23	62.87	60.18	7.10	11.80
	文化、体育和娱乐业	20.53	20.21	19.72	19.45	19.04	1.49	7.83
	公共管理、社会保障和社会组织	117.98	112.92	110.88	110.47	110.26	7.72	7.00
全省总计		4196.09	4206.66	4223.95	4212.50	4202.66	-6.57	-0.16

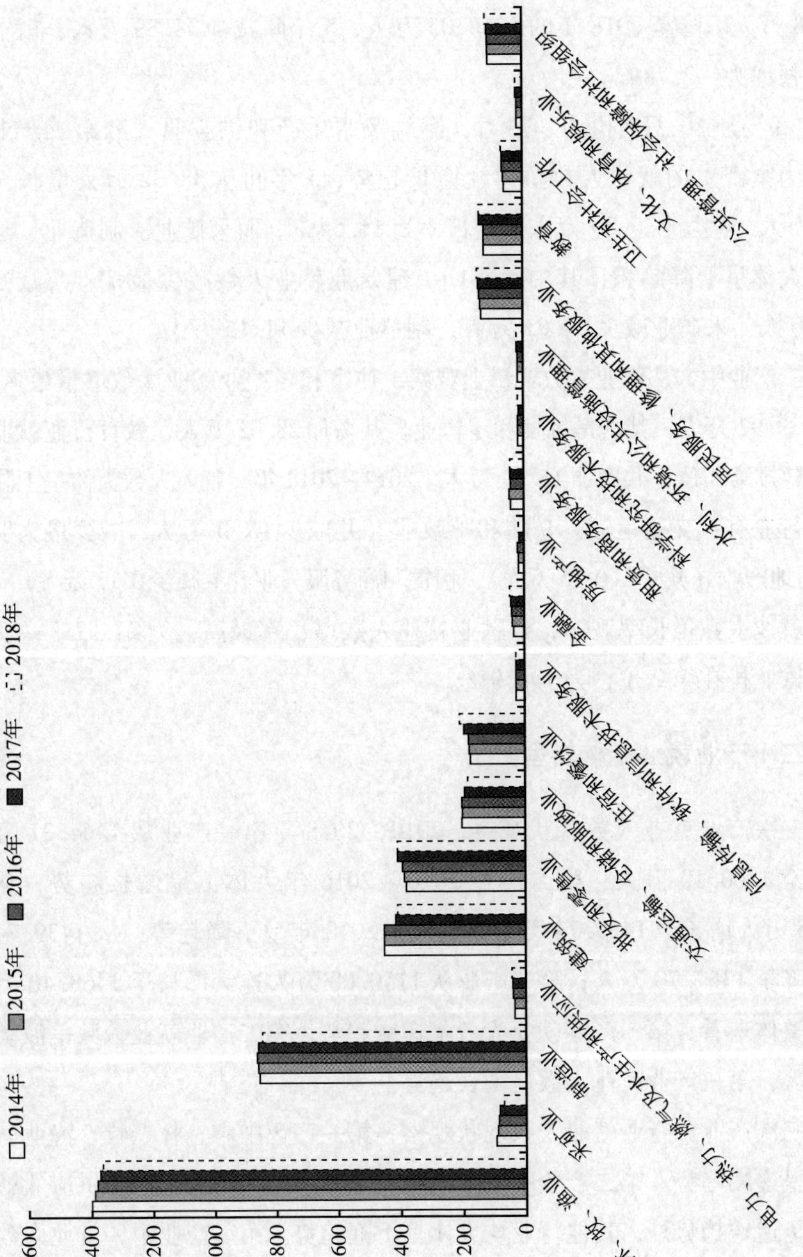

图7 2014～2018年河北省分行业就业人数变化情况

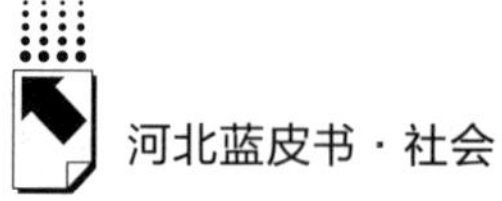

第一产业，农、林、牧、渔业就业人数呈连续下降趋势，从2014年的1398.88万人下降至2018年的1360.05万人，5年间减少38.83万人，就业人数增长率为-2.78%。

第二产业中，只有电力、热力、燃气及水生产和供应业（和第三产业联系最为紧密）的就业人数呈连续增长趋势，5年间从38.02万人增长至44.31万人，共增长6.29万人，增长率为16.54%。而采矿业、制造业、建筑业均大体呈下降趋势，其中5年间，建筑业就业人数减少最多，共减少43.44万人，采矿业减少21.82万人，制造业减少11.15万人。

第三产业中，从就业人数增量上观察，住宿和餐饮业就业人数增量最多，共增加33.92万人，其次是批发和零售业，共增加28.02万人，教育行业就业人数增量排第3位，共增加15.79万人。2014~2018年，就业人数大体呈下降趋势的行业有：交通运输、仓储和邮政业（共减少16.81万人，减少最为明显），房地产业（共减少0.16万人），租赁和商务服务业（共减少0.17万人）。

从就业人数增长率观察，金融业就业人数增长率最高，为27.57%；住宿和餐饮业排在第2位，为19.59%。

（二）产业就业结构转型分析

从三次产业就业人数现状观察，2010~2018年第一产业从1464.21万人下降至1360.10万人；第二产业2010~2016年大体上呈增长趋势，从1250.85万人增长至1439.74万人，2016~2018年呈下降趋势，从1439.74万人下降至1367.70万人；第三产业从1150.08万人连续增长至1468.40万人。故整体来看，第一产业就业人数呈递减趋势，第二产业就业人数呈波动变化趋势，第三产业就业人数呈增长趋势。

从三次产业分行业就业人数现状观察，第一产业中农、林、牧、渔业就业人数呈递减趋势。第二产业中，除电力、热力、燃气及水生产和供应业就业人数呈递增趋势外，其他行业均大体呈下降趋势。第三产业中，就业人数增量排在前三的行业有：住宿和餐饮业（33.92万人）、批发和零售业（28.02万人）、教育（15.79万人）。就业人数增长率排在前三的行业有：

金融业（27.57%）、住宿和餐饮业（19.59%），以及电力、热力、燃气及水生产和供应业（16.54%）。

三　新冠肺炎疫情对河北省就业的影响

新冠肺炎疫情对河北省就业的短期影响表现为就业数量和质量的下降，随着疫情防控、复工复产有序推进和疫苗的普及，疫情对河北省经济的负面影响将逐渐消退，制造业和服务业的复苏节奏将继续加快，就业形势持续恢复。新冠肺炎疫情导致河北省失业整体情况从冲击性失业变成结构性失业，这在一定程度上加速了产业结构调整。

（一）疫情加速就业结构转型

2021 年初疫情主要影响河北省第三产业，不同行业和职业的就业形势分化严重，呈现生活性服务业遭受的冲击远大于生产性服务业、传统服务业遭受的冲击远大于新兴服务业的特点。疫情在对线下就业产生负面影响的同时，也在一定程度上对就业结构进行优化和调整，加速了行业新技术革命、数字化转型的进程。疫情不仅在一定程度上推动了互联网经济的进一步发展，也催生了一些新业态、新需求和新模式，非接触式的线上模式逐渐成为主要消费方式，这在一定程度上拓宽了就业渠道，相比其他行业，互联网行业的就业在此次疫情中受到的冲击较小，发展平稳。在疫情防控常态化时期，疫苗的普及使得第三产业的就业持续回暖，吸纳就业能力逐步显现。

（二）就业总量压力增加，重点群体就业难度加大

具体而言，农民工、大学生等重点群体就业面临更大挑战。农民工多数是生产服务一线普工，是河北省产业工人的主体，主要分布在制造业和建筑业，其中多数采取灵活就业的形式，受到疫情的冲击更为直接，疫情在较大程度上影响农民工的就业稳定性。对于高校毕业生来说，其受疫情及经济下

行双重影响。河北省高校毕业生人数逐年创新高，当2021届毕业生就业问题尚未得到完全解决时，2022届毕业生却即将迈入就业市场。2021年河北省高校毕业生规模增量、增幅均为近年来之最，2021年全省高校毕业生44.7万人（见图8），创历史新高，再加上往届未就业人员和留学回国人员、农村转移劳动力、登记失业人员等，就业总量压力不减，在就业市场呈现供需不平衡态势的情况下，河北省高校毕业生就业压力加大。

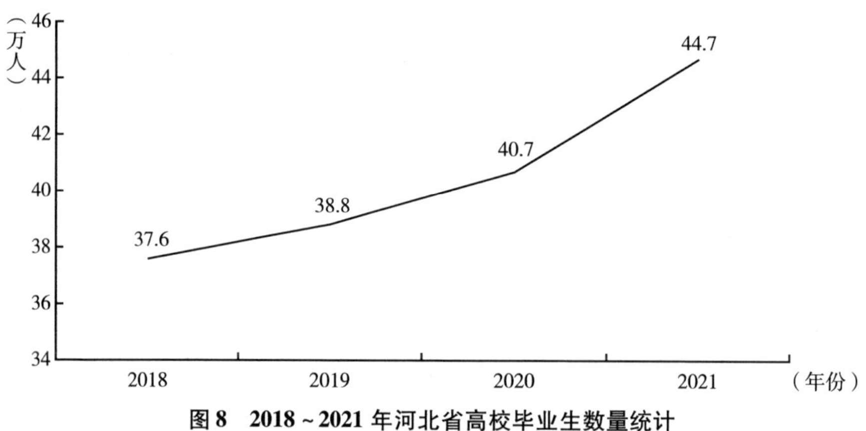

图8　2018～2021年河北省高校毕业生数量统计

资料来源：河北省统计局。

（三）行业特点不同，企业受影响程度各异

由于各地防控措施存在差别，企业受到的影响程度各异，不同地区、行业、规模企业复工复产进度不一，用工需求释放存在较大时间差，企业面临的风险问题也不一样。餐饮、旅游、影视等一些即期消费类行业受到的影响最为直接，部分行业企业属于"一年干一月，一月吃一年"，对春节假日经济依赖度高，受到的冲击更大。教育，建筑，房地产，居民服务、修理和其他服务，文化、体育和娱乐等行业复工复产复学时间明显滞后。特别是其中的中小微企业和个体工商户受到的冲击更大，它们承压能力脆弱，如果不能及时减压止损，随着疫情影响时间延长，出现较大规模的企业、店铺关停和人员失业的风险将加大。

四　河北省2021年就业保障工作举措及取得的成效

（一）以非常之举应对非常之势，全力以赴稳就业保就业

1. 完善稳就业政策措施

研究制定延续实施稳就业政策、全力推进保障充分就业工作方案、加强就业帮扶巩固拓展脱贫攻坚成果助力乡村振兴的实施意见等政策文件，截至11月底，全省支出就业补助资金27.23亿元，重点支持就业困难群体就业创业。

2. 突出抓好重点群体就业

落实促进高校毕业生就业创业措施，加强实名制动态管理，提供不断线指导服务，高校毕业生就业率达到95.2%，高于上年同期0.16个百分点；有力有序推进农民工转移就业，大力开展“迎新春送温暖、稳岗留工”专项行动，采取送温暖留心、强政策留岗、稳生产留工、优服务留人等措施，强化农民工就业服务，促进1271万名农村劳动力外出务工、返乡创业和就地就近就业。

3. 继续实施失业保险保障扩围

研究起草了河北省延续实施部分稳就业政策具体细则，继续实施降低失业保险费率政策，持续开展失业保险稳岗返还，实施以工代训扩围、困难人员培训生活费补贴及就业见习补贴提前发放、失业保险征缴扩面等政策措施。截至11月底，为26.25万人发放失业补助金7.25亿元，为6.83万家企业发放稳岗返还资金4.61亿元。

4. 深化“放管服”改革

深入开展大众创业活动，创造更加优质的创业环境。开通行业准入办理绿色通道，对需要办理相关行业准入许可的，实行多部门联合办公、一站式审批。赋予乡镇（街道）、村（社区）一批市场准入、卫生健康、民生保障等领域政务服务事项，为小微企业和基层群众提供更便捷、高效的政务服

务。优化升级创业孵化基地150家，评选河北创业大学10家。全省新发创业担保贷款16.14亿元，直接扶持6368人自主创业，带动（吸纳）1.75万人实现就业。完成创业服务125.38万人次，超额完成全年任务（100万人次）。

5.持续优化就业服务

完善就业信息网络化平台，在全省就业信息网络化操作平台核心板块，实现就业扶贫实名制信息管理系统、贫困劳动力求职招聘网络系统和脱贫攻坚综合信息系统“三网合一”，形成人员管理实名制、就业服务一对一、促进就业点对点的全流程闭环管理。接续开展“春风行动”、就业援助月、高校毕业生就业市场招聘、百日千万网络招聘、民营企业招聘周等专项活动，组织线上线下招聘3510场，发布岗位178.48万个。

（二）加大治理力度，劳动关系保持总体和谐稳定

1.突出做好根治欠薪工作

深入宣传贯彻落实《保障农民工工资支付条例》，出台本省《保障农民工工资支付办法》《工程建设领域农民工工资专用账户管理暂行办法》，开展集中整治拖欠农民工工资问题专项行动，以政府投资工程、国企项目欠薪问题为重点，依法惩处恶意拖欠农民工工资、侵害劳动者合法权益等违法行为。截至12月27日，全省已处理欠薪案件1.9万件，为8.8万名农民工追偿劳动报酬10.15亿元，欠薪案件实现动态清零。

2.积极构建和谐劳动关系

开展“稳就业、促发展、构和谐”集体协商共同约定行动，健全完善劳动关系三方协调机制。制定《河北省疫情防控期间劳动关系处理指南》，对企业和职工普遍关心的劳动关系问题统一政策解释口径，及时回应社会关切。加强新就业形态劳动者劳动权益保障，8部门联合出台实施办法，河北省办法出台早、措施实，受到人社部批示肯定。

3.认真细致做好信访维稳工作

建立厅级干部包联和各市包联两本化解台账，集中开展大督查大接访大

调研等活动，国家信访局和省信访联席办公室交办的532件重复信访事项全部办结。

（三）加强政策衔接，巩固拓展脱贫攻坚成果

1. 加大就业帮扶力度

印发《关于切实加强就业帮扶巩固拓展脱贫攻坚成果助力乡村振兴的推进方案》等文件，召开全省脱贫人口稳岗就业会议，建立务工就业按季通报制度。建立健全“一册两表六清单”，将就业帮扶实名制管理、脱贫劳动力求职招聘与全省脱贫攻坚综合信息系统融合链接，实现“三网合一”，对脱贫劳动力实现全覆盖、全实名和全过程管理服务，通过有组织的劳务输出、帮扶车间吸纳、居家灵活就业、返乡创业带动、乡村公岗开发等“5 + N”渠道促进务工就业。全省脱贫劳动力务工90.55万人，完成目标任务83.40万人的108.57%。脱贫劳动力务工全国排名由第22名上升到第7名。

2. 精准开展技能培训

实施农村劳动力就地就近转移培训工程，采取“岗位 + 技能 + 劳动力 + 就业”的培训模式，已完成培训2.1万人，超额完成全年2万人的任务。开展脱贫劳动力就业技能培训，针对脱贫劳动力意愿和岗位需求，突出易地搬迁后续帮扶，依托当地特色产业、安置点用工项目、劳务输出项目开展针对性培训，累计培训脱贫劳动力1.79万人。

五　部分地市2021年就业保障工作示范性举措

（一）石家庄：促进更加充分更高质量就业

1. 做好重点群体就业工作

制定高校毕业生就业创业“十条措施”，开展8个专项活动，对未就业高校毕业生进行“一对一”跟踪帮扶。截至年底，石家庄市离校未就业高校毕业生1.68万人，后实现就业1.57万人，就业率93.5%。着力打造劳务

输出品牌，2021 年以来农村劳动力转移就业 5.17 万人，其中劳动输出 3.31 万人。多渠道促进脱贫劳动力稳定就业，建成帮扶车间 22 个，乡村公益岗位安置脱贫劳动力 1.4 万人，对 5154 名就业困难人员实行兜底保障，确保零就业家庭动态清零。

2. 根治拖欠农民工工资顽疾

健全根治欠薪长效机制，狠抓恶意欠薪违法行为治理。截至 2021 年，石家庄市共办结 2 万件欠薪案件，连续两年排河北省 A 级第 1 名。

3. 优化就业创业服务

进一步拓展就业信息网络化平台服务功能，推动公共就业服务力量向乡村和社区延伸。发挥市场化就业服务机构专业优势，做大做强人力资源服务产业园和龙头企业，带动就业服务提质增效。

（二）张家口：着力推进就业服务改革

1. 实施就业优先战略，确保就业大局稳定

制定了《张家口市促进创业带动就业三年行动计划（2021—2023年）》、《推动大众创业实施方案》和《就业促进工程实施方案》等政策文件，全力做好高校毕业生、退役军人、城镇困难人员等重点群体就业工作。全市城镇新增就业 57409 人，完成全年任务的 100.19%。

2. 积极扶持就业创业

推进“三创四建”大众创业工作，充分落实创业担保贷款、失业保险金、就业补助金等惠民惠企政策，为各类群体提供就业服务，统筹做好高校毕业生、退役军人、城镇困难人员等重点群体就业工作。一年内为创业者提供创业服务 57442 人次，发放创业担保贷款 287 笔 6185.4 万元，全市农村劳动力向非农产业转移 35924 人，完成 25.11 万名脱贫劳动力外出务工就业。发放失业保险金 4436.32 万元，惠及 30768 人，失业人员再就业 14790 人，建成创业孵化基地 19 家，累计孵化 1553 家企业，带动就业 5550 人。

3. 完善公共就业服务创新机制

建立了全市 219 万人就业大数据平台，通过创立就业联盟，为 1469 家

企业在网站发布用工信息，提供就业岗位3.28万余个。组织“春风行动”等线上线下招聘会357场，提供岗位116185个，达成就业意向30232人，实现就业11135人次。统计网上就业创业超市，为2235家企业发布人力资源和人才的求职用人信息，招聘岗位总数7076个，招聘需求人数34134人，线上面试884人次。启动了直播带岗活动，吸引了28.58万名求职者进入直播间。

（三）唐山：围绕落实“六稳”“六保”抓改革

1.支持企业减负稳岗

继续实施普惠性失业保险稳岗返还政策，推行“免申即享”，向7949家参保单位拨付稳岗返还资金7637万元，惠及职工46万人；成功为退城搬迁企业争取职工安置特定补助政策，给予稳岗补贴3.07亿元；举办“春风”“春雨”等线上线下招聘活动475场次，提供岗位20万个，帮助企业解决急需用工2.3万人。

2.统筹重点群体就业

2021届唐山市高校毕业生已报到3.65万人，实现就业3.33万人，就业率达到91.2%；对就业困难人员、退役军人等实施公益性岗位兜底安置，截至2021年底，在岗11487人。

3.促进创业带动就业

拓展创业孵化平台功能，累计新建改建创业孵化基地80家，带动就业3.7万人；为963名创业者和46家小微企业发放创业担保贷款2.35亿元，带动（吸纳）2092人实现就业。

4.巩固就业扶贫成果

持续做好就业政策宣传和务工组织帮扶，因户因人精准施策，国扶系统内有劳动能力、就业意愿的3242人100%实现动态就业。

（四）辛集：强化落实就业优先政策

1.重点促进高校毕业生等青年就业

进一步加强对高校毕业生的公共就业服务，扎实推进高校毕业生就业创业工作，广泛开展就业见习和创业培训，提高就业创业能力。全年筹备组织4期就业见习活动，在信誉楼、申科电子等企业充分挖掘适合青年就业的见习岗位近500个，扩大见习范围。

2. 加强岗位信息供需求对接

通过“辛集发布”“辛集就业创业”公众号，推送职场信息36期，发布500余家企业1万余个就业岗位，引导企业开展远程招聘、线上面试。据不完全统计，企业接受咨询6500余人次，通过电话咨询、视频面试等形式，已吸纳5000余人上岗就业。

3. 稳步推进农村劳动力转移就业

支持农村劳动力就地就近转移就业，落实返乡入乡创业政策。举办创业服务乡下行活动，扎实开展农村劳动力实名制管理工作，依托乡域经济，更好促进农村劳动力转移就业，全市转移农村劳动力5510人。

4. 有序开展公共就业服务

会同组织部、共青团、妇联、科技局、退役军人事务局等部门，开展“海纳百创　乐业辛集”云招聘、“春风行动”等线上线下招聘活动，为高校毕业生、农村劳动力、就业困难人员等群体提供专项就业服务。聘请全国优秀创业培训讲师来辛，举办创业培训师资提升班，加强创业培训讲师交流，提升创业培训讲师业务素养。

六　河北省就业保障工作举措的实现路径

（一）坚持经济发展就业导向，稳定和扩大就业容量

1. 支持市场主体稳定发展、稳住岗位

截至2021年，全省共有各类市场主体9000多万户，这些市场主体是吸纳就业的主渠道。保持宏观政策的连续性、稳定性、可持续性，有效稳定市场主体预期。同时落实好结构性减税、普惠性金融等支持政策，继续实施好稳就业政策，帮助小微企业、个体工商户等市场主体更好发展，稳定和扩大

就业规模。

2. 积极创造新的就业岗位

促进更加充分更高质量就业，不仅要稳住存量，更要注重扩大增量。把增加就业与经济转型升级结合起来，支持新产业、新业态、新模式健康发展，创造更多高质量的就业岗位。要围绕京津冀协同发展、雄安新区建设、乡村振兴等国家重大战略，培育壮大一批新兴产业，支持各地发展特色优势产业，着力拓宽就业渠道，政府投资和地方政府专项债券、金融支持等向就业带动力强的项目倾斜，增强对就业的促进作用。

3. 大力支持创业创新带动就业

进一步完善税收、用地、融资等支持政策，落实一次性创业补贴，培育一批城乡创业主体，扩大创业创新带动就业的效果。用好创业孵化基地、双创示范基地等载体，落实场地、资金支持，为更多人投身创业提供有利条件。

（二）突出精准分类帮扶，继续有针对性做好重点群体就业工作

1. 着力做好重点群体就业工作

对高校毕业生，围绕掌握意愿、精心指导、精准帮扶，持续落实促进高校毕业生就业政策举措，将离校未就业毕业生全部纳入实名制管理，组织开展高校毕业生就业服务行动，根据需求做好“一对一”跟踪服务，确保就业率高于上年。对农民工，针对尊重意愿、合理引导、平等服务，结合乡村振兴和一二三产业融合发展，健全劳务协作机制，支持外出务工一批、动员投身农业解决一批、鼓励重大项目吸纳一批、扶持创业带动一批、开发公岗安置一批，多渠道帮助农民工外出务工、就地就近就业和返乡创业。对就业困难人员，围绕畅通渠道、落实政策、兜底保障，畅通失业人员登记求助渠道，加强失业登记、求职就业、职业培训、生活保障、公岗安置联动。强化困难人员就业援助，及时为失业人员发放失业保险金和失业补助金，确保零就业家庭动态清零。

2. 针对重点行业、中小微市场主体加大政策扶持力度

在系统梳理评估现有政策的基础上，研究短期政策与长效机制的结合转换，注重“特别行业、特定主体”专项政策的实施和激发市场活力。针对受疫情影响冲击大、时间长的餐饮娱乐、交通、旅游、外贸、线下生活服务等行业，特别是承压能力弱的小微企业和个体工商户等，出台针对性支持政策。

（三）多措并举促进就业创业，鼓励和引导创业带动就业

1. 深化“放管服”改革，发展创业载体，培育壮大人力资源队伍

积极开展创业型城市、公共就业创业服务示范城市、创业孵化基地、农民工返乡创业园等一系列评比活动，加大宣传推介力度，营造全社会支持和参与大众创业的良好氛围。进一步优化城乡社区、城市治理等方面的就业创业环境，加强典型宣传，引导转变观念，以创业带动就业。开发优质培训资源，创建创业导师队伍，重点从部分高校、科研院所等单位遴选一批科研人才、政策专家、会计师、设计师等组成创业培训人才队伍。创新培训方式，充分发挥远程视频、云互动平台等现代信息技术手段优势，创新开发产品研发、工艺改造、5G 技术、区块链等前沿课程，开展返乡创业培训行动计划、高素质农民培育计划、农村青年创业致富“领头雁”计划，大力推行互动教学、案例教学、现场观摩教学，全面提升创业者创业能力。

2. 强化创业政策支持，优化创业平台建设

全面落实税费减免政策，加强创业培训、社会保险等补贴政策扶持。创新金融保险服务，发挥政府投资基金引导作用，完善金融产品和服务方式，鼓励社会资金投入，支持互联网公司、电商平台和农业产业化龙头企业参与创业孵化基地建设。加大创业担保贷款政策实施力度，降低小微企业申请条件，提高贷款额度，帮助创业人员解决融资难问题。培育树立产业特色鲜明、创业成效明显的众创空间、双创基地和孵化园区，加强产教融合型企业建设，打造集创业教育、创业评价、培训实训、创业孵化、创业服务于一体的综合平台。以实施乡村振兴战略为总抓手，高质量建设一批功能全、服务优、覆盖面广、承载力强、孵化率高的县域返乡入乡创业园。

（四）着力推进就业政策落地落实，建立健全公共就业服务体系

1. 坚持目标导向、结果导向，锚定全年目标任务，全力实施就业优先政策

督促指导各地及时细化实化政策措施，加强督导调度，全面落实好就业见习补贴提前发放、灵活就业社保补贴、吸纳就业社保补贴等政策，全力拓展就业空间，为做好稳就业工作提供有力支撑。强化督促指导，层层压实责任，全面评估政策和资金支出情况，持续推进就业补助资金管理系统良好运行，有力有序推进就业补助资金支出使用。大力开展推进大众创业活动，提升创业服务水平，提升创业带动就业效能。

2. 建立全省统一的“互联网+”公共就业创业服务平台

加强职业技能培训，推进人力资源市场建设和公共就业服务信息网络建设，实行统一规划，建立健全以城市为核心、覆盖城乡的公共就业服务信息网络，实现就业服务经办信息化和就业扶持政策补助资金管理信息化，并逐步建立覆盖全省的公共就业服务信息网络。进一步加强公共就业服务基本信息的收集、汇总和发布，并不断扩展就业信息覆盖范围，为社会提供更多更广的人力资源市场信息。加强基层公共就业服务机构和队伍建设，创新服务方式，提供直播带岗、专场招聘、人力资源服务行业促就业等多种形式的供需对接服务。

参考文献

莫荣：《关于新冠肺炎疫情下稳就业政策的观察思考》，《中国劳动保障报》2020年3月5日。

莫荣：《完善就业优先政策体系　实现更加充分更高质量就业》，《工人日报》2021年3月8日。

高文书：《新冠肺炎疫情对中国就业的影响及其应对》，《中国社会科学院研究生院学报》2020年第3期。

赖德胜：《更加充分更高质量就业：构建新发展格局的重要内容》，《学习时报》2020年11月11日。

张车伟：《从经济发展趋势看就业问题》，《智慧中国》2021年第7期。

B.5

河北省生态文明建设发展报告

田翠琴　赵乃诗*

摘　要： 环境治理是生态文明建设的重要内容，是推进生态文明建设的主要途径。2021 年，河北省积极部署碳达峰与碳中和工作，继续深入推进“三大污染”治理，积极出台环境治理新政策，加快生态文明标准体系建设，环境治理与生态文明建设取得明显成效。但是产业结构偏重、能源结构偏煤、交通运输结构偏公路三大问题，仍然是生态文明建设的难点。进入生态文明建设新时代，河北省环境治理与生态文明建设还需继续以突出环境问题为导向，加强生态文明制度建设，努力推进碳达峰与碳中和工作的深入开展。

关键词： 生态文明建设　环境治理　碳达峰　碳中和

一　生态文明建设的新举措

环境治理是生态文明建设的重要内容，是推进生态文明建设的主要途径。环境治理质量直接决定着生态文明建设的质量。2021 年河北省通过一系列生态环境保护制度改革和出台新举措，进一步推进生态文明建设的深入开展。

---

* 田翠琴，河北省社会科学院社会发展研究所研究员，研究方向为环境治理与环境社会学；赵乃诗，浙商银行北京分行，研究方向为环境工程与环境科学。

（一）积极部署碳达峰与碳中和工作

2020 年 9 月 22 日，习近平主席在第七十五届联合国大会上提出“中国将提高国家自主贡献力度，采取更加有力的政策和措施，二氧化碳排放力争于 2030 年前达到峰值，努力争取 2060 年前实现碳中和”①。2020 年中央经济工作会议将做好碳达峰、碳中和工作列为 2021 年八大重点任务之一。

2021 年 3 月 31 日，省委书记王东峰主持召开省委理论学习中心组会议，研究部署河北省碳达峰、碳中和工作，要求把碳达峰、碳中和纳入全省生态文明建设整体布局，确保如期完成碳达峰、碳中和目标任务。王东峰提出了六大“要突出抓好”的工作思路：要突出抓好能源结构调整，构建清洁低碳安全高效的能源体系；要突出抓好产业结构调整，全面推进经济绿色低碳转型；要突出抓好绿色低碳技术创新，加快减污降碳进程；要突出抓好节约能源资源，积极倡导绿色低碳的生产生活方式；要突出抓好绿色低碳政策和市场体系建设，构建科学高效、衔接配套的制度机制；要突出抓好生态碳汇能力提升，进一步加大生态保护修复力度。

为了遏制高耗能、高排放（以下简称“两高”）行业盲目发展，加快建立健全河北省生态产品价值实现机制，实现降碳产品价值有效转化，2021 年 9 月，河北省印发《关于建立降碳产品价值实现机制的实施方案（试行）》。该方案提出到 2023 年底，将降碳产品开发由固碳产品扩大到可再生能源、近零能耗建筑、碳普惠等，将降碳产品价值实现机制推广到其他“两高”行业，稳步扩大价值实现规模。提出构建降碳产品价值实现机制的五项重点任务。一是提升固碳能力，持续开展大规模国土绿化行动。二是加大项目开发力度，加强降碳项目储备。三是推动降碳产品价值实现。开展钢铁行业建设项目碳排放环境影响评价试点，积极稳妥地向其他“两高”行业延伸拓展。鼓励购买降碳产品中和碳排放，搭建碳普惠平台。四是建立运行机制。建立全省降

① 《中国减排承诺激励全球气候行动》，中国政府网，2020 年 10 月 12 日，http：//www.gov.cn/xinwen/2020－10/12/content_ 5550452.htm。

碳产品价值实现管理平台和全省统一的降碳产品价值实现服务平台。五是加强各项保障措施，推动绿色低碳转型。加强监测监管，开展降碳产品调查和连续动态监测，建立健全降碳产品计量监测体系，完善降碳产品动态数据库。

（二）加强“三大污染”治理

2021 年河北省环境治理与生态文明建设的工作思路是“4421”。4 项攻坚任务是主攻方向，其中 2 项是大气环境治理，一是攻坚任务的首要任务是重点城市“退后十”，二是全力做好冬奥会空气质量保障，重点抓好冬季清洁取暖、清洁能源替代、低效产能淘汰、企业深度治理等工作；2 项是水环境质量改善攻坚任务，即实现白洋淀Ⅲ类（优良）水质目标和完成海洋生态环境治理。4 项改革举措是制度保障：一是推进智慧环保改革，二是谋划推进生态环境执法改革，三是谋划推进生态环境监察改革，四是努力实现培养、督导、考核、使用、问责一体化改革。2 个加强建设是根本支撑，即强化学习型机关建设和“四个铁军”建设。1 个突破是战略目标，即实现减污降碳协同增效，推动碳达峰、碳中和工作取得突破性进展。

一是加强大气污染治理。2021 年 3 月，河北省委办公厅、省政府办公厅印发《河北省深入实施大气污染综合治理十条措施》，提出确保完成 2021 年全省 $PM_{2.5}$平均浓度下降 3% 以上的全年目标任务，唐山市、邢台市退出污染城市后十。十条措施是：严格控制煤炭消费总量、坚决有效降低工业企业污染物排放、强化散煤替代和煤质管控、加快公路转铁路工程建设进度、加强柴油货车排放管控、加强道路扬尘精细化管控、强化建筑施工和城市裸露路面扬尘管理、强化臭氧污染协同控制、强化秸秆和垃圾露天焚烧管控及加强矿山扬尘深度整治。十条措施是对河北省大气污染防治工作的部署。

二是推进水环境治理。加强白洋淀与雄安新区的生态保护与环境治理是河北省环境治理的重点工作。2021 年 2 月，河北省颁布《白洋淀生态环境治理和保护条例》。该条例明确了白洋淀治理保护范围、原则和基本要求，将保障规划有序有效实施作为立法的重要任务，提出坚持全流域协同共治，通过源头预防、过程管控、综合治理，全方位保护白洋淀生态环境。提出加强全流域生态修复与保护，加强雄安新区防洪排涝安全体系建设，建立健全监管保障机制，从严设置法律责任。该条例对白洋淀的生态保护与环境治理进行了全面规范。2021 年印发《2021 年白洋淀水质保障重点工作方案》《河北雄安新区 2021 年水生态环境保护工作要点》《雄安新区 2021 年白洋淀生态环境治理实施方案》等，坚持“补水、治污、防洪”一体推进，推进各项治理措施落实见效，确保不再让一滴污水流入白洋淀。2021 年 8 月，河北雄安新区管理委员会正式对外发布《关于雄安新区“三线一单”生态环境分区管控的实施意见》，从空间布局约束、污染物排放管控、环境风险防控和资源利用效率提升等方面，明确生态环境准入要求，制定了全新区、四大片区及各环境管控单元三个层次的生态环境准入清单。标志着雄安新区“三线一单”生态环境分区管控正式进入落地实施和管理应用阶段。

首先，大力提升农村生活污水无害化处理能力。为了切实改善农村人居环境，进一步深化全省农村生活污水无害化处理，2021 年 3 月，河北省印发《河北省农村生活污水无害化处理三年行动方案（2021—2023 年）》，提出利用三年时间，推进河北省农村实现无害化处理设施全覆盖。主要任务如下：一是推动城镇（园区）污水管网向周边延伸覆盖；二是建设集中式污水处理设施；三是实施生活污水分散处理；四是落实相关支持政策；五是完善长效管护机制。

其次，颁布《河北省节约用水条例》。2021 年 5 月 28 日，河北省颁布《河北省节约用水条例》。该条例将坚持“节水优先”、落实最严格的水资源管理制度、建立水资源刚性约束体系贯穿于水资源取用全过程。重点规范了七个方面的内容：明晰政府及其部门职能、强化水资源刚性约束、严格节水管控措施、规范各行业全领域节水、突出非常规水源利用、明确节水激励支持措施、加强节水宣传强化节水意识。该条例是新时期河北省节水工作的重要法规，为节水工作提供了支撑和保障。

最后，加强固体废物治理。为了严防新冠肺炎病毒通过医疗废物、污水、废弃口罩等途径传播，2021 年 1 月，河北省生态环境厅、卫生健康委、住房和城乡建设厅印发《关于做好应对冬春季新冠肺炎疫情医疗废物污水废弃口罩管理工作的通知》，针对常态化疫情防控和可能出现的三种情形，对全省医疗废物、医疗污水和城镇污水、废弃口罩管控监测工作分情形提出具体要求。2021 年 2 月，河北省生态环境厅出台《关于加快危险废物智能化环境监管平台建设的指导意见》。为了切实提升危险废物监管和利用处置能力，有效防控危险废物环境风险，2021 年 7 月，河北省制定了《河北省强化危险废物监管和利用处置能力改革行动方案》。该方案提出到 2025 年底，建立健全源头严防、过程严管、后果严惩的危险废物监管体系。从完善危险废物监管体制机制、强化危险废物源头管控、强化危险废物收集转运贮存等过程监管、强化废弃危险化学品监管、提升危险废物集中处置基础保障能力、促进危险废物利用处置产业高质量发展、建立平战结合的医疗废物应急处置体系、强化危险废物环境风险防控能力和落实保障措施 9 个方面提出了具体的行动方案和措施。

（三）加快推进生态环境标准化体系建设

标准化是环境治理现代化的基石，完善的生态环境标准化体系对环境治理与生态文明建设具有基石性、规范性和引领性作用。2020 年以来，河北省加快了生态环境标准化体系建设，制定发布水泥、平板玻璃、陶瓷、锅炉 4 项行业大气污染物排放或超低排放地方标准，为大气污染防治、企业深度减排提供标准技术支撑；发布实施《人工湿地水质净化工程技术规范》《人工湿地水质净化工程竣工环境保护验收技术规范》两项技术规范，为人工湿地水质净化工程建设施工验收等提供管理依据；发布《建设用地土壤污染风险筛选值》（地方标准），修订《农用地土壤重金属污染修复技术规程》，指导规范土壤污染风险防范；研究修订《农村生活污水排放标准》，突出重点区域水污染物排放控制。

为进一步规范生活垃圾焚烧行业污染治理，引领生活垃圾焚烧企业绿色高质量发展，减少区域大气污染物排放量，2021 年 1 月，河北省颁布《生活垃圾焚烧大气污染控制标准》，该标准提出颗粒物、二氧化硫、氮氧化物等 10 项标准污染物控制项目，提出了排放控制要求、污染物控制措施和标准实施时间，为推动大气环境质量持续改善提供了新保障。

2021 年 1 月，发布《清洁生产审核评估和验收技术导则》《废塑料回收与再生利用污染控制技术规范》《生物和化学制药行业挥发性有机物与恶臭污染控制技术指南》三项地方标准。2021 年 3 月，发布关于《大清河流域水污染物排放标准》《子牙河流域水污染物排放标准》《黑龙港及运东流域水污染物排放标准》三项强制性标准修改单的通告。通过制定或修订生态环境地方标准，为重点流域、重点行业企业提标改造提供了支撑，有力引领企业绿色高质量发展。

（四）多举措推动城乡建设绿色发展

2021 年 10 月，河北省委办公厅、省政府办公厅印发《关于推动城乡建设绿色发展的实施意见》，提出到 2025 年，全省城乡建设绿色发展体制机制和政策体系基本建立，建设方式绿色转型成效显著，绿色生活方式普遍推广。到 2035 年，城乡建设全面实现绿色发展，基本建成天蓝地绿水秀的美丽河北。该实施意见从十大方面提出了推动城乡建设绿色发展的举措：优化区域绿色协同发展空间布局、打造雄安新区绿色生态宜居新城、加快张家口首都“两区”建设、建设功能完善的生态城市、加快建设美丽宜居乡村、推动高质量绿色建筑规模化发展、加快近零能耗建筑产业发展、构筑支撑绿色发展的基础设施体系、提升绿色建造和历史文化资源绿色保护水平及大力倡导绿色生活方式。

二　生态文明建设取得新成效

2021 年以来，河北省环境治理与生态文明建设取得了新进展新成效。空气环境质量进一步改善，“散乱污”企业和移动源污染整治力度加大、成效显著；水环境治理、土壤污染治理、固体废物治理均取得新成效。

（一）大气污染防治见成效

空气环境质量进一步改善。2020 年，全省 $PM_{2.5}$平均浓度 44. 8 微克/米^3，同比下降10.8%，较2017年下降27.7%；优良天数比例69.9%，较2017年提升9个百分点，超额完成“十三五”和蓝天保卫战三年行动计划目标任务。2020年，全省碳排放强度较2015年约降低25%以上，超额完成国家下达的“十三五”期间下降20.5%的约束性目标任务。在应对气候变化过程中，河北省减少了大气污染物的排放，包括二氧化硫、氮氧化物、$PM_{2.5}$等，有力促进了大气环境的改善。[①] 2020年廊坊、衡水、保定稳定退出全国168个城市空气质量排名后十。

2021年1～7月，全省$PM_{2.5}$平均浓度为41微克/米^3，较2020年同期（48微克/米^3）下降14.6%；PM_{10}平均浓度为76微克/米^3，较2020年同期（82微克/米^3）下降7.3%；二氧化硫平均浓度为11微克/米^3，较2020年同期（13微克/米^3）下降15.4%；二氧化氮平均浓度为29微克/米^3，较2020年同期（30微克/米^3）下降3.3%；全省平均优良天数144天，同比增加7天；全省平均重污染天数7天，同比减少2天。

“散乱污”企业及集群综合整治力度加大。2021年7月，持续加大对“散乱污”企业违规生产、违法排污等环境违法违规行为的打击力度，截至7月底，全省共新排查发现“散乱污”企业23家。

强化移动源污染防治。截至2021年7月底，已建设黑烟抓拍点位223个、固定式遥感监测点位179个、移动式遥感监测设备51套。路检路查重型柴油车辆144.76万辆次，处罚超标车辆1.28万辆次，罚款257万元；车辆集中停放地和重点单位入户核查车辆6.35万辆次，处罚1200元。共编码登记工程机械和场内车辆等非道路移动机械17.12万台；检查非道路移动机械4.06万辆次，发现问题机械577辆次，处罚252.4万元。各地全部划定禁止使用高排放非道路移动机械区域。

（二）水环境治理见成效

2020年，在全省实际监测210个地表水国、省控断面中，达到或优于

---

① 河北省生态环境厅应对气候变化与对外合作处：《新机遇　新挑战　新未来：河北积极迎战“双碳”》，《河北环境保护》2021年第5期。

Ⅲ类水质断面比例为65.24%，同比升高6.59个百分点；Ⅳ类水质断面比例为26.19%，同比升高3.59个百分点；Ⅴ类水质断面比例为6.19%，同比下降5.83个百分点；劣Ⅴ类水质断面比例为2.38%，同比下降4.35个百分点。[①] 2021年1~8月，河北省纳入国家“十四五”考核的地表水断面达到或优于Ⅲ类的比例为67.2%，优于省定年度目标17.2个百分点；劣Ⅴ类断面实现全消除。地级城市集中式饮用水水源水质达到或优于Ⅲ类的比例为100%。[②]

一是渤海综合治理成效显著。为加快改善渤海生态环境，减少污染物入海量，河北省坚持陆海统筹、系统治理，坚决打好渤海综合治理攻坚战，取得显著成效。

二是雄安新区和白洋淀生态保护取得明显成效。基本实现了《白洋淀生态环境治理和保护规划（2018—2035年）》明确的阶段性目标。白洋淀淀区整体水质由2017年的劣Ⅴ类提升到2020年的Ⅳ类，淀心区平均水质达到Ⅲ类标准。2021年1~8月，白洋淀湖心区平均水质达到Ⅳ类，同比持续改善。白洋淀8个国考点位水质达到或优于Ⅳ类，府河、孝义河、瀑河、白沟引河等4条主要入淀河流及上游流域50个河流断面水质达到或优于Ⅳ类，为近10年来最好水平。[③]

三是重点推进农村生活污水无害化处理。大力推进实施《河北省农村生活污水无害化处理三年行动方案》，提升农村生活污水无害化处理能力。截至2020年底，全省农村生活污水无害化处理设施已覆盖28487个村庄。2021年1~7月份新增建设完成覆盖8900个村庄的生活污水无害化处理设施，累计覆盖37387个村庄；全省县（市、区）农村黑臭水体排查工作共排查出387条农村黑臭水体，已全部完成治理。

① 《2020年河北省生态环境状况公报》，河北省生态环境厅网站，2021年5月27日，http：//hbepb. hebei. gov. cn/hbhjt/sjzx/hjzlzkgb/。

② 《快讯丨今年1-8月，河北省地表水劣Ⅴ类断面实现全消除》，“长城网”百家号，2021年9月6日，https：//baijiahao. baidu. com/s？id = 1711053852043394629&wfr = spider&for = pc。

③ 《快讯丨今年1-8月，河北省地表水劣Ⅴ类断面实现全消除》，“长城网”百家号，2021年9月6日，https：//baijiahao. baidu. com/s？id = 1711053852043394629&wfr = spider&for = pc。

（三）土壤污染治理见成效

河北省净土保卫战取得阶段性成果。实现了耕地分类管理全覆盖、污染地块管控全覆盖、污染源头防控全覆盖，有序推进土壤污染风险管控和修复。一是在全国率先开展6个典型行业（褐煤开采洗选、非金属废料和碎屑加工处理、白酒制造、金属家具制造、再生橡胶制造、生物药品制造）企业及周边土壤污染状况调查。全省重点行业企业用地土壤污染状况调查顺利完成，共核实15457家企业信息，完成1717个地块采样调查，对8667个地块开展了风险分级工作。调查结果已通过生态环境部技术审核，经省政府批准同意后已报生态环境部。二是推进受污染耕地的安全利用。全省耕地土壤环境质量类别划分工作已完成，划分结果已于2020年4月底报省政府审定同意。截至2020年底，全省轻中度污染耕地（469643亩）已全部落实安全利用措施，重度污染耕地（6267亩）已全部实施退耕还林还草、种植结构调整等严格管控措施。各地已完成受污染耕地安全利用率核算，核算结果均为100%。三是探索推进土壤污染治理与修复技术应用试点。利用中央土壤污染防治专项资金，在全省组织实施的14个农用地土壤污染治理与修复技术应用试点项目，已全部完成验收。

（四）推动碳减排见成效

2021年以来，河北省生态环境厅完成了全省碳排放调查报告，公布了《河北省低碳技术推广目录》，确定了6个二氧化碳捕集利用封存试点项目，在雄安新区探索开展碳积分兑换制度，完成全省90家发电企业碳排放权交易配额预分配，组织开展全省400余家重点排放单位年度碳排放核查，确定了2022年北京冬奥会和冬残奥会碳中和工作方案，启动两项地方低碳标准编制工作，率先在电力行业开展碳排放在线监测，加快推进钢铁行业碳排放环境影响评价全国试点。①

① 张铭贤、周迎久：《以碳资产业务为核心　开展碳金融业务河北三方共签碳金融碳服务战略合作协议》，《中国环境报》2021年8月10日。

三　生态文明建设面临的挑战

“双碳”目标已成为我国环境治理与生态文明建设的重要目标和抓手。实现碳达峰、碳中和是一项复杂的社会系统工程，要把碳达峰、碳中和纳入生态文明建设整体布局，系统谋划、整体推进。

（一）河北省碳达峰面临的挑战

河北省作为能源消费和碳排放大省，污染物排放总量大与能源消耗总量高并存。偏重的产业结构、偏煤的能源结构和偏低的非化石能源占比是阻碍全省碳达峰进程的主要因素，能源转型至关重要。河北省非化石能源占比远低于全国平均水平。河北省碳排放有以下 4 个特征。一是碳排放总量大。偏高的能源消费量、以煤为主的能源结构、清洁能源比重偏低的现状，导致河北省二氧化碳排放量大，2019 年河北省碳排放总量约占全国碳排放总量的 8%，仅次于山东。二是碳排放强度高。河北省单位 GDP 二氧化碳排放较高，是全国平均水平的 2. 15 倍。三是区域碳排放不均衡。从区域看，碳排放主要集中在唐山、邯郸、石家庄，这 3 座城市的碳排放量约占全省排放量的 65%。四是产业与行业碳排放不平衡。河北省第二产业（工业）的碳排放强度偏高，特别是第二产业以高耗能、高排放的重化工业为主，钢铁、电力行业二氧化碳排放量约占全省工业二氧化碳排放量的 80%，这些行业也是能源消费量较高的行业。①

（二）生态环境治理形势依然严峻

大气污染依然严重。2020 年在全国 168 个城市空气质量排名中，虽然廊坊、衡水和保定三市退出了后十，但石家庄、唐山、邯郸和邢台分别排在

① 吕竹青：《抢抓变革机遇　抢占未来发展制高点——河北省碳达峰碳中和路径研究》，《河北环境保护》2021 年第 5 期。

倒数第2、第4、第5和第8位,[①] 这4个城市“退后十”任务艰巨。秋冬季重污染天气易发、夏季臭氧污染问题突出，工业污染排放点多面广，大气污染综合治理任务艰巨。[②]

水污染问题仍不可忽视。2020年，全国地级及以上城市中，国家地表水考核断面水环境质量相对较差的30个城市中，河北省占了3个，沧州市、邢台市和廊坊市分别排在倒数第2位、倒数第3位和倒数第13位。[③]

四 加快推进生态文明建设的建议

“十四五”时期，我国生态文明建设进入了以降碳为重点战略方向、推动减污降碳协同增效、促进经济社会发展全面绿色转型、实现生态环境质量由量变到质变的关键期。河北省将围绕碳达峰、碳中和目标，既要减污，又要降碳，统筹规划完成污染治理、生态保护与应对气候变化三大任务，深入推进生态文明建设再上新台阶。

（一）以降碳为导向，推动碳达峰与碳中和

“双碳”目标是践行生态文明理念的重要抓手。要实现“双碳”目标，必须逐步调整能源结构与产业结构，通过技术革新和制度创新，逐渐减少传统化石能源的消耗，发展和使用更加清洁的能源，发展能源消耗更少的产业。河北省的碳达峰与碳中和工作，要紧紧围绕王东峰书记提出的六大“要突出抓好”来细化落实。

实现碳达峰与碳中和必须坚持绿色发展理念，处理好发展与减排、

① 《2020年中国生态环境状况公报》，中华人民共和国生态环境部网站，2021年5月26日，https：//www. mee. gov. cn/hjzl/sthjzk/zghjzkgb/。

② 《省委办公厅省政府办公厅印发〈河北省深入实施大气污染综合治理十条措施〉》，河北省生态环境厅网站，2021年3月5日，http：//hbepb. hebei. gov. cn/hbhjt/zwgk/fdzdgknr/zdlyxxgk/dqhjgl/101614304813388. html。

③ 《2020年中国生态环境状况公报》，中华人民共和国生态环境部网站，2021年5月26日，https：//www. mee. gov. cn/hjzl/sthjzk/zghjzkgb/。

整体与局部、短期与中长期的关系，以经济社会发展全面绿色转型为引领，以能源绿色低碳发展为关键，加快形成节约资源和保护环境的产业结构、生产方式、生活方式、空间格局，走生态优先、绿色低碳的高质量发展道路。

一是制定全省碳达峰与碳中和规划及行动方案。研究制定省级碳达峰行动方案，制定实施碳达峰、碳中和中长期规划，明确碳达峰目标、路线图、行动计划和配套措施。将碳达峰、碳中和作为重要导向和战略目标，融入省级各专项规划和市县规划的编制中，整合各项相关规划，使之目标一致、互相衔接。大规模开展国土绿化行动，推进自然保护地体系建设，打造塞罕坝生态文明建设示范区。

二是加强气候治理体系和治理能力现代化建设，提升生态系统碳汇能力。推进落实国家应对气候变化目标和可持续发展战略，加强应对气候变化法律法规和政策标准体系建设。强化资源高效利用，建立健全自然资源资产产权制度和降碳产品价值实现机制。

三是完善能源消费总量和强度“双控”制度。以碳排放强度和总量“双控”制度统领能耗“双控”制度。优化能源结构，构建清洁低碳安全高效的能源体系，控制和减少煤炭等化石能源消费总量，推动能源结构低碳转型。全面实施煤炭消费总量控制，大力削减煤炭消费，加强农村散煤复燃管控，推动散煤治理全覆盖，强化散煤治理监督体系建设。深入实施气代煤、电代煤“双代”工程，推广分布式光伏，严格控制化石能源消费总量，持续优化能源供给，推动绿色转型发展。

四是支持绿色低碳技术研发推广，推动重点领域的低碳转型。在工业、建筑、交通、农业、公共机构等领域建立绿色低碳体系，加快实施一批低碳试点示范重点工程。突出交通运输绿色发展，加快推进“公转铁”工程，构建完善绿色综合交通体系。

五是建构碳达峰与碳中和的社会支持体系，推行绿色低碳生活方式。引导居民践行绿色低碳生活方式，鼓励绿色出行、消费低碳产品、减少日常生活中的浪费，营造全社会共建共享绿色低碳生活的良好氛围。

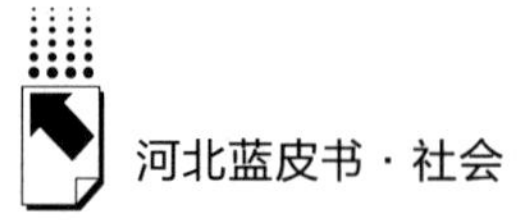

（二）以减污为重点，深度推进环境治理

一是继续推进环境污染治理，深入打好污染防治攻坚战。在大气污染治理方面，加大减污降碳力度，推进大气环境质量改善与温室气体减排协同增效。以有效提升优良天数比例为主线，突出区域协同、措施协同、污染治理协同，加快重点城市“退后十”步伐。推进移动源大气污染物排放和二氧化碳排放的协同治理。在水环境治理方面，坚持节水与治水协同增效。加强城乡节水和再生水利用，构建区域再生水循环利用体系，严格控制用水总量。推进雨水、海水、污水等非传统水资源利用。坚持“三水”统筹、陆海统筹，加强重要河湖综合治理和湿地保护修复，深化白洋淀生态环境和渤海综合治理，推进城镇污水处理设施提质增效，强化工业污染防治和减排。在土壤污染防治方面，合理规划污染地块土地用途，鼓励农药、化工等行业中重度污染地块规划用于拓展生态空间，降低修复能耗。强化受污染耕地治理修复和安全利用，加大建设用地土壤环境联动监管力度，严守农产品质量安全和人居环境安全底线。抓好农村污水治理，持续开展农村环境整治，推动农村生活污水采用分散化、生态化方式处理和就近资源化利用。

二是加强环境治理的制度建设，推进环境治理体系和治理能力现代化。深化五项制度改革：生态环境约束性指标管理制度、以排污许可制为核心的固定污染源监管制度、污染物排放总量控制制度、生态环境损害赔偿制度和环境信息强制性披露制度。完善五个体系：生态环境领域统一规范的综合执法体系，科学精准的监测评估体系，平战结合的风险防控预警应急体系，指挥高效的信息化管理体系和统一、公平、透明、规范的生态环境保护市场体系。

三是加强生态环境信息化建设，为制度实施提供科学依据。加强环境治理信息化与现代化建设，推进各级各类生态环境信息数据库的标准化、规范化建设，加强生态环境大数据的监测管理，大力推进大数据在政府决策与政务服务等方面的应用创新，加快生态环境各类大数据的相关立法。不断完善生态环境数据开放共享机制环境，健全环保信用评价、信息披露、奖励惩戒等制度，提高政府环境决策和环保督察的科学性与准确性。

四是加强环保督察执法，增强制度刚性约束力。要健全环保督察长效机制，实行环保督察常态化管理，全面提升环境管理质量。要坚持以问题为导向，突出问题整改，对群众投诉和关注的热点、难点问题，全面排查，以点带面，切实解决行业性、区域性、复合性和累积性的生态环境问题。要加强督察问责，对整改后反弹严重的、应追责而未追责或问责不到位的，一律严肃追责问责，确保环保督察工作见成效见实效，确保生态文明制度建设在实践中全面落实见成效。

（三）以低碳为目标，推进城市低碳转型

城市低碳转型是以低耗能、低排放、低污染为主要特征的城市发展模式的转型，其主要目标是降低城市温室气体特别是二氧化碳的排放强度，推进城市区域的碳达峰与碳中和。城市低碳转型是推进碳达峰、碳中和的有效途径。推进城市低碳转型的途径包括以下四个方面。

一是创新城市低碳转型的顶层设计。完善城市低碳发展规划与发展战略，编制城市低碳发展的总体规划，整合协调城市低碳发展总体规划与国民经济发展规划及相关专项规划的内容，使各类规划协调一致，成为引领城市低碳转型的指南与根本遵循。要建立城市低碳转型的长效机制，包括建立制度政策体系、体制机制、监督机制、资金保障机制等。

二是重构城市低碳转型的能源体系。优化能源消费结构，控制化石能源消费总量尤其是煤炭消费总量的增长。推进煤炭的高效清洁化利用，加快开发使用清洁能源和非化石能源，大力发展可再生能源，将风能、太阳能等可再生能源作为城市能源转型的主要开发方向，重构城市能源结构体系。加快能源互联网建设，加强智慧能源基础设施建设，降低建筑能耗。

三是重塑城市低碳转型的空间秩序。围绕绿色交通系统布局城市空间，用地要节约紧凑，提高土地的利用率，促进“土地城市化”向“集约城市化”转变。合理确定城市用地结构和比例。以国土空间规划为抓手，促进城市主体功能区规划、土地利用规划、城乡规划等空间性规划的融合统一。

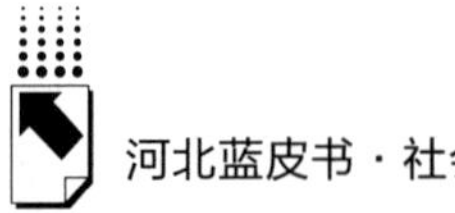

四是构建城市低碳转型的消费模式。完善低碳消费政策与制度体系。要把低碳消费纳入政府决策层面，制定符合国情的低碳消费战略，通过倡导绿色低碳消费观念，抑制攀比消费与奢侈消费，转变消费方式，控制居民生活用能的碳排放增长速度。

参考文献

《河北环境保护》2021年第1~5期。

田翠琴、赵乃诗：《经济变迁与环境治理转型的社会学研究——以河北省为例》，河北人民出版社，2021。

田翠琴、田桐羽、赵乃诗：《河北省环境保护与生态建设（1978~2018）》，社会科学文献出版社，2019。

田翠琴、赵乃诗、赵志林：《京津冀环境保护历史、现状和对策》，北京时代华文书局，2018。

社会治理篇

Reports of Social Governance

B.6 深化河北省农村基层社会治理研究

樊雅丽*

摘　要： 在2021年河北省农村基层"换届年"的关键时期，河北省拱卫京津，要坚决做好首都政治"护城河"这一政治之责、为政之要。以村"两委"换届为新起点，深化农村基层社会治理，实现河北省农村社会的善治及农村社会的和谐稳定与安全，确保乡村振兴战略的顺利实施。调查发现在河北省农村"两委"换届过程中出现了一系列如村支书、主任职位吸引力暴增，村选举竞争力激增等新情况、新问题，对此提出一系列建议。

关键词： 农村基层社会治理　村"两委"换届　农村基层党组织　年轻村干部

* 樊雅丽，河北省社会科学院社会发展研究所所长、研究员，研究方向为社会治理。

新常态发展急需社会精细化治理的时代已经到来。未来20年将是中国持续城镇化的20年，新型城镇化步伐持续加快，农村基层社会治理问题也会日益突出。随着农业农村的现代化转型，进一步全面推进乡村振兴战略实施，需要深化河北省农村基层社会治理，特别是2021年在河北省农村基层“换届年”的关键时期，为避免河北省农村出现不稳定社会治理问题，维护河北省农村社会的和谐有序，激发农村社会的活力，特形成此研究报告，为省委、省政府出台农村基层社会治理的政策措施提供建议和决策咨询。

一　深化河北省农村基层社会治理的现实需求

（一）河北省坚决做好首都政治“护城河”这一政治之责、为政之要

河北省是农业大省，拱卫京津，河北省农村社会的稳定是我国国家安全和社会稳定的重要屏障，因此要坚持服从服务大局，聚焦提升社会治理效能，全力维护并促进河北省农村社会和谐稳定且充满秩序和活力，高质量推动更高水平的平安河北建设。

（二）河北省农村基层社会治理问题倒逼的现实需求

当前，河北省农村基层社会治理总体上是以问题为导向的社会治理，农村基层社会治理问题倒逼是社会治理现代化的重要动力。我们对社会治理现代化的追求，根本目的和任务就是社会治理的精细化、专业化、标准化，创新社会治理是河北省社会治理现代化的现实需求。

（三）河北省乡村振兴战略推进工作的现实需求

2021年的中央一号文件提出党对“三农”工作的领导，强调的首先是领导机制建设，今后整个县域工作要围绕着乡村振兴工作来开展。2021年是河北省农村“两委”的“换届年”，这是河北省农村政治生活中的一件大

事，备受关注。

本报告将深化河北省农村基层社会治理的制度与机制研究，寻求创新突破，形成有效的农村基层社会治理方法。以这次村“两委”换届为新的起点，进一步完善乡村治理体系，提升“三农”问题解决的有效性，实现河北省农村社会的善治及农村社会的和谐稳定与安全，全面推进乡村振兴战略的实施。

二 河北省农村“两委”换届过程中出现的新情况、新问题

从调查的情况看，全省普遍对这次村“两委”换届工作高度重视，始终将换届工作摆在重要日程上。在各乡镇选举领导小组的指导下，农村换届选举工作按照相关文件精神稳步推进。调研发现，在河北省农村“两委”换届过程中出现了一系列的新情况、新问题，现分析如下。

（一）村支书、主任职位吸引力暴增，村选举竞争力激增

村“两委”一肩挑制度推行，在村“两委”换届中发挥重要作用。随着农村基层干部整体优化提升行动的逐步实施，选优配强村党组织书记，村干部报酬待遇得到合理合法的有序提高。调查显示，在河北省大部分农村，当前落实村“两委”一肩挑制度的村支书、主任实现了公务员待遇，目前工资为3000元，以前只有1500元，同时农村在职党员干部社会保障、社会保险改革也在逐步落地，退休后的村“两委”干部每月有700～1000元的保障福利。在很多村民看来，村干部“上班就是点个卯”，工资高了，一年不干事也能有四五万元工资，这使村干部在农村地区成为福利非常好的工作。同时坊间还存在一种说法，村“两委”支书、主任在任职一定年数后可以进入公务员编制，可以升入乡镇甚至县市任职，具有了一定的升职空间。因此村“两委”的支书、主任的职位在农村产生前所未有的吸引力，导致2021年的农村基层选举竞争力大大增强。

（二）农村基层党组织弱化问题

农村基层党组织软弱涣散问题在这次换届过程中涉及1200多个村庄。调查发现，河北省部分农村基层党组织存在缺乏活力、组织涣散的情况，致使基层党组织弱化成为基层治理的一大短板问题，主要体现在以下几个方面。一是基层党建活动形式主义问题严重。一些地方出现了党建工作的“空白点”。基层干部与人民之间出现一定距离，一些基层干部保障一部分群众的利益，导致基层党组织凝心聚力的能力下降。二是农村公共服务项目建设大多采取自上而下的供给模式，农村基层党组织缺乏一定的自主意识，农民的诉求缺乏表达渠道，导致农村基层党组织的能力发挥不到位。

（三）农村历史遗留问题相对集中显现

在换届过程中，各县市组织部门逐乡镇开展“过堂会诊”，对重难点问题实施“靶向诊疗”，建立信访举报案件“专案专办”、疫情防控“一村一案”、集中选举“一村一警”等各项工作机制。但河北省农村基层社会矛盾问题仍然普遍存在，信访维稳压力仍然不小。一是“无理访”问题比较突出。在这次换届过程中信访案件和群众反映突出问题涉及867个。一些村民依靠法律解决问题的意识淡薄，通常以违法上访、聚众闹事等方式表达利益诉求，使问题更加复杂化，更加激化了矛盾。调查发现，本届村选举过程中信访有所增加，而且很多是“无理访”。二是“信访不信法”问题突出。法律途径不畅通，一些村民因为法律程序复杂，选择信访途径，尤其是在村“两委”换届的关键时期，一些村民很清楚选择这个时期进行上访会大大提高上访的“效率”。

（四）农村基层选举普遍存在不规范问题

在全省问题排查的过程中发现黑恶势力和家族势力问题共600多个。宗族观念对选举依然存在一定的潜在影响。“两委”换届引发的宗族斗争是农村社会最大的不稳定因素。一些村干部血缘、宗族意识浓厚，缺乏应有的民主意识，主要表现在以下几个方面。一是村民公民意识淡薄。调查发现，河北省各地村庄仍然普遍存在家族宗族对换届的潜在影响，个别宗族势力干扰选举工作，个别村内的大姓仍存在优先举荐家族内部成员的情况。农村基层拉票等现象普遍存在。二是部分农村基层干部家族意识强烈。他们想问题、做决策的时候不能做到从全村人的根本利益出发，而只是考虑自己及小家族或亲族的利益，久而久之会产生并激化矛盾。

河北省作为华北农村的典型——华北农村小亲族村庄所特有的社会结构，村庄内大多存在相互独立的血缘亲族，这种族群主要集中于北方农村地区，以多姓为主。这样的农村扩大了姻亲关系范围，但封闭缩小的本地婚姻圈，密切了姻亲关系，姻亲关系在河北省农村关系中发挥着非常重要的作用，特别是在基层选举上，姻亲关系往往比宗亲关系还要密切。

（五）年轻农村干部比例提高但缺少基层经验，且易受家族势力的潜在影响

该届农村基层选举普遍提高了对“两委”的资格要求。调查发现，按照2021年“两委”换届的3个关键指标“一肩挑、高学历、年轻化”的要求，2021年农村“两委”换届的班子人员构成中出现一大批年轻干部的现象，年轻干部的比例特别高，而且女干部的比例之高出乎意料——比例远远超出规定的30%，年轻干部为农村“两委”班子建设注入新的生机和活力，农村干部队伍素质得到了提升。虽然年轻干部学历高、干劲儿足，但是对于农村基层的年轻干部，存在两个不可忽视的问题：一是年轻干部在农村基层工作中往往缺少经验，缺少对地方性知识的掌握和运用，缺少对农村特殊问题的应变能力；二是对村级事务的管理需要具有较强的与群众打交道的能力，但这种能力背后往往很大程度上依靠村干部自身强大的社会关系，进而借助一定的人情和面子推动工作开展，因此年轻人需要依托家庭或家族的力量开展农村基层工作，难免“世袭”家庭或家族的力量，进而受控于家庭或家族的“权威”，这样就会形成一个新的“世袭”的村庄权力格局。这两个问题必须引起我们的重视。

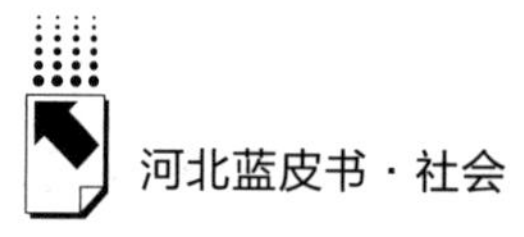

（六）部分非党员群众对“两委”选举的积极性不高

农村基层实际工作以行政命令为主，一些落后的社会治理理念没有得到及时转变。部分非党员群众对政府的治理理念难以认同，参与社会治理的主体意识淡薄。部分群众对基层治理参与的积极性不高，农村大部分年轻有文化的人外出务工，在家的基本是老人和孩子，对基层治理工作理解不深，表现出“事不关己，高高挂起”的消极思想，对农村基层社会治理参与的积极性不高。随着城市化进程的持续推进，虽然广大农民的民主意识有所增强，参与和监督村级事务管理的意愿有所增强，但是由于治理理念落后、相关制度机制落实不到位，农民在村民事务中“失语”的现状不能得到改善，这也是新时期农村基层社会治理中普遍存在的问题。

（七）农村基层民主法治建设不到位

农村法律服务体系不完善，基层组织依法执政水平尚待提高，村民法律意识普遍较为淡薄，农民在解决冲突时会采用非理性甚至是非法的方式，对农村基层社会稳定构成威胁。法治是处理农村社会矛盾最公平最有效的手段，但现实是大多农村基层干部和农民通过法律解决问题的能力不足，这严重制约了农村基层社会治理效能的提升。

三　深化河北省农村基层社会治理的对策建议

（一）进一步夯实农村基层党组织的领导地位

乡村振兴的关键是农村基层组织振兴，这是中国特色基层社会治理的核心内容。一是建议创新农村基层组织的党建形式，尝试在农村进行“产业建支部、党员带头富、农民增收入”的方式；依托农村龙头企业，尝试“公司党委＋基地支部＋党员”的党组织设置方式；在规模较大的合作经济组织中建立党组织。二是建议建立以调动和保护村干部积极性为核心的激励机制。建立真正能上能下的用人机制，对有突出贡献的村干部大胆提拔，并落实提高农村基层干部的各项待遇。完善农村基层干部的工资补贴最低基数保障制度、退职村干部养老金保障制度。三是健全农村基层干部任用机制，继续推进大学生村官计划。大学生村官受过高等教育，见多识广，其新思想、新方式更有利于带动农村的发展，因此建议结合农村综合改革和换届选举，加强领导班子建设，鼓励优秀大中专毕业生到农村工作，在新的经济形势下，广大农村要继续有计划地引进大学生村官，储备干部人才。

（二）加大新当选农村基层干部的学习培训力度

加强基层人才培养，把这部分人才转化为治理主力军。一是对新当选及在职村干部要形成一套完整的培训机制和系统，进行长期的制度化培训，纳入干部正规化培训的规划中。建议通过农干校、县乡党校举办专门的培训班，对农村基层干部进行系统化规范化长期化的培训。二是开展“农村基层干部素质提升培训行动”，开展“传帮带”活动。农村基层工作具备一定的特殊性，老支书、老主任们具有相当多的工作经验，他们负有对年轻干部“骑上马送一程”的责任，年轻干部上任后需要老支书、老主任们的“传帮带”。同时应将村“两委”委员作为基层后备人才进行不断培养，持续开展村干部能力素质和学历水平提升工作，逐步落实并提高村干部报酬及其福利待遇，激发有知识、有文化的青年参与村干部竞争，增加他们干事创业的积极性。

（三）制定明确的村民代表选举规则和要求

制定、修改、完善《村民委员会组织法》和《村民委员会选举办法》，制定明确的村民代表选举规则和要求，促进农村民主选举规范化。对没有明确要求的村民代表选举办法，应当针对选举村民代表严格人选标准，坚持高线选人，把政治标准放在首位，既要有品行也要有才干，注重选拔能推动乡村振兴的干部，要制定出与村“两委”班子一样要求的具体规则，更要严格落实村民代表人选的资格审查机制，筑牢“防火墙”，坚决杜绝受过刑事处罚、存在“村霸”和涉黑涉恶等问题的人员，以及非法宗教活动的组织者等成为村民代表。

（四）继续坚定不移地走群众路线

坚决贯彻群众路线，重新构建农村基层党组织与农民之间的亲密关系，充分发挥农村基层党组织汇聚民心的作用。一是深入农民现实生活，直面农村群众的现实问题；二是在制定和落实政策过程中，基层干部应通过多种方式与农民直接交流，多角度、全方位完善农民社会参与和表达机制，畅通农民参与农村基层社会治理的渠道，及时将农民的利益诉求、惠农政策上传下达，充分调动农民的参与积极性；三是引导农业企业、专业合作社等积极有序地参与基层社会治理，对做出贡献的基层社会组织给予一定帮助、支持和表彰，进一步提升农民和基层社会组织自我管理、自我服务的能力和水平。

（五）扎实推进农村基层民主监督工作

一是逐步完善述职、问责机制，确保农村基层干部廉政建设。二是落实好农村村务公开制度，定期及时公布村庄事务，及时更新党务、村务公开栏，让农民知晓村上大小事，保障村民的知情权、参与权、表达权和监督权。三是利用新媒体平台等拓宽民主监督渠道，推动农村基层社会治理信息透明化、公开化进程，及时公开公务信息，强化网络监督，认真倾听民意，提高村务工作的时效性和透明性。探索建设智慧村庄，积极打造农村信息化服务平台。

（六）引导农村基层社会治理朝现代化、法治化方向前行

一是加强法治建设，使农民群众各项权利的有效落实得到保障，真正做到简政放权及有所为和有所不为。二是引导村民通过合法的渠道来表达利益诉求、解决矛盾冲突。建立健全农村基层社会治理的法律制度体系，加大村民普法教育力度，提高乡镇政府依法行政水平，加快完善农村法律服务体系。

总之，深化农村基层社会治理，要以村“两委”换届为新起点，加强农村基层党组织建设，完善乡村治理体系，充分发挥党组织凝心聚力的作用，团结一切可以团结的力量，深入推进乡村振兴，奋力开创建设经济强省、美丽河北新局面。

B.7
河北省智慧城市社会治理调查研究

车同侠*

摘　要： 随着信息技术的发展、新型城镇化的推动，智慧城市建设进入了全国试点阶段，多元化社会治理模式也将更加突出，面对移动互联网、物联网和人工智能技术带来的新的智慧城市社会治理模式，政府部门要做好学习培训工作，从智慧城市顶层设计、试点、运营平台及其数据接口、智慧社区的建设等多方面进行协调、协同和融合工作，形成社会治理大数据共享，政府、企业和市民多元共治的社会治理模式。本报告在对试点城市的部分调查中发现，其在推进智慧城市中存在一些对智慧城市建设的模糊认知，需要政府部门做好进一步的调查研究工作，更好地理解和建设智慧城市，只有在此基础上，才能确保智慧城市社会治理少走弯路，提高效能，实现智慧城市建设的应有之义。本报告提出了河北省在智慧城市建设当中出现的一些投资、管理、政府诚信和人才等问题，并提出了加强顶层设计和建立体制机制等对策建议。

关键词： 智慧城市　数据接口　协同共享

智慧城市建设是现代科技发展到一定阶段的产物，在后工业化发展阶段，城市建设和管理相互依托，互联网、物联网、人工智能和大数据的广泛应用提供了城市智能化的治理手段，使城市治理从信息治理发展到数字治

* 车同侠，河北省社会科学院社会发展研究所副研究员，研究方向为社会治理、就业创业。

理，直到现在的智慧治理。随着我国经济和社会发展、信息科技进步，智能化社会治理手段也从无到有并不断完善，河北省的智慧城市社会治理也随着智慧城市建设而进入了不断探索和发展的阶段，在解决数据信息孤岛和政府治理难题的同时，不断提升城市治理水平。

一　国内外智慧城市建设和社会治理研究与实践

（一）国外智慧城市建设和社会治理研究与实践

智慧城市的建设在欧美最先发展，随后日本、新加坡等亚洲发达国家也都对智慧城市建设进行探索实践，进入21世纪，大部分发达国家致力于智慧城市的建设。国外学者大多从智慧城市顶层设计、云平台建设和现代信息技术应用项目、公共服务等方面入手研究智慧城市社会治理[①]。1993年，数字城市（Digital City）这一术语在荷兰阿姆斯特丹出现，1994年初开始，该城市进行了名为“数字城市”的实验，旨在借助互联网为市民提供自由交流和沟通的数字化公共空间。此后，多个数字城市借鉴这一范例相继出现，数字城市的概念也在欧洲逐渐兴起[②]。截至2021年，伦敦在智慧城市基础设施建设上的投资已高达1.3万亿英镑[③]。

美国走过了信息化和数字化发展阶段以后，2009年1月，IBM向美国政府建议投资建设新一代智慧型信息基础设施，在次贷危机修复经济的过程中，美国政府开始了智慧城市建设探索阶段，利用移动电话、物联网和云计算等新兴技术对城市进行线上线下空间治理的结合，使数字城市和物理城市的发展与治理相互融合，政府治理模式发生新转变，公共服务供给更加趋向

① Giffinger R. et al. , *Smart Cities: Ranking of European Medium-sized Cities*, Centre of Regional Sciences (SRF), Vienna University of Techonology, 2007. Piro G. et al, "Information Centric Services in Smart Cities," *The Journal of Systems and Software* 88 (2014): 169－188.

② 许竹青、骆艾荣：《数字城市的理念演化、主要类别及未来趋势研究》，《中国科技论坛》2021年第8期。

③ 楚天骄：《上海与伦敦智慧城市建设路径比较研究》，《世界地理研究》2021年第6期。

用户聚焦，开放并且实时，形成移动政府治理、流程政府治理和智慧政府治理新局面。

智能基础设施的建设是智慧城市建设的根本和关键。智能电网建设是智慧城市基础设施建设的重要一环，致力于改造老式基础设施。2009 年，美国联邦政府为能源部提供 45 亿美元现代化电网建设资金，以及 50 多个智能电网探索项目的资金支持，高效率能源供给为智慧城市提供可持续发展的保证，因此其地位非常重要，能有效保障城市运行和人民生活。

2015 年 9 月，《白宫智慧城市行动倡议》的提出预示着美国国家层面智慧城市的建设正式得到确认，10 月，《美国创新战略》提出了智慧城市发展愿景并绘制了路线图，紧接着就是一连串的各个部门的政策发布，主要有《智慧互联社区框架》《科技与未来城市》《智慧城市的挑战：建设未来城市的经验教训》《联邦智慧城市和社区战略计划：共同探索与创新》《2020 年人工智能未来法》，等等，推动美国智慧城市重点领域如交通和社区的建设，智慧社区是智慧城市的组成部分①。

具体来说，美国通过以下途径实现智慧城市社会治理（见图 1）。

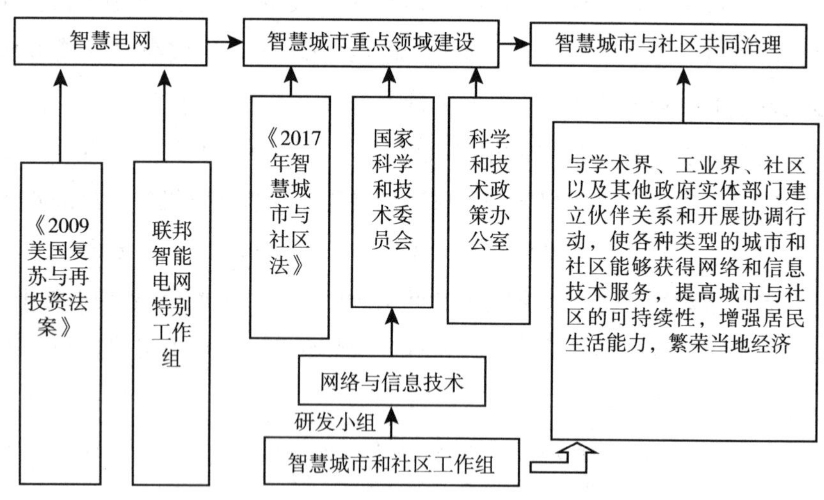

图 1　美国智慧城市建设和社会治理框架

① 朱春奎、王彦冰：《美国智慧城市建设的发展战略与启示》，《地方治理研究》2021 年第 4 期。

（二）国内智慧城市建设和社会治理研究

专家学者从多角度对智慧城市的建设进行研究，我国影响广泛的网格化社会治理就是利用数字化对城市进行管理，它把地理物理信息利用现代物联网和通信等手段与网格内的社会因素（包含人物、事件和事务以及城市因素）紧密结合，进行大数据处理，综合预判，发现问题和解决问题，形成良好的信息化智慧化闭环社会治理机制，比如综治管理、社区治理以及交通和应急等各类公共管理和公共服务领域的智慧化治理制度、手段和平台建设①。

我国于2009年开始进行智慧城市的建设，特别是随着信息技术的发展，加上传统的由政府主导的城市治理模式越来越不适应时代发展的需求，需要新的管理方法和手段来提升社会治理水平，智慧城市的建设和发展能够适应城市精细化发展需求和可持续发展理念，因而也越来越受到重视，而且借助它也可以着力解决城市发展过程中资源不平衡、不充分问题②。也有学者从城市数字经济发展和城市数字化生活方面进行了研究，智慧城市建设能有效地推进科技、人才和金融与实体经济发展相联系，有利于促进就业和民生，提升城市治理水平③。

有专家提出智慧城市建设的关键有两个，一是技术创新，二是城市开放的创新生态，建设智慧城市是实现城市可持续发展的需要，也是我国提升综合国力和竞争力的重要战略部署，需要创新城市治理生态。还有专家认为智慧交通的本质是利用大数据等相应程序和技术实现市民和货物的高

---

① 章亦非：《南京市浦口区“大联勤”网格化治理研究》，硕士学位论文，南京师范大学，2021。

② 张竟然等：《AI城市大脑助推智慧城市建设》，《人工智能》2021年第5期。陈泓宇：《建设和运用城市大脑　创新超大城市社会治理体系》，《南方经济》2021年第10期。李佳等：《智慧城市建设过程中的社会治理问题研究——以沈阳市为例》，《东北大学学报》2017年第6期。

③ 余卫明等：《湖南省市域生活治理现代化试点研究报告》，中国法学会编《全国推进依法治国的地方实践（2020年卷）》，法律出版社，2021。

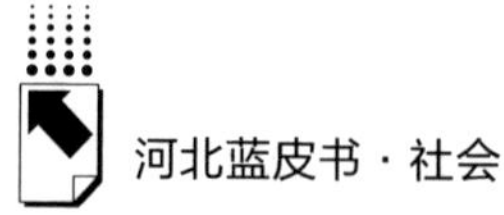

效便捷低成本流动，交通出行、空气治理是智慧城市建设和社会治理的重要内容①。

也有学者指出，智慧城市的建设重点近年来逐渐由最初的基础设施、智慧城管和社区的建设等转向工业互联网、数字经济和区块链的发展，试点阶段的智慧城市集技术、经济社会、空间于一体，随着试点经验的推广，未来智慧城市将会实现更高水平的城乡融合和区域协同发展②。

智慧城市的精髓是通过智慧管理，实现后工业化城市的可持续发展，使城市治理从以前的事后治理转为现在和未来的事前治理，从粗放式治理走向精准高效和源头治理，减少行政链条，实现社会治理的科学性和多元参与性。同时，智慧城市建设有利于水资源、能源的节约、绿色和高效利用，促进经济发展，有利于发展都市农业，以及城市制造业转型升级③。

智慧城市建设旨在提升城市可持续发展能力。城市化伴随着工业化发展而不断发展，在此过程中出现了一些交通拥堵、环境污染、教育和医疗等公共服务不平衡等城市病；在后工业化时期，城市功能基本健全，工业化和城市化速度也随着经济增速的下降而逐渐缓慢下来，城市如何更好、可持续和高质量发展，满足市民日益增长的美好生活需要成为新时期城市社会治理的重要内容；而同时互联网、物联网、应急反应、大数据、云计算、人工智能等新一代信息技术的发展和完善为城市精细化发展和治理提供了可能④。

（三）国内智慧城市建设和社会治理实践

多个部门从不同角度进行智慧城市建设的应用探索。我国住房和城乡建设部、科技部、工信部等纷纷开展工作推进智慧城市的应用试点。住房和城乡建设部于2012年公布对全国90个城市进行试点，并制定了建设任务、指

① 赵勇等：《面向智慧城市建设的居民公共服务需求研究》，《地理科学进展》2015年第4期。

② 姚冲等：《中国智慧城市研究的进展与展望》，《人文地理》2021年第5期。

③ 李佳等：《智慧城市建设过程中的社会治理问题研究——以沈阳市为例》，《东北大学学报》2017年第6期。

④ 张广利等：《新时代“共建共治共享”社会治理格局的内涵解析及构建途径》，《人民论坛 · 学术前沿》2020年第7期。

标和内容框架。2016 年国家标准委发布了《新型智慧城市评价指标》，重点强调精准服务市民、改善民生和提升城市治理水平。《国家新型城镇化规划（2004—2020 年）》明确提出智慧城市建设要成为推动新型城镇化发展和可持续发展的重要依托。

智慧城市包含城市云的运行主体（智慧云科技企业或城市运营管理中心）、智慧政府、智慧公共服务基础设施、数字经济赋能平台、科创孵化中心、智慧建筑，等等。其中城市运营管理中心负责城市云体系的构建、标准设置、政务云系统资源推广和业务对接、技术服务等，政务云系统能够轻松解决政府部门内部服务器不足的问题，扩大了数据容量和规模，有助于部门协同，特别是在助推大量中小微企业发展方面作用显著。政务云囊括政府主要单位部门上百个应用系统，形成“一网通办”、数据集成、协同治理的城市大脑，实现城市的统一集中管理。智慧公共服务基础设施主要包括网络基础设施、感知网络和数据共享，随着智慧城市建设试点的推进，智慧城管、智慧交通、智慧建筑、智慧地下管网、智慧能源、智慧环保、智慧水务、智慧社区等都不断完善。

各地城市纷纷开展了各具特色的智慧城市治理。据不完全统计，截至 2021 年 9 月，大约 500 座城市已明确提出或正在建设新型智慧城市，武汉云数字经济总部入驻了 17 家互联网企业，形成了智慧城市社会治理的技术基础设施基础，形成武汉“城市智慧大脑”①。合肥城市大脑构建了新型大数据中心，汇集 230 亿条信息，包含“一码通城”、“不动产登记”和“合肥通”等 18 类应用。宜宾城市治理深入政府部门实际的业务场景，从执法监督、社会治理等多方面对整个城市进行智慧化升级改造，通过城市感知源利用提升及产学研融合，实现多维度产业创新。四川达州智慧社区部署智能安防系统，对异常情况监测、规范和处理，为社区安全提供智慧服务。

在住房和城乡建设部公布的第一批 90 个“国家智慧城市试点”名单中，石家庄市作为 5 个省会城市之一被列入，建设周期为 4 年，目前已经完

① 黄莹等：《武汉半年建起全国第一朵“城市云”》，《长江日报》2021 年 9 月 5 日。

成了部分智慧城市基础设施建设，并进行了智慧城市治理应用，其中大量工作采用与大数据信息技术公司合作的方式，比如先后与先河环保和河北蓝川科技有限公司合作，利用环保动态数据预警监督系统提供了环保大数据监测技术和结果，发现污染源并进行科学分析施策，这是智慧城市建设和社会治理的现实成功案例。

2014 年我国首次把智慧城市建设纳入国家专项规划，推动新型城镇化建设和国家治理体系现代化。国家发改委等部委印发了《关于促进智慧城市健康发展的指导意见》和《关于加强实施信息惠民工程有关工作的通知》，将公共服务社会治理作为智慧城市建设和社会治理的重要内容。智慧城市建设是城市转型发展的方向，应利用现代信息手段助推政府职能转变，体现居民需求，实现城市治理创新，提升治理水平。

智慧城市的建设为网格化管理提供了坚强支撑。智慧城市建设的完善让城市网格化管理如虎添翼，有助于在党组织的领导下发挥社会各类组织和群众的社会治理参与职能，建立和完善基层治理体系，健全常态化管理和应急管理动态衔接的基层治理机制，构建网格化管理、精细化服务、信息化支撑、开放共享的基层管理服务平台。

通过国内外智慧城市建设和社会治理的研究，笔者认为，智慧城市建设和社会治理的关键在于充分利用新兴技术，把它运用到传统基础设施中，比如交通道路、能源、水资源等，提升城市的运行效率，使之更加智能化，更加智慧化；运用到关系政府部门的公共服务中，比如环境保护、城市产业发展等，使社会治理更加科学精准，更好促进人民美好生活水平的提高。总之，智慧城市建设和社会治理要改善政府、企业和居民的交互方式。

二　河北省智慧城市社会治理现状

（一）确定试点城市，探索智慧城市建设

河北省智慧城市社会治理还处于试点初级阶段。2012 年石家庄市作为第一批“国家智慧城市试点”进行了比较好的探索实践，通过制定三年行

动方案、项目管理、智慧政务资源管理等顶层设计和实践，汇集了众多部门的数据资源，取得了一定的效果，为河北省其他地方的智慧城市建设提供了良好的示范。

2020 年 3 月印发《河北省第一批新型智慧城市试点建设工作方案》，经过评选，沧州市、衡水市、唐山市、石家庄市为市级智慧城市试点城市；迁安市、丰宁满族自治县、香河县、石家庄市鹿泉区、邱县、黄骅市、邯郸市峰峰矿区、武邑县、秦皇岛市北戴河区、顺平县、南宫市、阜平县为县（市、区）级试点城市。河北省通过积极试点智慧城市的实践，打造智能宜居绿色的智慧城市，加强信息基础设施建设、数字惠民服务和城市运营管理，加快培育壮大战略性新兴产业，加强公共卫生健康和市民服务功能。考虑到极端情况下的应急处置方案，建设智慧公共卫生健康应急系统，提升突发公共卫生事件应急支撑能力，等等，取得了一定的成绩，试点智慧城市的城市大脑纷纷出现，比如邯郸市峰峰矿区的智慧峰峰综合指挥中心、石家庄市鹿泉区的智慧城市中心、沧州市城市管理综合行政执法局，等等。2021 年 12 月，河北省沧州市成功入选国家智慧城市基础设施与智能网联汽车协同发展试点第二批 10 个试点城市名单。对于试点城市，河北省在有关专项资金中给予支持。试点批复一年后，省发改委、省委网信办将对方案的实施情况开展中期评估，两年后组织验收。

（二）网格化智慧管理有所推进

城市网格化管理取得了一定的成绩。比如，智慧峰峰综合指挥中心整合与群众生产生活联系密切的城市管理、生态环保等 13 个相关业务部门进驻联合办公，融合视频资源 3500 余路和有效数据 180 余项，建立了“实时监控、点对点指挥、实时交办、定时反馈、汇总分析”五位一体综合指挥体系。

城市基础设施数据录入取得进展。智慧城市基础设施是人口活动的相关场景，数据录入是基础工作，可以做到政府部门责任具体明确，防止部门之间“踢皮球”。井盖、雨水箅子、景观灯、路灯立杆等都有了具体的身份信息。城市供热监管信息平台可以方便地查看城市热源厂、换热站、管网实时

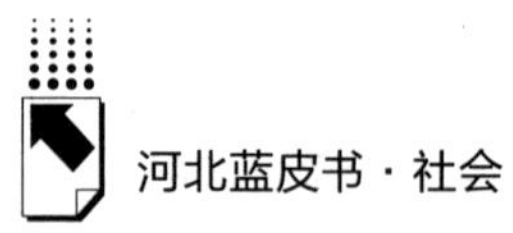

运行的参数以及部分居民室温采集点数据，实现了城市基础设施公共服务治理手段智能化改造，有利于政府部门及时精准发现和解决问题。

（三）智慧建筑为智慧小区建设创造坚实的基础

智慧城市建设牵涉方方面面，新型建筑就是其中一个方面。河北省在“十四五”时期将通过新一代信息技术驱动进行新型建筑工业化，为智慧小区建设打好基础。“十四五”时期，河北省将在建筑设计标准化和部件生产标准化上提高水平，利用新一代信息技术进行建筑方案设计、智能化生产控制软件开发，运用智能管家、人工智能系统、云计算和大数据服务等，实现建筑工业化智能化水平的提高，新型建筑生产工程机电设备采用智能家电、智能安防和智能物联设备，等等，为河北省智慧社区建设和社会治理打下基础。

（四）智慧城市社会治理思路不断明晰

河北省试点智慧城市大多初步建立起了城市数据中心，结合城管交通大数据以及环保、公安、经济发展、旅游等数据接口，形成“城市大脑”，及时发现问题，通过综合指挥中心解决问题，建立起了政府主要相关部门牵头、企业及市民多方参与的城市治理体系和智慧城市管理的多个应用场景，提升了城市处置事件的能力和效率。同时，通过“实时监控、点对点指挥”的闭环处置流程，实现对所发现事件的快速办理。如今，“城市大脑”正在成为河北省智慧城市试点实现社会治理现代化的重要利器。

三　河北省智慧城市社会治理面临的困难、问题

（一）政府投资统筹和智慧城市统建难

智慧城市的建设是一个整体概念，需要统筹安排。智慧城市的建设离不开对人工智能、物联网等的持续投入，政府作为投资主体发挥着重要的作

用，但是经济增长和财政收入的水平不高直接限制了政府对 IT 部门和企业的投资，造成设备不足和落后，难以快速开展智慧城市的建设。政府重视智慧城市项目建设却缺乏评估，造成部门间甚至部门内部重复建设，智慧城市建设与传统的城市规划缺乏融合，没有清晰、长远的顶层设计。

（二）智慧城市社会治理数据共享难度大

智慧城市的建设和社会治理错综复杂，牵涉众多的部门、运营企业和社区，河北省的智慧城市建设仍然不全面，难以满足多元社会主体治理的需要，以及形成合理科学的机制和制度。

数据平台建设和智慧城市建设的关系尚待厘清。智慧城市总体架构仍然没有梳理清楚，出现一些数据孤岛和技术平台不能充分利用、部门数据条块分割的情况，平台间、平台与智慧城市总体架构间的关系需要进一步协同理顺，发挥智慧城市社会治理的更大作用。

智慧城市建设的数据信息共享范围和共享内容仍然有限，存在大量的低效重复工作。智能技术和大数据尚未得到充分利用，特别是企业数据、人口数据等缺乏共享，导致省内不同城市甚至同一城市的信息系统和部门之间的数据难以实现共享。

（三）政府与智慧城市运营商建设和管理关系不明

政府部门虽然出资购买了一些先进的智慧城市建设设备设施，但是把智慧城市有关设备设施经营权交给私营企业管理，企业负责为政府部门提供需要的大数据，然而在这种制度安排下，政府投资的设备设施数据无形中成为企业的资产，其他需要数据的城市运营企业得不到免费的数据分享，还需要给承包企业交纳数额不等的数据使用费，这给相关城市中小企业的发展造成了很大的负担，而且造成了费时费钱、资源抢夺和重复建设，违背了智慧城市社会治理的初衷，这种不建不管或者只建不管的问题导致智慧城市难以发挥预设的作用。

（四）政府信用水平和治理能力亟待提升

政府部门应对新一代信息技术和智慧城市管理的方式有待改进，城市公共服务和城市治理水平无法满足智慧城市和数字化社会的需要。在智慧城市建设中，存在政府推迟运营企业招标、拖欠运营企业账款导致运营企业流动性资金紧张被银行抽贷的问题，不利于智慧城市的高质量建设，也破坏了城市营商环境。

（五）智慧城市建设和社会治理认知仍然不足

认知是行动的根本，没有对智慧城市充分认知就容易导致工作上的低效和盲目。政府管理人员和相关部门管理人员在智慧城市的建设和数据分享上仍然存在模糊认识。在调查中发现，县政府部门要使用市政府部门运营企业的数据，往往没有一个使用机制或者智慧化线上申请手段，而是需要向市有关领导申请才可以，有些数据掌握在运营企业手中，使用时还要交纳一笔使用费；市民和企业参与智慧城市建设和社会治理的自觉意识和理解水平仍需要随着智慧城市建设的推进而提高。

（六）技术人才缺乏导致智慧化水平不高

高端人才供不应求，而且存在人才流失和留不住的问题。由于高端人才不足、智慧化程度不高、资源利用率低、对于大数据挖掘利用手段不多，信息化不能转化升级为智慧化，显示不出来智慧城市的“聪明”。

总之，智慧城市建设存在以技术为主导，城管和住建等少数部门参与较多，而没有很好落实在公共服务领域的应用问题，未打通各个部门，尚且不能发挥协同作用。

四　提升河北省智慧城市社会治理水平的措施建议

（一）智慧城市社会治理的核心在于顶层设计

智慧城市建设的关键在于制度建设。通过制度环境建设，更好提升资源配置和统筹规划效果，保障智慧城市建设不走样不走形式。而要提升顶层设计水平，就要稳扎稳打，由点及面，逐步完善。一方面要提高政府决策水平，政府部门在数字化领域要加强学习培训，了解先进的智慧城市建设和社会治理理念及管理方法；另一方面要完善体制机制，制定分阶段分领域实施智慧城市建设的目标，统筹建设大数据平台，协调技术运营企业、政府部门和社会共同分享数据的制度安排，为城市数字化治理提供制度保障。

各市、县（市、区）政府作为智慧城市建设的主要负责方，要从基础设施、公共服务、行业发展等各个民生领域的发展趋势着眼，积极建立以智慧城市社会治理为目标的智慧城市建设体制机制，政府主要负责同志担当责任，积极加快工作进度，多方协调资源，保障人力、物力和技术支撑，及时解决智慧城市建设工作中遇到的难题。

（二）强调政府投入、诚信和责任担当

可以采取政府投资商业化运营、政府和企业共建的模式。另外，为了节省开支，关键是为了整合资源，一定要从根本上杜绝部门重复建设的情况，采取全市统建，提供数据接口，提升资源利用效率。

党是领导一切的，智慧城市社会治理要充分发挥党组织的领导作用。各级党组织特别是基层党组织要加强自身素质和能力建设，采取主动适应现代化的管理方法和管理手段，不缺位、不错位和不越位。政府应积极承担起职责，在智慧城市建设和社会治理中主动作为。社会治理要充分体现价值性导向，体现以人为本的执政理念，贯穿资源节约、环境保护等社会价值。

（三）建立大数据分享决策机制

科技智库数据向社会免费开放，实现政府投资，全民受益共享。城市政府要建立起大数据分享决策机制，打破部门数据管理的壁垒，形成部门间和部门内分享数据的良好机制。在智慧城市大数据分享决策机制尚不完善、尚不能进行自动化控制决策的时候，政府大数据中心要着力把不同部门、不同

行业的大数据进行综合检索比对，开展科研立项工作，提前发现数据关联和背后的含义，未雨绸缪，科学管理，为解决重点城市问题、提升城市智能化水平、改善市民工作生活环境和民生提供科学合理的依据并提出政策预案，在此基础上，改进智慧城市各类智慧系统异常情况自动上报和解决方案软件的设计，提升智能化工作效率。

（四）加快形成政府、企业和民众多方参与的智慧城市社会治理

智慧城市建设牵涉投资和治理手段，政府要广开门路，除了政府投资以外，应加强社会和企业多方投资，政府购买优质企业服务，更好激发智慧城市市场主体活力。政府部门与城市大数据运营商建立紧密合作关系，开展实时、定期的数据分享、上报和总结建议工作，针对智慧城市建设和社会治理中出现的各类问题及时发现、及时分析和及时解决，比如发现污染源，定位地理位置，分析出现环境污染的原因，根据大数据找寻导致环境污染的施工、交通、人口等因素，或者派人现场勘查，发现问题并解决问题。在治理方法上，政府要多利用智慧城市基础设施企业和技术企业的大数据系统，借助企业在各自领域所积累的内生技术优势提高数字城市响应能力；智慧城市的建设离不开城市、机构和区域配合，独木难成林，智慧城市建设需要跨区域协作、跨机构互助，在政府、企业和民众之间加强伙伴关系构建，提高资源利用效率和城市智慧化程度。

参考文献

余卫明等：《湖南省市域生活治理现代化试点研究报告》，中国法学会编《全国推进依法治国的地方实践（2020 年卷）》，法律出版社，2021。

姚冲等：《中国智慧城市研究的进展与展望》，《人文地理》2021 年第 5 期。

章亦非：《南京市浦口区“大联勤”网格化治理研究》，硕士学位论文，南京师范大学，2021。

张广利等：《新时代“共建共治共享”社会治理格局的内涵解析及构建途径》，《人

民论坛·学术前沿》2020 年第 7 期。

赵勇等:《面向智慧城市建设的居民公共服务需求研究》,《地理科学进展》2015 年第 4 期。

朱春奎、王彦冰:《美国智慧城市建设的发展战略与启示》,《地方治理研究》2021 年第 4 期。

B.8

基于信息不对称的河北省数字乡村建设发展模式探索*

张春玲　范默苒**

摘　要： 数字乡村既是乡村振兴的战略方向，也是建设数字中国的重要内容。国家数字乡村试点地区涵盖河北省4个县（市、区），河北省数字乡村试点地区涉及15个县（市、区）。河北省数字乡村建设虽取得了初步成效，形成了一批数字乡村建设典型，但依然处于持续探索阶段。随着网络化、信息化和数字化在农业农村经济社会发展中的应用，掌握河北省数字乡村建设现状，梳理乡村基础数据激增与乡村产业链断层、乡村信息平台多样化与乡村群体采纳意愿不高、引进人才观念与乡村情景相悖、试点乡村高速建设与全乡村普及率低、电商发展增速较快与农产品加工能力不足等信息不对称问题，对河北省数字乡村建设发展模式探索具有基础性的意义。以《数字乡村发展战略纲要》《中国数字乡村发展报告》《数字乡村建设指南1.0》为指导，改善河北省数字乡村建设中信息不对称现状，探索数字乡村建设中数字治理、信息惠民、过程管理、保障体系等模式的发展路径，实现河北乡村人文、技术、乡情与数字协同发展。

关键词： 数字乡村建设　信息不对称　协同发展

---

* 本报告系2020年度河北省教育厅人文社会科学研究重大课题攻关项目（ZD202008）和河北省高等学校社科研究2021年度项目（SD2021072）的阶段性成果。

** 张春玲，博士，燕山大学经济管理学院教授、博士生导师，研究方向为信息技术与管理创新；范默苒，燕山大学经济管理学院博士生，研究方向为信息技术与管理创新。

一　河北省推动数字乡村建设的优势

2019 年 5 月，中共中央办公厅、国务院办公厅印发《数字乡村发展战略纲要》，明确提出“数字乡村是伴随网络化、信息化和数字化在农业农村经济社会发展中的应用，以及农民现代信息技能的提高而内生的农业农村现代化发展和转型进程”。河北省认真贯彻落实数字乡村战略部署，积极探索数字乡村发展模式，数字乡村建设开局态势良好。

（一）农业生产数字化，提升农作物产量，实现农作物精细化管理

在国家数字乡村试点地区河北省辛集市的马兰农场采用智能化地埋式喷灌系统，利用太阳能板对水泵进行自动化控制，实现自动灌溉，增加水肥一体化功能。311 台农机加装了具有定位、面积测量、轨迹查询等监控功能的智能化装备，实现了机械作业参数、行驶轨迹的数字化、智能化和可视化。在农场设立农作物病虫田间智能监测点，可对田间病虫情况、环境温湿度等数据进行自动采集和信息传输、贮存的数字化及可视化分析。

邢台市南和区的南和农业嘉年华智能玻璃温室大棚实现了无土栽培，大棚内布满了各种监测设施和传感器，可实时监测温度、湿度、二氧化碳含量等各项数据。南和区打造了 3 万亩优质强筋小麦种植基地，全面应用植保无人机、可移动式喷灌设备，实现了农作物的精细化管理，在优质强筋小麦种植基地，农民人均管理 426 亩土地，最大管理面积达 951 亩。

（二）农产品销售数字化，电商根植乡土文化，农民收入成倍增长

河北省肃宁县大力实施“电商兴县”战略，肃宁电商由农民自发组织开展，短短几年时间开辟了一条极具肃宁特色的电商之路，形成了独特的肃宁电商文化。自 2007 年以来，肃宁农村电商从无到有，从小到大，“肃宁模式”享誉全国，推动县域经济高质量发展。截至 2021 年，全县电商网店 30000 多家，年销售额近百亿元。阿里研究院国际研学等基地在

肃宁落户，发挥电子商务对经济发展的放大、叠加和倍增效应。肃宁先后被评为“国家数字乡村试点地区”“国家电子商务促进乡村振兴十佳案例”“电子商务进农村综合示范县”“淘宝村百强县”，成立“数字经济发展服务中心”。

（三）乡村公共服务数字化，一平台多用途，“足不出户”实现自治

河北省石家庄市栾城区推进县域农业社会化综合运营服务中心建设以及农村集体产权制度改革综合管理服务平台应用，充分利用“阳光理政”等线上平台，精准聚焦村民反映的热点问题和共性诉求。建立“网上听民意、集民智，网下察民情、解民忧”线上线下联动机制，协调相关职能部门及时回应群众诉求，保障“件件有回应，事事有着落”。栾城区通过线上留言平台，不断提升留言办理效率和质量，受到群众的肯定。

二　河北省数字乡村建设现状

《数字乡村建设指南1.0》提出了数字乡村建设总体参考框架，具体包括乡村信息基础设施、信息化支撑平台、信息惠民服务、智慧绿色乡村、乡村网络文化等内容，该框架为逐步探索具有本地特色的数字乡村发展路径、推进乡村全面振兴提供了有力支撑。针对以上框架，对河北省数字乡村建设现状分析如下。

（一）乡村信息基础设施建设现状

乡村信息基础设施建设主要包括网络基础设施建设、信息服务基础设施建设、传统基础设施数字化升级三个部分。

1. 电信网络基本普及，广播电视网络稳步推进

乡村网络基础设施包括电信网络和广播电视网络等。全国通光纤和拥有4G基站的行政村超过98%，直播卫星有效覆盖59.5万个行政村。河北省2019年乡村广播节目综合人口覆盖率达99.36%，乡村广播电视节目综合人

口覆盖率达99.53%，乡村宽带接入用户占乡村用户总数的30%，乡村居民每百户计算机拥有量39.1台，均高于全国乡村平均水平。但河北省乡村有线广播电视实际用户数占家庭总户数比重仅有13.97%，低于全国平均水平。总体而言，河北省乡村网络基础设施建设处于中等偏上水平，有线广播电视建设水平有待提升。

2. 投递路线长度递增，电子商务高速发展

信息服务基础设施是指利用信息技术为乡村居民提供政务、生产、生活等领域信息服务的站点和设施。数字乡村建设中较为突出的是电商及物流服务基础设施的建设。全国乡镇快递网点覆盖率超97%，邮乐购电商服务站点达31万个，邮政电商服务站点达24.5万个。河北省已通邮的行政村比重达100%，乡村投递路线长度达211971公里，超出全国平均水平。由此可见，河北省网络营销及物流保障措施相对完善，能够保障基本电子商务在乡村的发展。如河北省肃宁县电商平台注册网店超3万家，发单量超7000万单，直接或间接带动就业8万余人，让困难群众搭上数字经济发展快车。

3. 传统基础设施逐步实现数字化改造升级

传统基础设施主要包括水利、气象、电力、交通等基础设施，通过引入新一代信息技术，实现数字化、智能化改造升级。全国乡村电网供电可靠率超99.8%，电压合格率超97.9%，户均配电容量超2000伏安，水利网信接入视频会议系统的乡镇达15427个，乡村公路总里程420万公里，新建乡村公路总里程28.8万公里。2019年河北省水库数达1060座，水库总容量达206.3亿立方米，每座水库平均容量为0.19亿立方米，乡村气象观测站30个，在建电站规模17970千瓦，机械总动力7830.7万千瓦。

（二）乡村信息化支撑平台建设现状

乡村信息化支撑平台建设包括农业农村大数据平台建设和农业生产数字化平台应用两方面。其中已经能够初步使用的大数据平台包括苹果全产业链、大豆全产业链、生猪产业链、农业农村部网站数据频道、新型农业经营

主体信息直报系统、农产品市场信息平台、农药监督平台、兽药基础数据平台、国家农产品质量安全追溯管理信息平台、农田建设“一张图”等。农业生产数字化平台涵盖种植业、畜牧业、渔业等，实现收集基础数据、实时监管、专家网络决策等功能。尽管平台的建设和应用还不全面，但正逐步向乡村全产业链覆盖。

（三）乡村信息惠民服务建设现状

1. 河北益农社平台逐渐成熟，乡村基础大数据逐步完善

该平台共包括四大部分：综合农业大数据平台，益农社服务河北农民76.13%，覆盖河北乡村85.7%，建成县级运营服务机构90家，公益服务数量7.6万次，便民服务数量271920次，培训课程数量103874次，专家解答320次；公益便民大数据平台，公益服务总点击量558136次，其中石家庄市、唐山市、秦皇岛市、保定市、邯郸市使用人数较多；用户大数据平台，记录用户线上活跃度、年龄构成比、客流量、订单量、成交率等大数据可视化结果；电商运营大数据平台，线上渠道有移动端、电脑端及微信公众号，线上销售额1784.7万元。

2. 供销合作惠农服务社稳步建立，现代农业综合体系全力开发

2014年河北省系统建立新型基层社1870家，组建县级农民合作社联合社42家，乡镇级联合社1008家，发展各类专业合作社5307家，全系统建起“四大网络”龙头企业608家，拥有具备仓储物流能力的配送中心460个，终端网点5.3万个，基本覆盖全省行政村。河北省供销合作社总社组织结构包含21个社会团体、1个事业单位和13个企业单位，省社大力开发现代农业综合体系，全力服务现代农业生产。

3. 农技推广信息平台充分应用，科技助农线上指导成效显著

国家现代农业科技示范展示基地共110个，其中河北省4个。2021年河北农事线上指导包括灾害性天气蔬菜生产管理、“虫口夺粮”保丰收行动方案、冬小麦收获期预报、夏玉米播种建议、棉花中期管理技术指导、玉米田防涝管理建议等，河北省乡村使用平台次数及问答量高于全国乡村平均水平。

4. 民政一体化政务服务平台启用，“一网通办”初见成效

为推进社会组织政务服务“一网通办”，实现社会组织行政许可业务在线办理，河北省民政厅于2021年8月30日正式启用民政一体化政务服务平台，其中包括：个人服务31个办理事项（社会救助、流浪救助、残疾人福利、儿童福利、社会福利等）、法人服务28个办理事项（社会团体、民办非企业单位、慈善组织、外国商会等）、便民服务33个办理事项（志愿服务、社会捐助等）。

（四）智慧绿色乡村建设现状

智慧绿色乡村建设包括智慧绿色生态、智慧绿色生活、绿色生产信息化。

1. 智慧绿色生态建设成效显著

河（湖）信息化，河北省河（湖）长制信息管理平台实现巡河（湖）数据可视化，平台记录各级河（湖）长巡查41.8万人次，发现解决问题662个。水土流失动态监控，河北省充分利用卫星遥感、无人机等先进工具，积极构建水土保持监测信息平台，实现监测数据获取、传输、处理自动化，逐步实现数据的实时共享，增强水土保持监测的服务能力。目前，河北省有水土保持监测站点27处。其中水蚀监测站点14处、风蚀监测站点1处、水文监测站点12处。

2. 智慧绿色生活稳步推进

用水监管。为及时发现和解决乡村饮水安全问题，河北省三级水利部门均设立了饮水安全监督举报平台。据不完全统计，河北省共设省级监督举报电话1部、市级监督举报电话12部、县级监督举报电话183部，运用电视、报刊、短信、微信、明白卡、公示栏及新媒体等，公开乡村饮水安全监督举报电话，提高群众知情度。但河北省水利监督数字化水平有待提升，并未运用数字化手段从源头进行智能监控。农村厕所革命。全国157个项目县开展垃圾污水治理，实施农村厕所革命整村推进奖补政策，以奖补方式引导和推动有条件的乡村普及卫生厕所。

3. 绿色生产信息化蓬勃发展

设立绿色生产示范区，河北省承德市围场县、河北省平山县及河北省曲周县是国家农业绿色发展先行区，设立先行区的目的主要在于形成一批适宜不同类型特点的农业绿色发展模式和技术集成，提炼推广一批农业绿色发展制度，为推动形成农业绿色生产和生活方式提供样板，重点开展绿色技术综合试验、建立长期固定的观测试验站，形成不同生态类型地区、不同作物品种的农业绿色发展典型模式，推动绿色发展由以先行先试为主向示范推广转变。建立农产品质量安全追溯管理信息平台，河北省是农业大省，为保障农产品安全、提升农产品品质，河北省加强标准体系、监管体系、群防共治体系建设，该平台既服务于监管人员，也服务于农产品生产者和广大消费者，实现了监管工作和农业生产活动的精准化、实时化、痕迹化管理，为实施信用管理、追溯管理奠定基础。但该平台的群众参与度较低。土壤环境风险监控，2021 年河北省生态环境厅发布《河北省土壤污染重点监管单位土壤及地下水自行监测技术指南（试行）》，包括自行监测过程中重点区域识别、点位布设、样品采集、保存与流转、分析测试、监测结果评价、监测方案制定、监测报告编制、监测井维护、信息公开等方面的基本内容和要求。但重点区域识别、点位布设、样品采集等过程自动化、智能化、信息化水平不高。

（五）乡村网络文化建设现状

受教育程度方面，河北省九年义务教育巩固率为 97.6%，未上过学人口占 6 岁以上总人口的 3%，文盲、半文盲人口占 15 岁以上总人口的 3%。公共数字文化服务方面，河北公共文化云平台可进行文化活动（观看线上演出、展览、培训、讲座、社交、公益、竞赛等）、艺术培训（河北省举办 152 场公益培训）、文艺欣赏（精品艺术、原创作品、电子期刊、文化微视频）、场馆预定（场地在线预约）等线上活动。乡村教育信息化方面，全国中小学互联网接入率达 99.70%，多媒体教室占比达 93.50%，拥有优质在线课堂 2012 万余堂。河北省基础教育在线教学资源平台对接国家云课堂、特级教师课堂、网络教室、数字资源，其中河北云课堂基本涵盖小学、初中、高中全部课程。技能培训方面，2021 年河北省针对高层次人才、技术人才、乡村干部、农业大户等群体，围绕技术、经验、业务、网络等主题，举办多次乡村培训班，培训人数过万。但河北省职教资源库中并未涉及农业相关课程或教学资源。

三　基于信息不对称的河北省数字乡村建设问题

从数字乡村建设现状可以看出，河北省基础设施建设和平台搭建对接等方面与全国乡村平均水平并无明显差距，未出现滞后现象，但大数据平台还未建设完全，导致农业全产业链的对接还不能实现。通过走访调研发现，尽管乡村数字化程度显著提升，但对与实际利益不直接相关的应用及平台，村民接纳程度并不高；直接能够产生利益的网络销售为农民创造了不小的收入，但产品加工能力的弊端显现出来，使产品供不应求；大学生村官和新技术的引进，为数字乡村建设提供了新的内生动力，但所注入的理念与方法并不适合本村的实际情况。上述关于河北省数字乡村建设中存在的问题，归根结底是乡村主体与平台、平台与实际情况、平台与平台间的信息不对称问题。

（一）基础数据与产业链信息不对称：乡村基础数据激增，未实现全产业链对接

由于信息化，乡村网络平台行为数据激增，合理运用已有数据是全产业链对接的关键，大数据平台的开发还处于起步阶段，还不能涵盖乡村全产业链。目前“孤岛”现象突出，农业信息化管理平台建设不完善，数据分散不统一，缺乏整体规划、相关数据获取、处理和公示等标准，平台之间无法实现共联共享，出现数据重复填报等现象，基础数据关联度不高，碎片化严重，不能将数据充分利用于全产业链大数据的建设中。

（二）平台功能与意愿信息不对称：乡村信息平台多样，乡村主体采纳意愿不高

现阶段助农信息系统依靠微信公众号、微信小程序、手机应用软件等平

台，使用、操作更加便捷，但调查发现，线上平台的应用效果在乡村中并不理想，平台已有功能与群众意愿信息不对称。这与农民自身素养、文化水平、数字化认知程度有关，留守乡村群体多为孤寡老人、6 岁以下儿童，该人群对信息平台的需求不高，很多数字化设备不会使用不会操作。对农民来讲，眼见为实、见效最快是重点，电商、社交、娱乐平台在乡村普及较快，就是因为简单实用，部分农民认为与其使用一些能够进行监督、上访的线上平台，不如打热线电话，因此平台的搭建要更接地气、简单实用。

（三）数字化与乡情信息不对称：人才与技术注入乡村，理念应用与乡情不匹配

数字乡村建设需要与之相匹配的人才体系和技术能力，但其内生动力缺失严重。首先是乡村人才的外流，乡村的生活条件、硬件设施、教育资源、福利待遇与城市有较大差距，造成乡村人才基本上都到外地去，而数字乡村的发展离不开人才的推广及示范。其次是引进的人才缺乏科学的培训体系，缺乏有一定乡村背景、懂数字管理、通农业技术的跨界型复合人才。随着乡村基础设施的逐步完善，数字农业与数字乡村创新能力不足问题显现，缺乏经济适用的农业生产智能化设施设备和技术。因此在技术和人才不断注入乡村的阶段，人才与技术不符合乡村实际情景问题产生，导致人才理念和技术应用与乡情的信息不对称。

（四）“以点带面”信息不对称：试点乡村高速建设，全乡村普及率低

数字乡村试点中制度制定、设施建设、数据对接、技术应用等方面高速发展，但由于乡村地区有丰厚的文化基础，而数字乡村建设是在地方特色上发展起来的系统性工程，因此部分乡村存在“拿来主义”，照搬已有的发展模式。各乡村原有发展水平也是高低有别，因此与成功的经验存在严重信息不对称，最终导致制度不完善、经费来源单一、部门及责任人职责模糊、关键核心技术滞后、农业专用传感器缺乏、智能农机适应性较差等问题。

（五）线上销量与线下产量信息不对称：电商营销发展迅猛，农产品加工能力不足

直播助农的兴起，打开了农产品的销路，消费者对新、奇、特、优农产品的需求不断增长，出现供销信息不对称的问题，供应能力不足、组织化程度低、加工流程不规范。网络营销对于产品要求较高，合适的农产品较少，同时运营成本和营销推广都需要不断优化。

四　河北省数字乡村建设协同发展模式探索

针对河北省在数字乡村建设中存在的信息不对称问题，提出以下建议。

（一）提升基础数据品质，全局规划，顶层设计，避免不同平台同一信息不对称

随着乡村信息化不断普及，不同应用平台中行为数据积累量也逐渐增多。为了促进数据完整、提升数据质量、保障数据安全、合理运用乡村数据、提炼数据价值、实现数据共享，使各部门、各机构、各农户之间信息对称，提出以下对策：完善统筹协调机制及共享原则，建立乡村部门间涉农数据共享机制，完善乡村基础数据监督机制。依据数据共享原则，设计涉农数据跨层级、跨地域、跨部门的共享开放方案，逐步搭建全方位涉农数据共享平台，使乡村各主体对数据的掌握对等。加强数据安全管理，积极制定乡村基础数据安全管理机制，按照数据挖掘、识别、传递、存储、加工、删除等环节，进行数据资源分类管理，也可围绕乡村数字平台开展全生命周期建设，进行行为数据管理，从而构筑数据安全防护体系。涉农信息化项目与农业全产业链融合，各部门对涉农信息化项目、大数据平台等统一规划，避免出现重复投资、重复建设的问题，既要做到与国家大数据平台有效对接，也要根据乡村自身特点，设计完善符合乡情的信息化项目，最终贯穿乡村全产业链。

（二）以需求为导向，平台利益直观化，实现村民意愿与数字平台的信息有效衔接

随着数字乡村建设的不断深入，助农信息平台逐渐成熟，手机应用软件、微信公众号等平台使助农更具便捷性，但村民对其采纳程度并不高。因此，应顺应乡村发展趋势，以实际需求为导向，关注村民实际情况（文化水平、信息手段接受程度等），加快制定需求解决方案，要让村民实际需求转化为信息化、数字化的处理方式，而不是强制让其适应平台。平台利益直观化，电商平台在乡村发展迅速的原因是其与村民的利益直接相关，建议为乡村信息化平台使用的前期推广提供相关奖励政策，如线上举报相关垃圾未分类行为可获得积分换购等。只有让村民有兴趣了解不同信息平台，才是平台真正从“村里事”变“自家事”的开始。政企合作，调动企业积极性，承担平台建设的企业受政府委托，及时征集使用部门、群众意愿，及时调整更新应用、服务。政企合作有助于提升市场主体的参与程度、专业化程度，使信息有效对接，优化乡村整体文化氛围。

（三）提高人才、技术与乡村匹配度，“以点带面”，量身定制，提升普及率

强化家乡观念，制定扶持政策，提供本土人才回流、高校人才引进、农民工返乡就业创业优惠政策，建立涉农领域科技研发工作优先政策。培养下一代乡村学生树立“接受高等教育的目的是帮助家乡摆脱贫困，而不是摆脱贫困的家乡”的观念。高度重视吸引本土人才、培训外来人才，使其充分了解乡村现状。提供多方协同的技术培训，科研院所、高校、涉农企业等多方协同，向乡村人才提供技术培训，建立数字乡村专家咨询委员会等组织。上述措施能够在一定程度上保证人才与技术在数字乡村建设中发挥支撑作用。推广典型发展模式，“以点带面”科学制定数字乡村试点评价指标体系，评价河北省数字乡村建设试点乡村，对试点进程和成果等进行考核，提炼出可复制、可推广的发展模式。探索适合自身特色的数字乡村发展模式，

除借鉴成功经验和模式之外，要特别关注乡村自身情况，避免“一刀切”。《数字乡村发展战略纲要》要求分类推进数字乡村建设，将村庄分为聚集提升类村庄、城郊融合类村庄、特色保护类村庄、搬迁撤并类村庄等。因此要根据村庄类型、生产情况、细分产业、支撑产业等探索适合自身的发展模式，提升数字乡村普及率。

（四）网络销售要运用信息化、数字化方式打破供销信息不对称壁垒

电商为农产品打开了销路，面对日益增长的销量，乡村要提高半成品及成品的加工能力和加工质量，同时降低网络运营成本及保障有效营销推广。“远程”协助是开端，政府、企业、高校等社会资源整合加工、运营等优质课程资源向乡村输入，提供丰富的在线培训课程，形成远程协同实践，使乡村企业、个人能够具备利用信息化、数字化方式实现网络销售和加工二者信息互联互通的能力。平台建设是跳板，“淘宝”“京东”等应用软件、“抖音”“快手”等短视频平台为农产品网络销售提供了便捷的路径，农产品销售信息平台的搭建至关重要，河北益农社运用服务平台中的用户大数据平台为农户精准提供用户活跃信息，根据用户数据，农户要掌握对近期销量进行预测的能力，实现销量与产量信息的互联互通。设备建设看需求，无论是线上培训还是网络销售本身都需要硬件设备的投入，对于刚接触的农户而言，不用一味追求“好设备”，而是应从自身需求出发，逐步发展，循序渐进。

数字乡村建设仍处在持续探索阶段，涉及乡村生产、生活的方方面面，也必定要从智能化向智慧化转变。河北省数字乡村建设面临着技术攻克、人才引进等艰巨性任务，应聚焦长期性的深层次矛盾，对乡村群众传统观念转变可能性、数字化接受程度、乡村基础数据的完善性等进行科学把握、合理分析、逐步改善。

B.9

河北省社会化拥军创新模式调查研究

尹建兵　宋　鹏*

摘　要： 近年来，河北省双拥系统紧紧围绕“让军人成为全社会尊崇的职业”，认真贯彻落实全国双拥办和省委、省政府决策部署，积极探索社会化拥军新路径，形成了地方党委、政府和军队主导，社会力量积极参与的“双轮驱动”拥军优属新模式，社会化拥军组织体系不断完善。河北省社会化拥军水平不断提升，但也存在区域拥军组织建设水平存在差异、军民融合式创新发展体系有待健全、会员单位影响力有待提高、社会化拥军信息化程度不高、拥军优属协调联动机制有待完善等问题。针对这些问题，本报告提出了积极凝聚非公有制经济领域爱国拥军力量、建立健全社会化拥军协调联动机制、强化支持保障举措、积极建立常态化活动阵地、创新优化社会化拥军活动形式、打造数字化拥军服务新模式、积极开展社会化宣传活动等对策建议，旨在推动河北省社会化拥军工作创新发展。

关键词： 社会化拥军　拥军组织　拥军服务　河北省

一　河北省社会化拥军主要进展

河北省是驻军大省、兵员大省、退役军人大省，是军民共建社会主义精

* 尹建兵，河北省社会科学院法学研究所研究实习员，研究方向为社会治理、地方立法；宋鹏，河北省退役军人事务厅拥军优抚处副处长，研究方向为社会化拥军。

神文明发祥地，有着拥军优属的光荣传统。为进一步贯彻落实习近平总书记关于退役军人工作的指示要求，落实全国双拥办推进社会化拥军工作的部署，自2019年以来，河北省共成立爱国拥军联合会（以下简称“联合会”）201家，设立拥军服务站3.9万个，发展拥军志愿者230万人，将拥军服务站亮拥军标识、亮拥军承诺、亮拥军成效的“三亮”主体责任意识，贯穿于服务组织全覆盖、服务链条全过程、服务事项全领域、服务时间全天候的“四全”社会化拥军全过程，在全省营造了尊军荣军、崇敬优待退役军人的积极氛围，具体表现在以下几个方面。

（一）以上率下推动双拥工作创新发展

河北地处京畿要地，肩负着首都政治“护城河”的重要职责。省委、省政府始终高度重视双拥工作，把做好双拥工作作为增强“四个意识”、坚定“四个自信”、做到“两个维护”的现实检验，作为发挥首都政治“护城河”职能的重要举措，在全力支持国防和军队建设的同时，不断推进拥军工作走深走实。

省委、省政府多次召开双拥工作专门会议，传达习近平总书记重要指示批示精神，落实全国双拥工作领导小组决策要求，部署全省双拥工作和退役军人工作安排，并连续2年把社会化拥军工作纳入工作要点，予以重点推动。各市县及时跟进省委、省政府规划，在社会化拥军组织审批、办公场地使用、宣传推广等方面给予大力支持。

省双拥办制定了《关于做好新时代全省社会拥军志愿服务工作的意见》，对社会化拥军工作进行专项督导，成立了201家爱国拥军联合会，实现了市县全覆盖。2021年全国社会化拥军工作现场座谈会召开后，省双拥办举办了3期培训班，对各市县的双拥办负责人、爱国拥军联合会会长进行现场培训，进一步提高社会化拥军工作组织能力和服务意识。

（二）社会化拥军工作规范化发展

1. 组织体系逐步健全

拥军优属工作创造新模式，动员全社会凝心聚力一同做好拥军工作，省市县全部成立爱国拥军联合会、退役军人就业创业促进会、关爱退役军人基金会，退役军人事务部将这一做法专题呈报中央退役军人事务工作领导小组，全国双拥办在全国推广。市县成立爱国拥军联合会，接受同级双拥办的工作指导，负责发展拥军服务站、拥军志愿者，组织开展社会化拥军活动。具有拥军热情的企业、个体经营户，本着自愿、奉献、诚信的原则，参与联合会，设立拥军服务站。同时，省双拥办发出倡议，动员热心双拥工作的个人作为拥军志愿者，积极参加社会化拥军活动。爱国拥军联合会、拥军服务站、拥军志愿者同步推进，形成了“三位一体”的社会化拥军机制。

2. 建设标准全面统一

各级双拥办指导联合会制定章程和制度，明确宗旨职责，阐明主要任务与运行机制等，与志愿加入联合会的企业和个人签订协议，规范承诺方式和内容。对全省各拥军服务站，要求统一“拥军服务站”牌匾制式，达到“六有”标准，即有牌匾、有徽标、有承诺、有公示、有网络交流平台、有实质性服务内容。

3. 管理机制不断完善

严格准入机制，对于申请加入联合会的单位，严格把关以确保会员单位质量。确立了违法失信、经营不佳等6类企业不得申请为会员、设立拥军服务站的标准。建立分级授牌制度，对具有较大社会影响力的企业，由省双拥办授予“河北省拥军服务站”牌匾，其他服务站由市县双拥办分别授牌，联合会每年对拥军服务站进行一次审验，取消不合格的拥军服务站资格并收回牌匾。截至2021年11月，已授牌省级拥军服务站423个。建立宣传引导机制，通过各种媒体，及时宣传报道商户的拥军活动，累计转发转载120万次，激发了各行各业参与社会化拥军的积极性。

4. 考核奖惩机制不断优化

建立激励机制，对事迹突出的企业和个人，优先推荐参评各类表彰。2020年有2名联合会会长被授予“全国爱国拥军模范”称号，10名爱国拥军联合会成员被选树为“河北省最美双拥人物”，占总数的83%。社会化拥军结果作为参评双拥模范城（县）重要指标，同时作为向国家推荐的衡量标准。河北省有 17 个行动迅速、组织有力的市县获评全国双拥模范城(县)，与广东省、四川省并列全国第 5 位，居全国前列；有 1 家单位获“全国爱国拥军模范单位”称号。河北省在 2021 年省级双拥模范城（县）考评中，明确提出社会化拥军工作不力的，一律不得参评。

（三）推动社会化拥军活动常态化开展

省双拥办制定《关于进一步动员社会力量开展拥军优属活动工作方案》，组织联合会会员广泛开展拥军活动，推动政治效益和社会效益整体提升。各社会化拥军单位根据自身资源和优势，组织全方位、多形式的社会化拥军活动，围绕驻地部队、现役军人军属、退役军人和其他优抚对象，国防教育、就业创业、疫情防控、脱贫攻坚、乡村振兴等内容，深入部队营区、社区街道、企业商家、大中学校、医疗机构等，采取各种方式宣传动员，形成了以中小商户为主体、大中企业积极参与、各界爱心人士志愿加入的良好局面。

在各级双拥办和联合会的积极组织引导下，除全省统一组织的“两节慰问”、“传承红色基因拥军情”、“百城万店拥军行”、“助力强军 · 服务国防”关爱部队基层官兵万里行等规定活动外，各地创新思路方法措施，组织了参与人员企业商户多、社会教育影响大、辐射带动力强、拥军正能量弘扬效果好的一系列活动。

（四）拥军载体不断多元化

1. 爱国拥军教育场所不断增多

涉县太行爱国拥军小镇，为军人军属及退役军人提供爱国主义教育、红色旅游、军事装备互动体验等优惠服务，创新社会化拥军工作形式。唐山、秦皇岛积极建设特色国防教育小镇。全省 100 余个县（市、区）在拥军单位比较集中的地方，建成了“拥军一条街”“拥军广场”，形成社会化拥军规模效应。

2. 社会化拥军项目不断增加

充分发挥文教、金融等资源优势，号召社会力量积极参与拥军活动，实现了传统拥军向文教、金融拥军模式的转变。筹集社会资金在多个领域打造线上线下相结合、智能高效的特色社会化拥军项目，多维度推动社会化拥军发展，形成多领域、多层次、立体化拥军优属新局面。坚持重点项目引领，逐步完善包括衣、食、住、行、用等方方面面具体服务的拥军组织目录和优惠清单，实行清单化、动态化、规范化管理，不断提高社会化拥军项目科学化、智慧化、精细化水平。

3. 拥军服务网络化水平提高

省双拥办积极利用大数据等信息化技术，开发了“河北社会拥军平台”微信小程序，并在网上平台公示了会员单位基本信息、优惠项目、服务承诺及评价等信息，为军人军属、退役军人提供全天候的便捷高效的服务。邯郸市“拥军联盟”App、保定市“拥军联盟”微信小程序、承德市“双拥军创家园”App 等智能拥军服务平台，为军人军属及退役军人提供更加优质快捷的智能化服务。

（五）退役军人志愿服务不断加强

各地、各单位应鼓励和引导社会志愿者以及退役军人志愿者积极开展并参加多种形式的拥军优属活动。基层地区自发组建了为退役军人服务的志愿服务队、艺术团等，主动为退役军人献爱心、送温暖。企事业单位和社区充分发挥退役军人参与基层社会治理的主动性和志愿服务的热情及积极性，组织退役军人志愿服务队，参加服务退役军人、拥军优抚等志愿服务活动，在发挥正能量方面起到积极的作用。特别是在抗击疫情工作中，一些地方的退役军人成立临时党支部和老兵突击队、治安巡逻队、生活服务队等志愿服务组织，全面参与疫情排查、环境消杀、秩序维护、核酸检测等工作，全省共组建各类志愿服务队 6452 个，总人数 31.2 万人，拥军企业和个人累计捐款达 9500 余万元。

（六）退役军人重点工作任务精准落实

退役军人重点工作取得了新成绩，处于全国领先地位，社会保险接续任务完成进度和全国示范型服务中心（站）创建达标数量均位居全国第一。河北省先后在退役军人事务部召开的全国性会议上做典型发言，并在9次专业会议上做经验介绍。退役军人事务部75次推广河北省经验做法。

1. 率先完成保险接续任务

面对疫情考验，开展“无接触”线上办公，做到工作不停摆、服务不断线，截至2021年3月，已经全面完成保险接续任务，共为15.8万名符合条件的退役士兵补缴了养老保险，政府、单位和个人共补缴23.74亿元；为2770名达到法定退休年龄的退役士兵补缴基本医疗保险5696万元，提前国家规定时限9个月，进度位居全国第一。

2. 服务体系建设不断加强

扎实推动全国示范型服务中心（站）创建，打造双拥工作“两站三中心”的主阵地。举办专题培训、业务大讲堂等800多场，累计培训20多万人次，基层双拥队伍工作能力显著提升。创新性出台乡村两级服务站服务事项清单，退役军人事务部将河北省做法转化为部级标准，在全国宣传推广。

3. 就业创业帮扶精准实施

通过网上集中招聘和专场招聘，推动纳入公务员招录、事业单位和公安辅警招聘计划，帮助报考高职院校，与大型企业和新疆铁门关市开展就业合作等方式，解决2.66万名退役军人就业问题。

4. 退役军人作用不断发挥

扎实推进全国退役军人党员教育管理试点工作，动员引领广大退役军人投身疫情防控，增强退役军人参与基层治理的能力。

5. 聚力维护退役军人合法权益

为保障退役军人合法权益，组织法律工作者提供免费法律咨询和法律援助。从2021年3月中旬至9月底，全省退役军人系统集中开展退役军人信访工作2个“百日攻坚”行动，共投入1.9亿元，处理信访案件7071起，退役军人合法权益得到切实保障。

（七）全力支持驻冀部队练兵备战和改革建设

1. 拥军支前军地协调机制不断健全

各地区集中物质、人力资源支持驻冀部队练兵备战，配合部队圆满完成年度各类演训任务，切实搞好通信卫勤、兵力投送、粮秣供应、安全警戒等保障。张家口市大力推动70宗共2471.5亩的军地土地置换，唐山、廊坊两市投入1.14亿元资金支持部队建设。

2. 严格落实安置政策

2021年，共高质量安置738名军转干部、415名军休干部、4921名符合安排工作条件的退役士兵。扎实开展"情系边海防官兵"等拥军优属活动，走访慰问执行任务官兵家庭1346户，赠送慰问金（品）117.8万元，解决随军家属就业、子女入学等问题293件，帮扶困难军人军属487人。

3. 建立军地"双清单"制度

推动落实军地互提需求、互办实事"双清单"制度，指导带动各级为驻军解决设施迁建、污水排放等涉及部队建设发展的实际问题。

二　当前河北省社会化拥军工作存在的主要问题

（一）区域拥军组织建设水平存在差异

河北省积极打造社会化拥军新亮点，完善社会化拥军组织体系，社会化拥军水平不断提升，但重视程度差异、资源配置不均衡等问题导致河北省市、县（市、区）层级之间社会化拥军组织建设水平存在较大差距。在市级层面，社会化拥军组织成立较多，市内开展拥军活动情况普遍较好。在县（市、区）级层面，部分地区存在对拥军组织建设重视不足现象，一些联合会只是为完成指标任务而建；吸纳会员单位数量差距较大，发展较快的县（市、区）会员单位已达到300多个，发展较慢的县（市、区）会员单位不足30个；部分县（市、区）联合会没有设置独立办公场所以及专职工作人员，会员单位没有按要求挂牌承诺服务，开展拥军工作缺乏规划统筹。

（二）军民融合式创新发展体系有待健全

地方政府作为军民融合机制的主导者、监督者和实施者，在军民融合发展中承担主体责任。在社会化拥军工作中，市、县（市、区）政府双拥办作为中央各项军民融合政策的执行者，在拥军组织成立之初发挥了积极的推动作用，但后期主导作用开始减弱，监督监管逐渐缺失。部分地区存在对拥军组织指导力度不足、行政干预过多、对拥军企业的服务支持力度不大、缺少相应政策激励措施等问题，这在一定程度上打击了企业、商户加入拥军组织的积极性和拥军热情，导致军地结合不够紧密，沟通机制不健全，拥军资源不能互通互享，无法形成合力。

（三）会员单位影响力有待提高

现有培养新典型会员单位事迹不够突出，影响力不足。截至 2021 年，全省虽然有 3.9 万个会员单位，看似数量很大，但平均每市不足 3000 个，平均每县（市、区）不足 150 个，并且多是零散分布，特别是在一些党政军机关相对集中的地区以及大型商超餐饮服务等商业网点众多、人流密集的繁华区域，社会化拥军宣传普及不够，没有形成集群规模，有影响力的会员单位点少面窄，比例不高，机关企事业单位、国有企业参与度不足 1%，动员能力差。开展拥军活动仅仅局限于会员单位，对联盟概念理解不透彻，发展拥军会员单位“坐着等”的多，“走上门”宣传动员的少，社会知晓率较低，覆盖面过窄，影响力不足。大多数联合会自成一体，缺少与其他类似功能社会组织的联合互助，持续发展受限。部分县（市、区）联合会不能实现拥军优属活动常态化开展，实际效果差。个别会员单位单纯借助联合会平台宣传自身，在后期具体执行落实各种优惠服务时缺乏积极性，优惠优待后劲不足，部分商户没有坚持将服务承诺履行到位，给社会化拥军工作带来一定负面影响。

（四）社会化拥军信息化程度不高

全省社会化拥军信息化程度不高，作用发挥不明显。当今社会处于信息化科学技术飞速发展的大数据时代，在社会化拥军工作实践过程中，只有省及少数市利用信息技术建立了网上拥军平台，并且平台智能化水平不高、便利度低。很多地区基本没有网上拥军平台，现有的几个市级线上社会化拥军平台入驻商户和注册认证的退役军人数量过少，知晓率和使用率偏低，实际效果达不到预期水平。缺乏退役军人数据框架体系，拥军部门和服务机构之间存在信息壁垒，退役军人数据资源整合机制不完善，不能有效实现数据共享与关联对比，无法实现为退役军人服务提供全面的数据支撑。

（五）拥军优属协调联动机制有待完善

当前拥军优属多以行政牵引为手段，以军民感情为基础，缺乏横向联合、纵向联通、区域联动的协调机制。拥军组织与退役军人事务部门交互缺失，拥军活动缺乏问题导向、目标导向，使拥军优属各项工作缺乏保障。拥军组织之间联系不密切，横向交流不足，纵向之间没有实现市、县（市、区）联动，不注重相互借鉴学习有益经验。部分拥军组织开展拥军工作缺少长期谋划，与会员单位结合不够紧密，相互之间无法形成集聚合力，效果不明显。

三　深化社会化拥军工作的对策建议

双拥工作在历史时期及现今阶段，都发挥着至关重要的作用。在开启全面建设社会主义现代化国家新征程的关键时刻，尤其是在百年未有之大变局和世纪疫情交织时期，要以更高的站位、更深的认识、更实的精神，抓实抓好社会化拥军工作，为新时代部队建设及部队备战、巩固坚如磐石的军政军民团结贡献力量。各级社会化拥军组织和全体联合会会员要贯彻新发展理念，更加积极主动地投身社会化拥军工作，为强军兴军做出更大贡献。

（一）积极凝聚非公有制经济领域爱国拥军力量

各地双拥办、退役军人事务部门、爱国拥军联合会要积极对接工商联，深入非公有制经济组织中，广泛宣讲双拥光辉历史和新时代军地互相支持、互办实事的生动事迹，使非公有制经济组织真正认识到军队强大、国家安全对经济社会发展的重要意义。不断扩大联合会会员单位数量，通过宣传感召、上门邀请、会员推荐、个人申请等形式，动员非公有制经济组织本着自愿、奉献、诚信的原则，加入当地爱国拥军联合会，自主设立拥军服务站，鼓励非公有制经济从业群体组建拥军志愿者队伍。坚持统筹兼顾拥军爱国组织规模增长与质量提升，积极吸收经营范围广、综合实力强的大中型企业。全力支持、服务非公有制经济组织加入本地联合会，大幅提高参会率，不断扩大社会化拥军组织规模。鼓励积极开设专口提供优先优惠服务，通过吸纳就业、支持创业等举措服务广大军人军属、退役军人和其他优抚对象。

（二）建立健全社会化拥军协调联动机制

领导小组办公室要充分发挥统筹全局、协调各方的职能，及时组织有关单位召开协调会议，汇聚社会化拥军工作的强大动力。各级双拥办、退役军人事务部门、工商联和爱国拥军联合会要建立社会化拥军工作联席会议机制，加强沟通协调，共同做好会员单位和服务站的准入、服务、监管、评比、退出等方面的管理。加强军地双方沟通协调，积极为驻地部队参与双拥创造条件，推进军地之间良性互动，推动基层部队和联合会党组织互帮互学互促。社会化拥军组织要做好党委、政府的桥梁纽带和参谋助手，在自身开展拥军活动的同时，要上下沟通，加强联系，主动创新拥军活动形式。会员单位和服务站要全部达到亮拥军标识、亮拥军承诺、亮拥军成效的“三亮”要求，努力形成“同频共振、一呼百应”的群众性爱国拥军生动局面。在社会化拥军活动中实现横向联合、纵向联通、区域联动，做到责任共担、资源共享、信息共通、多方共赢，推动形成党委领导、部门主抓、驻军助力、社会参与的军地协调联动机制。

（三）强化支持保障举措

各级有关部门要强化主体责任意识，积极争取各级党政部门的重视和支持，强化政策倾斜，在行政审批、金融贷款、税费减免、场地使用等方面加大对会员单位的扶持力度，激发社会力量拥军积极性。双拥办、退役军人事务部门及工商联要充分发挥自身独特的职能作用，坚持问题导向，及时解决拥军工作中的现实问题。相关拥军部门要对联合会进行经常性业务指导，确保社会化拥军工作有效开展，积极探索激励措施，为各联合会和会员单位服务保障工作开展服好务、把好关。建立健全拥军优待服务数据库，巩固社会化拥军服务工作根基。进一步完善长效帮扶机制，设立专项资金帮扶困难退役军人和优抚对象，大力扶持退役军人就业创业，提供培训、咨询等的全链条服务。实施双向选择安置政策，积极搭建军转安置双向选择平台，在依法公开选岗基础上实现因人定岗、人岗相适。优化退役军人安置工作办事流程，简化相关材料，实现“一次性告知，一站式办理”，让退役军人能一次办好信息采集、组织关系转接等所有手续，促进拥军服务保障水平和质量升位、升值、升级。

（四）积极建立常态化活动阵地

不断扩大拥军矩阵，构建全方位拥军服务网络体系。做优服务，积极将基层管理服务站、服务窗口建设纳入基层网格化管理，各地区拥军组织可借鉴邯郸联合会模式设置固定办公场地，打造集党建活动、社会化拥军志愿服务于一体的“军人之家”，定期集中展示拥军服务动态信息，提升退役军人幸福感、获得感、尊崇感。以点带面，分区域打造老兵交流平台、互助平台，实现“兵解兵惑、兵帮兵困”，提高退役军人自我管理能力、强化自我服务意识。加快建立特色拥军场地，市里选典型县（市、区），县（市、区）选重点区域，如党政军机关集中的地区、经济活跃地区、旅游区等，积极打造特色鲜明的“拥军一条街”或“拥军广场”，力争每个县（市、区）都在相对成熟的商业区域打造这样的特色街区/广场，真正把尊崇落在实处，把服务贯穿始终，大力营造拥军优属浓厚氛围。

（五）创新优化社会化拥军活动形式

各地区要坚持把创新作为社会化拥军工作的重要动力，要坚持结合新时期社会化拥军工作新形势、新特点，结合当地特色优势，拓展思路、丰富创新，不断开辟社会化拥军新路径，创新拥军活动形式，开展丰富多彩的系列拥军优属活动，进一步巩固军民鱼水情。搭平台，优服务。组织各行各业及相关社会组织开展拥军活动，如“两节慰问”“百城万店拥军行”等活动要继续开展，并不断丰富活动内容。拥军工作要积极引导退役军人参加，发挥退役军人能吃苦、懂政策、执行力强、善协调的长处，让他们利用工作之余发挥作用。比如吸收一些退休老同志参与联合会，聘请退役军人参加学校军训工作，等等。

（六）打造数字化拥军服务新模式

为实现对退役军人及优抚对象的高效管理和精准化服务，应该积极利用大数据、云计算等互联网技术，实现社会化拥军工作从人工到信息化的转变，大幅度提高拥军服务工作效率。积极打造以大数据技术为支撑的集政务、学习、宣传、活动、监督等功能于一体的社会化拥军平台，通过大数据技术的识别、分析、储存和应用，实现拥军工作及服务对象数据的精准分析和准确定位。建立完善河北省退役军人管理保障信息平台，通过多部门互联互通、数据共享等方式，打破信息数据壁垒，解决基础信息不完善、信息需求不对称等短板问题，探索管理保障数字化、业务办理智能化、服务供给精准化的新举措。构建“互联网+退役军人”管理服务模式，充分利用覆盖群体广泛、普及率较高的互联网平台和移动化平台，提高拥军网上平台的用户注册率、使用率和活跃度，降低受众使用难度及成本，提升数字化服务水平，实现社会化拥军的网络与现实融合联动。

（七）积极开展社会化宣传活动

加大宣传力度，增强全民国防观念和拥军意识。各地相关部门要创新拥军宣传载体，适应受众需求，扩大宣传影响范围，丰富宣传活动形式内容。要充分利用官网官微、报纸、电视等主阵地，运用抖音、快手、微信公众号等新媒体，及时宣传报道社会化拥军工作新动态、相关拥军政策、拥军优属新措施、经验做法、先进典型事迹等，凝聚传播拥军正能量，讲好河北社会化拥军故事，做到广播有声、电视有影、报刊有文、网络有言。各地要进一步完善社会化拥军宣传的激励机制，健全军地联合、社会参与、多方联动的宣传工作制度，实现宣传活动全方位、多视角开展。发挥拥军典型示范带动作用，加大典型发现培养力度，实现以点带面、重点打造、典型示范、激励引导。

B.10

新冠肺炎疫情常态下社会公众热点话题动态变化研究*

赵莉华**

摘　要： 2020年新冠肺炎疫情在世界范围内蔓延，引发了社会公众对疫情本身以及与疫情相关的社会、民生等问题的高度关注。本报告以河北省为例，使用大数据统计技术分析该省2020~2021年疫情影响下社会公众热点话题的动态变化，按疫情早期、疫情得到初步控制期以及常态化防疫期等不同阶段，分别分析各自阶段的社会公众热点话题，并就相关话题的出现原因以及变化趋势做分析，通过这些变化，透视党和国家疫情防控措施的积极影响和良好效果；本报告还重点分析了2021年初、10月至11月期间，在河北省石家庄市及其周边地区突发的两次局部疫情，发现社会公众热点话题经历了“瞬间爆热—持续升温—短期反弹—平复稳定”的过程；此外，客观评价了河北省精准防疫措施，以及全省强大的社会动员能力和控制疫情蔓延的能力，认为是党和政府的积极措施和正确部署，积极有效地回应了社会关切，成效显著地缓解了社会公众对疫情的恐慌和不安。

关键词： 社会公众　热点话题　舆情　河北省

---

* 本报告系2020年度河北省社会发展课题“疫情影响下我省热点话题动态研究”（20200402040）的成果。

** 赵莉华，河北省社会科学院图书馆馆员，研究方向为社会发展、情报科学。

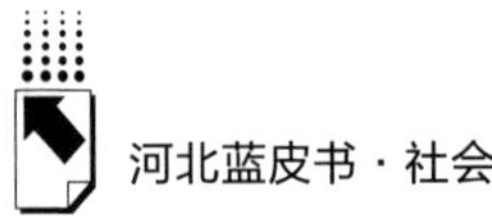

关于热点话题的研究，常见于新闻传播学、文化社会学领域。在实践应用中，舆情分析与监测系统是社会研究较多关注的领域。2020 年在世界范围内蔓延的新冠肺炎疫情，严重地影响了全球政治、经济和文化交流合作。虽然国外仍处在防疫抗疫最艰难的时候，但我国国内疫情防控工作已取得阶段性重大胜利。在此期间，河北省发生现今两次较受关注的局部疫情，一次是 2021 年 1 月至 2 月间主要发生在石家庄市藁城区的局部疫情，另一次是 2021 年 10 月至 11 月间主要发生在石家庄市深泽县和辛集市的局部疫情。全省社会公众关注的热点、焦点话题覆盖健康防护、社会治理、复工复产、学生复课、心理压力、经济形势、就业形势等各个方面。随着疫情防控工作不断取得新的进展，社会公众关注的热点话题存在动态变化的现象。

本报告以河北省为例，对疫情影响下不同阶段的热点话题，做一简要梳理与分析。本报告资料主要取自清博舆情系统和百度指数针对河北省范围采集的相关数据。

一　疫情早期热点话题：企业、中小企业

根据清博舆情系统分析，疫情早期河北省网络舆情热门主题词包括企业、中小企业、肺炎等（见图 1）。最值得注意的是“企业”。

图 1　疫情早期河北省网络舆情热门主题词

进一步使用清博舆情分析工具，寻找“企业”成为热门主题词的原因，发现其与两个重要时间点有关。一是 2020 年 1 月 27 日，这一天国务院办公厅发布延长假期通知，导致当天及随后一周指数变热（见图2）。二是2月3日，这一天上海和北京继苏州之后，发布有关帮扶中小企业的措施，相关舆情达“黄色预警”标准。企业复工复产与春节假期结束时间点重合，因此社会公众在关注生命健康的同时，对今后一段时间的国民经济和个人生产生活的形势产生焦虑，因此对企业帮扶和纾困政策较为关注。从而使“企业”成为热门主题词。但此后，随着国家和地方政府相关政策的陆续出台，公众焦虑得以缓解，该词热度逐渐冷却。截至 2021 年，该词已从网络舆情热门主题词榜中消失。

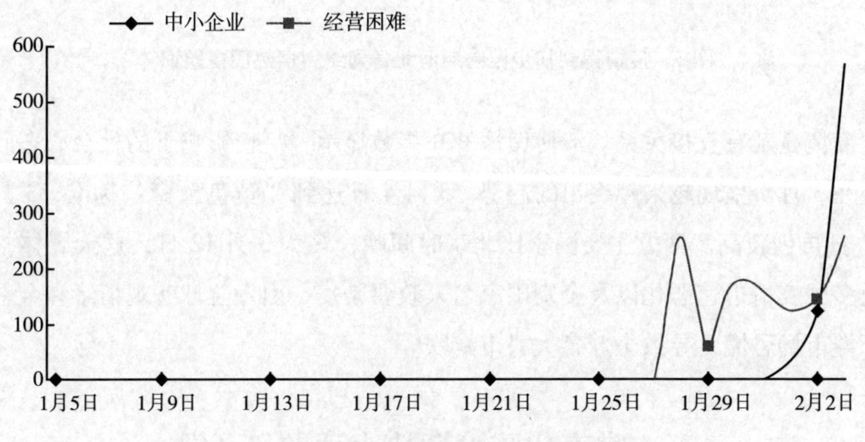

图 2　疫情早期河北省分析词组清朗指数

二　疫情得到初步控制期热点话题：心理、健康

2020 年 4 月以后，经历全国近 3 个月的疫情防控阻击战，疫情恶化的势头得到初步遏制，人们的关注点从身体生理健康向精神心理健康转移。这一时期，“心理”“健康”成为热门主题词。清博舆情分析系统显示的热门主题词见图 3。

进一步分析“心理”和“健康”成为热门主题词的原因，发现其与国

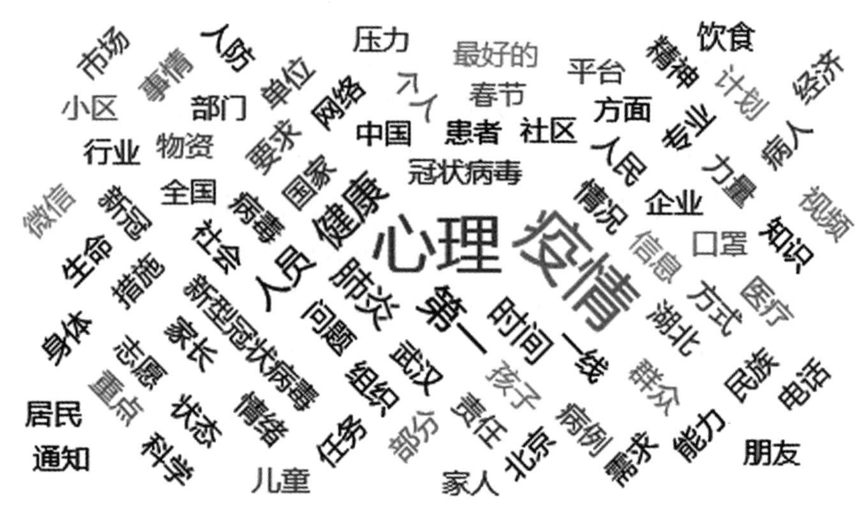

图 3　疫情得到初步控制期河北省网络舆情热门主题词

外疫情蔓延有直接关系。清博舆情 POI 指数显示，疫情影响下的社会心态问题在 3 月份呈现越来越突出的趋势。3 月 4 日达到“黄色预警”标准，3 月 13 日再创新高。西方主要国家比北京时间晚，多为 3 月 12 日，这天媒体报道多国疫情迅速恶化以及个别国家名人政要染疫，引发全球悲观情绪和金融证券市场恐慌，导致全球各大股市暴跌。

三　常态化防疫期热点话题：开学

进入疫情常态化防控阶段后，全省范围内陆续推进的复工复产工作，虽然困难重重，但相比中小学生开学仍属顺利。由于中小学生及幼儿园孩子多属未成年人，全省多数地市的中小学校，上半年一直处于是否开学、何时开学、如何开学的焦虑讨论中。

通过百度指数分析工具可以发现，2020 年度常态化防疫期全省公众对“开学”的热点讨论主要集中在 6 月和 7 月。在疫情发生前，相关热点话题要到 8 月底至 9 月初才会出现。这说明疫情使人们对“开学”的关注比正常年份提前了两个月。9 月初，随着各类学校陆续正常开学，该词的热度上升，但随即很快趋于平静（见图 4）。

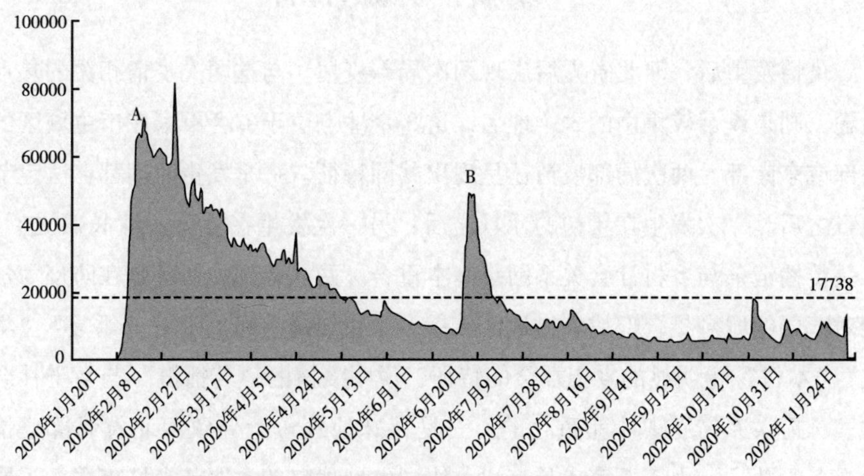

图 4　2020 年度河北热点舆情“开学”搜索指数监测

而 2021 年暑假到来时，同样在 6 ~ 7 月，“开学”话题没有引起热点关注。和未发生疫情的年份一样，2021 年秋季“开学” 的话题，在 8 月底至 9 月初才有热度。这说明全省公众能够更理性、更客观也更成熟地看待疫情(见图 5)。

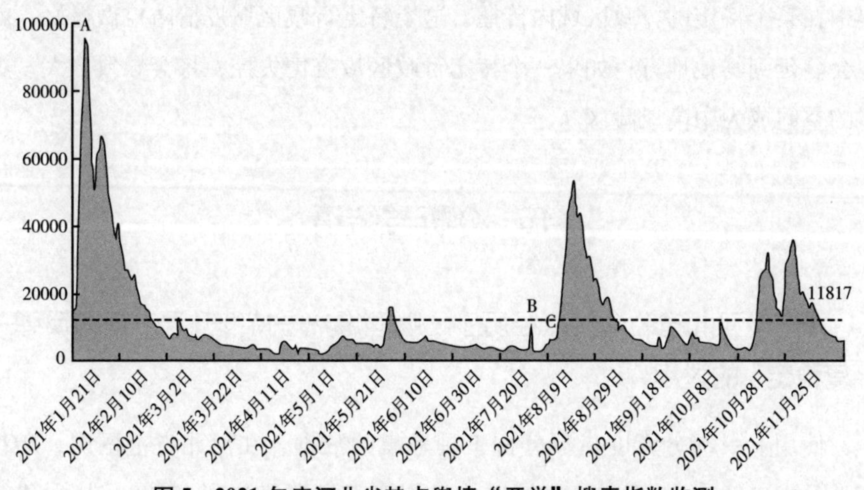

图 5　2021 年度河北省热点舆情“开学”搜索指数监测

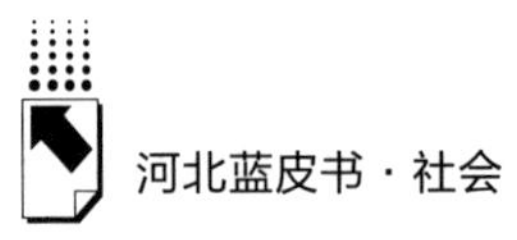

四　河北省出现两次局部疫情时热点话题：藁城、辛集、深泽

疫情发生后，河北省先后出现两次局部疫情。与这两次疫情相关的热点话题，则是疫情较集中的3个地名，这3个地点位于省会石家庄市主城区的南部或东南部，两次局部疫情还呈现出共同特征。一是发生时间都在法定节假日之后。一次发生在年初的元旦之后，另一次发生在“十一”长假之后。二是传播链条与乡村社会关系网络基本重合。两次局部疫情都是在防疫力量相对薄弱的城乡接合部或农村地区传播，且在传播空间上带着“婚宴”“学校”“本村”等明显的乡土社会的特征，说明疫情的“传播链”与乡土社会的“人际关系链”基本是重合的。三是特殊地理位置导致河北省局部疫情总是备受关注。由于石家庄是京津冀协同发展战略的重要节点城市之一，同时河北省环京津，只要出现局部疫情就会引起全国尤其是首都人民的高度关注。四是地名成为热门主题词，说明以农村村庄和城市社区为基本构成单位的基层政府防疫工作至关重要。每一次局部出现疫情，无论该轮疫情的源头是哪里，无论“0号”病人是谁，公众均普遍关心确诊病例的流调行动轨迹，而流调行动轨迹也是基层政府推进疫情防控工作的重要抓手。疫情总是集中在某个特定的行政区域内传播，这个特定行政区域疫情防控做得好，就不会蔓延到其他地方；如果一个特定行政区域疫情失控，将会导致更大、更多的空间成为中高风险区。

五　分析与结语

（一）河北省公众热点经历了“瞬间爆热—持续升温—短期反弹—平复稳定”的过程

使用上一部分百度指数分析工具采集的数据，在河北省范围内，2020年1月中旬至11月下旬，疫情整体日均搜索指数值达到17738，其中移动端日均搜索指数值为16078。2021年1月中下旬至11月下旬，全省疫情整体日均搜索指数值为11817，其中移动端日均搜索指数值为10390。这说明全省公众对疫情的关注热度下降，情绪更趋理性。

（二）全省公众对疫情热点话题的关注，随着全社会精准防疫水平的不断提高，由高度关注发展到正常关注

疫情在2020年春节前突发时，河北省公众和全国人民一样，曾经高度紧张，尤其关注企业经营、政府纾困、复工复学等话题。在党中央的正确领导下，全国各地疫情防控工作迅速取得积极效果，从根本上稳定了公众的情绪。截至2021年，除了1~2月、10~11月，河北省局部地区出现疫情时，疫情热点话题再次在网络吸引流量外，其他时间全国公众对疫情处于正常关注状态中；即使在出现局部疫情的个别县（市、区），广大群众也积极服从党和政府的统一安排部署，各个社区井然有序地精准防疫，医护和生活物资供应充足，广大群众情绪稳定，河北省没有任何地方出现群体性恐慌或不理性抢购物资现象。

（三）随着疫情防控阻击战进行到不同阶段，全省采取精准防疫措施，并在稳定社会心理方面成效显著

习近平总书记强调，“要多层次、高密度发布权威信息，正视存在的问题，回应群众的关切，增强及时性、针对性、专业性”①。因此，对于群众关切的热点议题，应积极加以引导，这有助于释放民意压力，培育健康理性的社会心态。在此次疫情防控中，面对困难和挑战，河北省各新闻单位在重要版面、重要栏目、首屏首页，深入宣传习近平总书记对做好疫情防控工作的重要指示和党中央决策部署，省委坚决贯彻落实党中央决策部署的各项工作安排，加强对有关政策措施的宣传解读，积极有效地回应社会关注问题，成效显著。

---

① 《战疫情，重温这些话：强信心、暖人心、聚民心！》，“光明网”百家号，2020年2月19日，https：//m. gmw. cn/baijia/2020 -02/19/33569662. html。

（四）党和国家发挥了非同一般的力量，取得疫情防控阻击战阶段性重大胜利，使公众心安、满意

为提高舆论宣传工作有效性，紧跟疫情形势变化，河北省委书记、省人大常委会主任王东峰多次就舆论宣传工作做出指示，要求坚持凝心聚力正面引导，科学把握时效度，努力营造良好的政治氛围、舆论氛围和社会氛围。省直各主流媒体组成宣传报道专班，集中开设“坚决打赢疫情防控阻击战”“燕赵抗疫群英谱”“燕赵战疫党旗红”等专题专栏，推出了一系列动态报道、评论言论、专家访谈、新媒体产品，进一步加强舆论引导。这些行之有效的工作，对取得疫情防控阻击战阶段性重大胜利起到了至关重要的作用，使公众心安、满意。

（五）疫情对社会公众产生了较大的负面影响，但这种影响正在趋于减弱

河北省采取各种积极措施，解疑惑、增信心、鼓实劲，对扫除疫情造成经济下降的恐慌情绪、提振受疫情影响企业的信心十分及时。在省委的领导下，全省全战线力量汇聚，为战胜疫情提供强大思想舆论支撑。思想传播领域推出《新型冠状病毒肺炎公众预防指南》《新型冠状病毒肺炎心理防护指南》《画说“新冠”——科学防控新型冠状病毒肺炎宣传手册》等一系列疫情防控出版物，宣传普及新冠肺炎疫情的防控知识，为广大群众解疑释惑。主流媒体的“战疫”主力军让网上正能量充沛。全省舆论宣传战线推出的一批有影响力的新媒体产品，在网上营造出全省人民同心协力、英勇奋斗、共克时艰的浓厚氛围。虽然此次新冠肺炎疫情对社会公众产生了较大的负面影响，但在省委的坚强领导下，全省人民一道，紧密地团结在以习近平同志为核心的党中央周围，迎难而上、奋战到底，疫情的负面影响正在趋于减弱。

B.11

基于“七普”数据对河北省区县（市）人口发展趋势及影响的认识与思考

张齐超*

摘　要： 本报告利用河北省第七次人口普查数据，从区县（市）层面研究河北省人口规模增减态势和人口年龄结构特征。研究发现，人口规模缩小是大部分区县（市）人口发展的一个突出特征；区县（市）人口收缩和人口增长表现为设区市城区人口快速增长、周边地区人口增长停滞或快速缩减，县城区人口快速增长、非县城区乡镇人口缩减；人口年龄结构方面，劳动年龄人口减少、少子化、深度老龄化三重叠加，即河北省区县（市）全面进入老龄化社会，劳动年龄人口变动幅度普遍高于总人口缩减幅度，少子化趋势尚未得到扭转。基于此，本报告建议要突出对人口负增长趋势的宏观把握，明确中长期人口发展规划和重大发展任务，积极开发人力资本和人口红利，实施积极应对人口老龄化国家战略。

关键词： “七普”　人口缩减　人口老龄化　少子化

从区县（市）层面对河北省人口发展趋势进行研究，能够更好把握省域内人口发展的区域特征，揭示省域内人口变化的动态机制，为进一步优化

* 张齐超，博士，河北省社会科学院社会发展研究所助理研究员，研究方向为新型城镇化、社会治理、城乡社区变迁。

城镇体系、创新区域协调发展政策提供重要依据。河北省第七次人口普查（以下简称“七普”，其他同理）数据是反映人口发展趋势最为全面的资料，本报告利用河北省第七次人口普查数据公报、各设区市第七次人口普查数据公报以及已公布的区县（市）第七次人口普查数据公报，并通过“七普”数据和“六普”数据的对比，研判河北省区县（市）的人口规模增减态势和人口年龄结构特征，分析人口发展的趋势及对经济社会发展的中长期影响。

一 区县（市）人口规模变动

（一）市辖区人口增减状况

1.3/4市辖区人口呈正增长态势，人口规模结构呈现大型化态势

从“六普”到“七普”，经行政区划调整，市辖区数量由36个增加到49个，其中有37个市辖区人口数量增长，占市辖区总数的75.5%。从增长幅度来看，3个市辖区人口增长幅度超过50%，分别是运河区、裕华区、北戴河区；7个市辖区人口增长幅度超过30%（但不超过50%），分别为长安区、桃城区、曹妃甸区、鹿泉区、莲池区、安次区、海港区；10个市辖区人口增长幅度超过20%（但不超过30%），分别是广阳区、路南区、桥西区、新华区（石家庄市）、双滦区、襄都区、复兴区、邯山区、竞秀区、新华区（沧州市）。以上20个市辖区经历了人口快速增长。另外还有6个市辖区人口增长幅度超过5%，呈温和增长态势。市辖区人口从2010年的13927638人增长到2020年的27495905人（含开发区和雄安新区），占全省总人口比重从19.38%提高到36.85%。

市辖区人口承载量大幅提升。从人口规模来看，河北省市辖区人口规模从5万人到105万人不等，其中人口规模超过100万人的区从“六普”时的0个增加到“七普”时的2个（分别是石家庄市长安区、秦皇岛市海港区），50万~100万人的区从10个增加到20个（其中5个是撤县设区），20

万～50万人的区从19个增加到20个，不超过20万人的区有7个(见表1)。表明市辖区的人口容量在过去10年大幅提升，尤其人口规模较大市辖区数量增加显著，市辖区人口规模结构呈现大型化态势。

表1　市辖区、县（市）人口规模对照

单位：个

人口规模	市辖区		县(市)	
	“七普”	“六普”	“七普”	“六普”
100万人以上	2	0	1	1
50万～100万人	20	10	28	42
20万～50万人	20	19	73	85
不超过20万人	7	7	13	8
合计	49	36	115	136

各设区市主城区人口增长最为显著。从人口增长数量来看，5个市辖区人口增量超过20万人，相当于增加了1个小城市，分别是裕华区、海港区、莲池区、桥西区、运河区；10个市辖区人口增量为10万～20万人，分别是桃城区、新华区（石家庄市）、鹿泉区、广阳区、邯山区、安次区、丛台区（含经开区）、路北区（含高新区）、曹妃甸区和信都区。以上市辖区除鹿泉区和曹妃甸区外，均为各设区市主城区，表明主城区人口吸纳能力非常强大。

2. 新撤县设区的市辖区人口增长缓慢，传统资源区人口缩减严重

人口增长缓慢或停滞的主要为新撤县设区的市辖区。相较于一些市辖区人口的高速增长，有7个市辖区10年间人口增长不超过5%，人口增长较为缓慢甚至近于停滞，分别是任泽区（4.56%）、丰南区（3.42%）、万全区（2.40%）、下花园区（2.31%）、丰润区（1.86%）、藁城区（1.68%）和满城区（1.05%）。除丰南区和丰润区外，其他5个区设立时间均不足7年，属于较新的市辖区。

10个市辖区面临人口缩减，分别是崇礼区（－0.59%）、清苑区（－1.02%）、宣化区（－2.20%）、桥东区（－2.64%）、抚宁区（－9.08%）、古冶区

（-11.31%）、冀州区（-11.74%）、鹰手营子矿区（-12.37%）、峰峰矿区（-16.77%）、井陉矿区（-19.08%）。前4个市辖区呈人口轻度缩减态势，其中3个为近6年新设立的市辖区。后6个市辖区则呈重度人口缩减态势，其中4个是传统矿产资源区。伴随矿产资源逐渐枯竭，替代性支柱产业尚未建立，这些传统资源型城市区域人口大量外流，呈人口规模缩小意义上的城市收缩态势。

（二）县（市）人口增减情况

与“六普”相比，县（市）数量从136个减少到115个，以“七普”的115个县（市）为基准，对比“六普”和“七普”人口变动，县（市）人口增减态势如下。

1.3/4县（市）面临人口缩减，人口规模结构小型化态势明显

较“六普”时，115个县（市）中有87个人口数量减少，人口呈负增长态势，约占全部县（市）的3/4。增长幅度在-0.31%和-32.60%之间，其中有31个县（市）人口增长幅度为0～-5%，属轻度收缩；29个县（市）人口增长幅度在-5%和-10%之间，属中度收缩；16个县（市）人口增长幅度在-10%和-15%之间，属重度收缩；10个县（市）人口增长幅度不高于-15%，属严重收缩。人口缩减规模方面，15个县（市）人口减少不低于5万人，其中人口减少较多的是深州市（83798人）、南宫市（72312人）、定州市（69169人）、康保县（66770人）、赵县（65711人）等；20个县（市）人口减少3万～5万人；37个县（市）人口减少1万～3万人；15个县（市）人口减少低于1万人。受行政区划调整和人口缩减影响，县域人口规模从2010年的57926572人缩减为2020年的47114330人，占全省人口比重从80.62%降到63.15%。

受人口缩减影响，全省县（市）人口规模结构呈现小型化态势。对比“六普”数据，“七普”人口为50万～100万人的县（市）数量从42个减少到28个（其中有5个因撤县设区而造成数量减少），20万～50万人的县（市）数量从85个减少到73个，而低于20万人的人口规模小县（市）数量从8个增加到13个。尽管县（市）的数量有所减少，但“县多县小”的情况并未得到有效改善，县（市）人口规模小的问题有加剧的趋势，如何促进人口规模小县（市）保持持久的发展态势、优化河北省城镇体系是未来亟须重视的问题。

2. 中度重度人口缩减县（市）主要分布在冀北冀中地区

从设区市归属上来看，人口增长幅度为-5%～-10%的29县（市）分别为：保定市下辖8县（市）（阜平县、望都县、涞水县、博野县、顺平县、高阳县、易县、定州市）；石家庄市下辖4县（市）（元氏县、晋州市、行唐县、灵寿县）；沧州市下辖3县（市）（南皮县、沧县、盐山县）；邯郸市下辖3县（大名县、邱县、涉县）；唐山市下辖3县（市）（滦州市、迁西县、乐亭县）；承德市下辖3县（隆化县、滦平县、丰宁满族自治县）；衡水市下辖2县（枣强县、故城县）；邢台市下辖2县（隆尧县、巨鹿县）；张家口市下辖1县（蔚县）。

人口增长幅度为-10%～-15%的16县（市）分别为：石家庄市下辖3县（无极县、赵县、深泽县）；衡水市下辖3县（市）（景县、阜城县、深州市）；承德市下辖3县（市）（兴隆县、承德县、平泉市）；唐山市下辖1县（滦南县）；秦皇岛市下辖2县（卢龙县、青龙满族自治县）；邢台市下辖2县（威县、柏乡县）；张家口市下辖2县（涿鹿县、怀安县）。

人口增长幅度不高于-15%的10县（市）分别为：张家口市下辖4县（赤城县、阳原县、尚义县、康保县）；衡水市下辖2县（武邑县、武强县）；石家庄市下辖1县（井陉县）；邢台市下辖2县（市）（南宫市、新河县）；沧州市下辖1县（吴桥县）。

总体而论，全省除廊坊市外，其他各设区市均有县（市）呈现人口缩减态势。邯郸市也是人口缩减相对较轻的设区市，仅3县人口呈中度缩减。保定市虽然人口缩减县（市）数量较多，但没有重度人口缩减县（市）。沧州市和唐山市分别有1个县人口呈重度收缩。人口缩减较为严重的县（市）集中分布于张家口市、承德市和衡水市，其次分布于石家庄市、邢台市和秦皇岛市。在区域分布上，人口重度缩减县（市）主要分布于冀北和冀中；在地形上，集中于燕山北部太行山区和冀中平原（邢台衡水片）。

3. 1/4县（市）人口正增长，主要为环京津南部平原县和经济相对发达县（市）

115 个县（市）中仅有28 个人口为正增长，占比为24.35%。人口增长幅度在0.35%到48.01%之间，其中三河市、大厂回族自治县、固安县、香河县人口增长均超过30%，霸州市、正定县、涿州市3 县（市）人口增长在10%到20%之间，这7 个县（市）也是人口增长量最多的县（市），合计增长896154 人，占28 个县（市）人口增长总量的65.09%。人口增长幅度为5% ~10%的县（市）有11 个，分别为任丘市、黄骅市、清河县、文安县、曲周县、鸡泽县、永清县、平乡县、迁安市、成安县、沙河市；人口增长幅度为0 ~5%的县（市）有10 个，分别为青县、张北县、高碑店市、昌黎县、肃宁县、磁县、大城县、围场满族蒙古族自治县、孟村回族自治县、高阳县。

在行政归属上，这28 个县（市）中有7 个归属廊坊市，廊坊市也成为唯一一个全市区县（市）人口正增长的设区市；其他分属沧州市（6 个）、保定市（3 个）、邢台市（3 个）、邯郸市（4 个），石家庄市、张家口市、承德市、唐山市和秦皇岛市均只有1 个县（市）人口正增长。在区域分布上，环北京、天津南部的平原县（市）有10 个。在经济和产业上，28 个县（市）中多数是县域经济发达、特色产业集群突出的县（市），表明发达的县域经济和雄厚的特色产业基础是县域人口稳定发展、吸纳更多人口的保障。

（三）乡镇（街道）层面人口变动情况

目前已有33 个市辖区公布辖区内共432 个乡镇（街道）人口数据；已有87 个县（市）公布辖区内共1178 个乡镇（街道）和县（市）开发区人口数据，这些数据大体能够反映河北省乡镇（街道）层面人口变动情况，本部分以此为样本进行分析。

1. 市辖区约35%的乡镇（街道）人口正增长，人口规模较大乡镇（街道）明显增加

432 个乡镇（街道）中，有153 个人口为正增长，占35%。从增长率

看，13个乡镇（街道）人口增长超过100%，35个乡镇（街道）人口增长超过50%（但不超过100%），41个乡镇（街道）人口增长超过20%（但不超过50%），25个乡镇（街道）人口增长超过10%（但不超过20%），39个乡镇（街道）人口增长0~10%。从人口规模看，432个乡镇（街道）中有4个人口不低于20万人，16个乡镇（街道）人口为10万~20万人，80个乡镇（街道）人口为5万~10万人，共计100个乡镇（街道）人口不低于5万人；而“六普”时，乡镇（街道）中，无一超过20万人，仅7个乡镇（街道）人口不低于10万人，67个乡镇（街道）人口为5万~10万人，共计74个乡镇（街道）人口不低于5万人（见表2）。这表明市辖区的主要乡镇（街道）的人口规模在过去10年获得了巨大增长，人口不低于10万人的乡镇（街道）数量增长尤为显著。人口增长给城市带来丰富的人力资源和发展活力的同时，也对城市治理提出新的挑战。这些超级乡镇（街道）人口数量大、职业身份复杂、流动性强，给基层治理带来难度和挑战。

表2 “六普”“七普”市辖区乡镇（街道）人口规模对比

单位：个

	20万人及以上	10万~20万人	5万~10万人	3万~5万人	1万~3万人	1万人以下
“七普”乡镇(街道)数量	4	16	80	151	119	62
“六普”乡镇(街道)数量	0	7	67	151	143	43

2. 县域人口增长集中在城关镇或县城区街道，县城的城市属性提升

排除行政区划的影响，本报告比对了87个县（市）1144个乡镇（街道）两次人口普查的数据，有191个乡镇（街道）人口增加，总计增加3664431人，其中102个是城关镇或县城区街道，增加人口数为2979039人，占81.30%；相比之下，仅有89个非城关乡镇和县级开发区（新区）实现人口增长，增加人口数为685392人，若排除燕郊高新区新增的286759人，其他非城关乡镇新增人口仅为398633人，占10.88%。这意味着县域内人口增量主要集中在县城区，县城区人口规模实现较大幅度增长。与“六普”

时相比，县城区人口不低于20万人的县（市）数量从2个增加到8个，县城区人口为15万～20万人的县（市）从4个增加到17个，县城区人口为10万～15万人的县（市）从21个增加到24个，县城区人口为5万～10万人的县（市）数量从52个大幅减少到36个，低于5万人的县（市）从7个降至1个（见表3）。这表明，从“六普”到“七普”的10年间，县域人口增长基本是集中于县城区，凸显出县域范围内人口在大规模向县城区集聚，也意味着县城区人员从事职业行业更加复杂、人口流动性提升、消费力提升、创新创业活力增强，县城区的城市属性更强，将对县城区发展模式、治理体制机制等提出更高要求。

表3　86个县（市）县城区人口规模对比

单位：个

		20万人及以上	15万～20万人	10万～15万人	5万～10万人	5万人以下
县(市)数量	“七普”	8	17	24	36	1
	“六普”	2	4	21	52	7

注：以城关镇或县城区街道人口粗略估计县城区人口规模，考虑到部分县（市）的县城区具有多个街道的情况，选择合并计算；由于沧县县城与沧州市市区不分，因此本表以86个县（市）为样本。

3. 非县城区的乡镇普遍面临人口缩减，人口规模结构小型化态势明显

87个县（市）1144个乡镇（街道）中，多达953个乡镇（街道均处于县城区，且人口未有缩减，以下仅涉及乡镇）出现人口减少，占比达到83.3%，人口缩减比例为0.33%～81.52%。其中只有57个乡镇人口缩减比例小于5%，处于人口大致均衡或轻度缩减程度；121个乡镇人口缩减比例为5%～10%，处于中度缩减程度；142个乡镇人口缩减比例为10%～15%，处于重度缩减程度；389个乡镇人口缩减比例为15%～30%，人口规模严重收缩；244个乡镇人口缩减比例不低于30%，人口规模缩减极其严重（见表4），主要分布在康保县（16个）、怀安县（14个）、涞源县（13个）、张北县（13个）、赤城县（12个）、尚义县（12个）、承德县（11

个）、井陉县（11个）、阳原县（11个）、沽源县（10个）、乐亭县（10个）、南宫市（9个）、涉县（9个）、吴桥县（8个）、枣强县（8个）、宽城满族自治县（7个）、武邑县（7个）等。乡镇人口缩减的原因主要有三个：一是易地扶贫搬迁，这是部分乡镇人口大幅缩减的主要原因；二是人口外流，这是大部分乡镇人口缩减的最重要原因；三是行政区划调整，但仅涉及小部分乡镇，如乐亭县的乡镇。

表4　非县城区乡镇人口缩减程度分布

单位：个，%

	缩减比例					
	0~2%	2%~5%	5%~10%	10%~15%	15%~30%	30%及以上
缩减程度	均衡	轻度	中度	重度	严重	极重
乡镇数量	13	44	121	142	389	244
乡镇比重	1.36	4.62	12.70	14.90	40.82	25.60

受乡镇人口缩减影响，人口少的小乡镇数量大幅增加。人口规模5万~10万人的乡镇数量从“六普”时的113个降至78个，人口规模3万~5万人的乡镇数量从357个下降到273个，人口规模2万~3万人的乡镇数量从291个下降到271个，人口规模1万~2万人的乡镇数量则从221个增加到267个，人口规模5000~1万人的乡镇数量从115个增加到144个，5000人以下的乡镇数量从26个增加到92个。这反映出非县城区乡镇人口规模结构呈小型化态势，非县城区乡镇在优化县域人口布局中的支撑力量不足，乡镇产业发展可能面临人力资源不足的状况，乡镇经济创新发展活力不足。

（四）小结：区县（市）人口规模变动趋势及影响分析

1. 人口规模缩减意义上的城市收缩是“七普”的一个突出特征

城市收缩并不是一个新现象，在城镇化快速发展背景下，大量农业转移人口流入城市并定居下来，一些区县（市）的人口规模出现缩减是正常的现象，但如此多的区县（市）呈现城市收缩，是一个较新的人口发展态势和城市发展态势，可以推断尽管河北省“七普”总人口较“六普”时有所增加，但对大部分区县（市）来说，其已经或即将步入人口负增长时代。

2. 区县（市）人口收缩和人口增长表现为“双同心圆”模式

一是区县（市）尺度上的同心圆特征，以设区市的城区（尤其是主城区）为圆心，圆心人口增长、周围地区普遍面临人口规模缩减；二是乡镇（街道）尺度上的同心圆特征，以县城区为圆心，圆心人口增长、县城外乡镇普遍面临人口规模缩减。这一同心圆特征揭示了设区市主城区和县城区具有较强的人口吸纳能力。

3. 城市化作用下“双同心圆”模式在一个时期内持续存在，人口不均衡增长和不均衡分布态势可能进一步加剧

“十四五”时期河北省城镇化仍有较大的增长空间，设区市主城区和县城区因具有更强的产业支撑、更好的公共服务，仍将保持强大的人口吸纳能力，因此主城区人口规模仍将增长，人口规模较大的街道数量将进一步增加，县城人口比重上升、县域总人口下降的局面也将持续，而非市区非县城乡镇的人口规模会进一步缩减，人口规模较小县（市）可能面临更为严峻的人口缩减，部分村庄可能会衍化成“空心村”。

二　人口年龄结构：劳动年龄人口减少与老龄人口增长长期共存

（一）0～14岁人口比重变化情况

1. 大部分区县（市）0～14岁人口比重较“六普”增加，0～14岁人口比重下降的区县（市）主要分布在冀北和冀东

人口学认为0～14岁人口比重低于20%时，标志着人口进入少子化状态，细分为初始少子化（少儿人口比重位于18%～20%）、严重少子化（少儿人口比重位于15%～18%）和超少子化（少儿人口比重位于15%以下）三种状态。总体上，全省0～14岁人口比重从“六普”的16.83%增长到

“七普”的20.22%，增长3.39个百分点。增长幅度上，130个区县（市）的0~14岁人口比重较“六普”有所增长，其中75个区县（市）增长幅度高于全省平均水平，不过仍有23个区县（市）0~14岁人口比重较“六普”下降，这些区县（市）主要集中在冀北的张家口市（12区县）、承德市（5县），以及冀东的唐山市（2县）和秦皇岛市（2县），另外石家庄市和保定市各1个县①。

2.83.67%的市辖区和41.74%的县（市）呈现少子化特征，市辖区少子化态势更为严峻

49个市辖区中，有41个市辖区0~14岁人口比例低于20%，呈现少子化特征，占比83.67%，有4个区处于正常状态，4个区呈现多子化特征。呈现少子化态势的市辖区中，有13个区呈现初始少子化特征，14个区呈现严重少子化特征，15个区呈现超少子化特征（见表5）。从区域分布上看，28个严重少子化和超少子化的区集中在张家口市（6区）、唐山市（7区）、石家庄市（5区）、秦皇岛市（4区）、承德市（2区）、保定市（2区）、衡水市和廊坊市（各1区）。此外，4个市辖区呈现多子化特征，分别是永年区、肥乡区、任泽区和南和区，分属邯郸市和邢台市。

表5　市辖区、县（市）0~14岁人口比例

单位：个

0~14岁人口比例	市辖区数量		县(市)数量	
	“七普”	“六普”	“七普”	“六普”
严重多子化(30%~40%)	0	0	2	0
多子化(23%~30%)	4	1	28	5
正常状态(20%~23%)	4	1	37	16
初始少子化(18%~20%)	13	1	23	34
严重少子化(15%~18%)	13	9	18	46
超少子化(<15%)	15	37	7	14

① 部分区县（市）因行政区划调整无法进行人口年龄结构数据对比，此处仅对比了154个区县（市）人口年龄结构，因此区县（市）数量与表5存在出入。

115 个县（市）中，48 个呈现少子化特征，占比 41.74%，相比市辖区而言，县（市）的少子化态势要缓和很多。其中 23 个呈现初始少子化特征，18 个呈现严重少子化特征，7 个呈现超少子化特征；其他县（市）中，37 个处于正常状态，30 个呈现多子化特征。进一步分析 48 个少子化特征县（市），在区域分布上，分属张家口市（10 县）、保定市（9 县）、承德市（7 县）、衡水市（6 县）、唐山市（5 县）、石家庄市（3 县）、廊坊市（3 县）、秦皇岛市（2 县）、沧州市（1 县）和定州市、辛集市。此外，30 个县（市）呈现多子化特征，集中分布在冀南区域，分别为邯郸市（11 县）、邢台市（11 县）、沧州市（4 县）、石家庄市（2 县）、保定市（1 县）、廊坊市（1 县）。

综合少子化区县（市）的区域分布，冀北的张家口市和承德市、冀东的唐山市和秦皇岛市、冀中的保定市和衡水市的少子化态势较为严峻。两个方面原因促成区县（市）呈现少子化特征：第一个原因是生育率仍然较低，出生人口增量尚不足以彻底扭转少子化态势，这分为两种情况，其一是辖区吸纳了较多的人口，新生人口数量虽然增长，但不足以改变少子化人口结构，如石家庄市的主城 4 区，保定市的莲池区、竞秀区，廊坊市的广阳区、安次区等，其二是辖区总人口并未增加，新生人口数量也没有增加，如张家口市和承德市所辖县在总人口没有显著增长的情况下，0 ~ 14 岁人口比例较“六普”时下降；第二个原因是严重的人口流失，特别是育龄期人口外流削弱了本区域新生人口增长能力，代表性的市辖区如井陉矿区、冀州区、古冶区、鹰手营子区等。在人口增长缓慢甚至负增长的情况下，0 ~ 14 岁人口比例过低意味着未来劳动力人口不能得到有效补充。

（二）人口老龄化进程明显加快，农村步入深度老龄化

1. 河北省区县（市）全面进入老龄化，过半数区县（市）步入深度老龄化

老龄化步伐加快，老龄化程度更深。人口学认为，一个国家或地区 65 岁及以上人口所占比例超过 7%，即进入老龄化；达到 14% 为深度老龄化；达到 20% 为超级老龄化。“七普”数据揭示河北全省 65 岁及以上人口比重

为13.92%，较“六普”提高5.68个百分点，即将步入深度老龄化阶段。增长幅度方面，全部区县（市）65岁及以上人口比重较“六普”提高，91个区县（市）增长幅度超过全省平均水平。老龄化程度方面，共有88个区县（市）步入深度老龄化，有6个区县（市）甚至步入超级老龄化，而在“六普”时，无1个区县（市）达到深度老龄化程度（见表6），这表明河北省人口老龄化不仅进程加快，而且老龄化程度更深。

表6　市辖区、县（市）人口老龄化程度

单位：个

程度	市辖区数量		县(市)数量	
	“七普”	“六普”	“七普”	“六普”
老龄化	28	43	42	100
深度老龄化	20	0	68	0
超级老龄化	1	0	5	0

2. 县（市）老龄化程度更深，深度老龄化区县（市）多分布在冀北、冀东和冀中

县（市）老龄化程度较市辖区更严重。市辖区中有28个处于老龄化阶段，20个处于深度老龄化阶段，1个步入超级老龄化阶段，深度老龄化和超级老龄化市辖区占比达到42.86%；县（市）中，有42个处于老龄化阶段，68个处于深度老龄化阶段，5个步入超级老龄化阶段，深度老龄化县（市）和超级老龄化县（市）占比达到63.48%。相较而言，步入深度老龄化的县（市）数量及其所占比重均远高于市辖区，表明县（市）人口老龄化程度更深。

深度老龄化区县（市）多分布在冀北、冀东和冀中。在空间分布上，88个深度老龄化区县（市）和6个超级老龄化区县（市）分别属于张家口市（6区10县）、承德市（1区6县）、唐山市（6区6县）、秦皇岛市（3区2县）、石家庄市（1区9县）、衡水市（1区9县）、沧州市（11县）、保定市（3区13县）、邢台市（5县）以及辛集市、定州市。

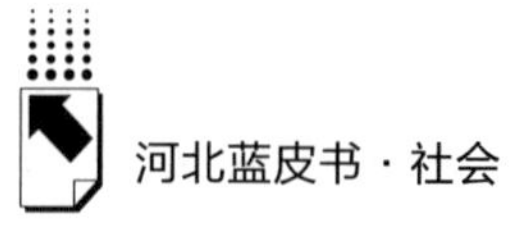

（三）劳动年龄人口比重变动趋势

1. 劳动年龄人口比重快速下降，县（市）劳动年龄人口比重下降更快

按全省“七普”公报，全省15～59岁人口比重为59.92%，较“六普”下降10.24个百分点。区县（市）层面，分别有38个市辖区、14个县（市）的15～59岁人口比重高于全省平均水平。具体而言，49个市辖区中有10个区的劳动年龄人口比重不低于65%，而在“六普”时，全部市辖区的劳动年龄人口比重均不低于65%；29个市辖区劳动年龄人口比重为60%～65%；10个市辖区劳动年龄人口比重为55%～60%。115个县（市）中，仅有三河市劳动年龄人口比重不低于65%，而在“六普”时有109个县（市）劳动年龄人口比重不低于65%；14个县（市）劳动年龄人口比重为60%～65%，86个县（市）劳动年龄人口比重为55%～60%，还有14个县（市）劳动年龄人口比重低于55%（见表7）。这表明全省市辖区和县（市）均面临劳动年龄人口比重快速下降的态势，县（市）劳动年龄人口比重下降速度快于市辖区。

表7　市辖区、县（市）15～59岁人口比重

单位：个

15～59岁人口比重	市辖区数量		县(市)数量	
	“七普”	“六普”	“七普”	“六普”
不低于65%	10	49	1	109
60%～65%	29	0	14	6
55%～60%	10	0	86	0
低于55%	0	0	14	0
较“六普”降幅大于等于10个百分点	17	—	86	—
较“六普”降幅小于10个百分点	12	—	28	—

2. 劳动年龄人口变动幅度普遍高于总人口缩减幅度，部分区县（市）可能面临劳动力供给不足问题

由于市辖区行政区划调整后某些数据不具可比性，故本报告仅对比115

个县（市）“六普”和“七普”数据。与“六普”相比，全部县（市）的劳动年龄人口比重均有所下降，降幅为7%～18%之间，其中29个县（市）降幅为7%～10%，82个县（市）降幅为10%～15%，4个县（市）降幅为15%～18%，分别为饶阳县、隆尧县、威县、南宫市。从劳动年龄人口减少数量来看，武安市、河间市、赵县、魏县、宁晋县、南宫市、威县、深州市等8个县（市）劳动年龄人口减少量均不低于10万人；滦州市、玉田县等14个县（市）劳动年龄人口减少量为8万～10万人；38个县（市）劳动年龄人口减少量为5万～8万人；其余55个县（市）劳动年龄人口减少量少于5万人。而总人口减少规模大于等于5万人的县（市）总共只有14个，这表明劳动年龄人口缩减幅度大于总人口缩减幅度，甚至一些县（市）在总人口数量增加的情况下，劳动年龄人口数量仍较“六普”有所减少。

（四）人口结构变动趋势及影响

1. 人口缩减与劳动力人口减少、少子化、深度老龄化叠加

“七普”数据揭示了河北省人口结构变动的一个突出特征是区县（市）人口缩减与劳动力人口减少、少子化和深度老龄化叠加。第一，人口缩减与劳动力人口减少相互影响。人口负增长情况下，特别是劳动年龄人口的大量外流，直接造成劳动年龄人口比重下降和劳动力数量减少。而劳动年龄人口特别是育龄期劳动人口外流，直接造成生育率降低，进一步加剧人口规模缩减和劳动年龄人口供给不足。第二，深度老龄化加剧劳动力人口减少，“七普”60岁及以上人口比重较“六普”提高了6.85个百分点，这造成劳动年龄人口比重下降和老年抚养比上升。虽然深度老龄化在短期内对人口总量未产生显著影响，但从长期来看，随着较高比例的老年人逐渐死亡，人口总量会相应减少。第三，少子化局面仍然严峻，劳动力补充不足。尽管较“六普”时，0～14岁少儿人口比重增长到20.22%，但全省仍处在接近少子化的阶段，同时83.67%的市辖区和41.74%县（市）仍未摆脱少子化状态，这意味着生育水平仍然不高，难以为未来劳动力提供有效补充。

2. 劳动年龄人口缩减对经济发展的影响

从负面来说，劳动年龄人口缩减会对就业市场产生较大冲击，给经济产出带来负向效应，特别是在经济增长方式转型升级尚未完成之前，如何充分汲取劳动力资源是尤其值得关注的问题。从正面来说，劳动年龄人口的日益稀缺将刺激劳动力资源的高效利用，劳动力供给减少有利于资本深化，引发技术进步，即存在促使其他要素增加以替代劳动力投入的机制，如促使或倒逼人力资本积累、推动技术进步、倒逼经济增长方式从“投入驱动型”转向“效率增长型”，进而给经济产出带来正向效应。

3. 人口深度老龄化的影响

总体层面，快速老龄化会带来老年人口的陡增，给社会保障和医疗卫生事业带来巨大压力，加大应对人口老龄化问题的难度。空间区域层面，幅度较大的人口收缩同时伴随着日益加剧的人口老龄化，未来这些区县（市）可能遭遇非常棘手的养老问题和经济社会可持续发展问题，这以张家口市部分区县（市）最为典型，特别是一些乡镇人口缩减幅度超过30%，随着人口的进一步老化，不断加快的老龄化进程可能导致当地乡村逐渐消失，进而影响整个区域的城乡布局和发展。

三　对策分析

（一）要突出对人口负增长趋势的宏观把握和预防，明确中长期人口发展规划和重大发展任务

人口规模缩减在短时期内难以逆转，河北省很多区县（市）迎来人口负增长时代，但在政策层面尚未做好充分的预案，应尽快研究制定中长期综合人口发展战略，统筹协调与人口发展相关的各项政策措施，动态监测各地区常住人口、流动人口、老龄人口、劳动力人口、少儿人口等各类人口的变化，正确评估人口收缩可能带来的积极影响和不利因素，积极谋划应对人口

负增长的超前预案，明确预案的重大议题与具体举措，有效预防和降低人口负增长带来的消极风险。当务之急是要全面实施“三孩”政策，积极营造服务人口、尊重人口发展的政策支持性环境，完善父母亲产假、育儿津贴、免税政策、托育服务、0~3岁儿童早期发展等全方位的家庭支持政策体系，激发和释放育龄人口的生育意愿。

（二）把握人口规模增减的“双同心圆”模式，促进区县（市）“人口—社会—经济”协同健康发展

1. 把握地区人口发展差异的机遇以及人口规模优势

一方面，市辖区城区和县城区人口快速增长，创造明显的人口规模优势，继续享有“人口红利”，城区和县城区要紧紧把握这一红利，促进经济高质量发展，成为区域增长的核心动力。另一方面，不同人口规模对经济增长的作用存在差异，区县（市）之间差异化的人口发展态势造就了发展的互补性，可以通过加强城市间的科技、产业等合作，促使不同的城市因地制宜、相互借鉴，从而为应对人口负增长挑战创造空间和机遇。

2. 把握城市不同区域人口特征，推动城市空间优化和品质提升

一是以常住人口规模为重要参照，统筹安排产业发展、市政基础设施建设和公共服务；二是动态监测主城区人口密度和人口数量，评估人口承载能力，依据实际情况采取适当“疏导”措施，引导人口合理布局，提高城市宜居性；三是提高城市治理水平，着重优化超级街道、新建街道的治理机制，推动资源、管理、服务向街道社区下沉，确保公共服务设施配建到位；四是关注不同街区老龄化水平，提高深度老龄化街区的设施建设标准，满足养老服务需求。

3. 提高新市辖区与主城区联动发展水平

鉴于新市辖区人口吸纳能力不强、人口增长缓慢的情况，新市辖区要立足自身特色产业基础，明确区域功能定位和发展方向，加强与主城区产业协同，夯实实体经济发展基础，增强产业对人口的吸纳能力；加强市政

基础设施建设，完善城市功能，增加优质医疗、教育和文化体育资源供给，提升城市生活的品质，提升人口承载力，与主城区形成组团式发展格局。

4. 把握人口向县城集聚的趋势，大力推动以县城为载体的城市化

顺应县城区人口规模不断扩大和人口首位度不断提高态势，加快县城补短板强弱项步伐，在基础设施上，推进公共服务、环境卫生、市政公用、产业配套等设施提级扩能，增强综合承载能力；持续推进园区向县城集中，提高园区对县城人口的产业支撑力；在管理体制上，适时推动城关镇撤镇改街，推动符合条件的县撤县改市，提高城市管理水平。

5. 因地制宜发展小城镇和特色镇，提高重点镇在县域内的人口支撑力

鉴于大部分非县城区乡镇面临人口规模收缩的态势，要加快推进小城镇建设，按照区位条件、发展基础和资源禀赋明确发展方向，进一步夯实经济发展基础，打造一批经济发展有活力、功能完善的特色镇，提高人口吸纳能力，扭转人口流失态势，促进县域人口协调发展。

（三）加大城市收缩态势研究力度，实施分类别的区域发展政策

人口规模缩减是城市收缩极其重要的指标，按照现有研究分析，河北省区县（市）的城市收缩具有不同的原因，也呈现不同的类型，应采取分类别的发展政策。具体而言，一是因生态因素异地搬迁而造成人口减少的区县（市）（如张家口市坝上各县），可借助人与环境矛盾弱化的优势加快“两区”建设，加快生态环境修复；二是因矿产资源逐渐枯竭而造成城市收缩的区县（市），需要加快经济结构转型，重新集聚人口，促进城市复兴；三是因县域经济发展乏力而造成人口减少的区县（市），应及时制定出台干预性发展政策，进一步完善技能培训政策，提高现有人力资源的技能水平，加大对支柱产业尤其是用工量大的产业的支持力度，减缓人口流失速度，着力加强人口流失严重区县（市）的专门研究，监控可能出现的经济滑坡、人口空心、社会萧条等风险。

（四）应对劳动力人口缩减，加快经济转型升级，积极开发人力资本和人口红利

1. 加快产业结构转型升级

以创新为驱动，推动经济从要素积累的增长模式转向以改善经济效率为主的增长方式，推动以资本、技术、知识密集型的新型产业替代传统的劳动密集型产业，但应尽量使产业结构调整与劳动力下降趋势相协调，避免采用人为干预的大范围产业升级计划和产能淘汰而造成就业不稳定。

2. 加大对教育和培训的投入力度，提高劳动者素质

大力发展义务教育，加快普及高中阶段教育，提升普通劳动者受教育水平；进一步普及高等教育，提高研究生教育质量，培养更多创新型人才；完善职业培训机制，加强对农业转移劳动力的培训，提高就业技能和就业能力。

3. 提高劳动参与率，稳定劳动力供给和就业市场

实施更充分的就业政策，保障重点群体就业，通过消除就业歧视和促进妇女就业、减少主动失业人口等手段，挖掘潜在劳动力资源。通过弹性实施延迟退休政策、改善老年人健康状况，挖掘老年人劳动力价值。

（五）应对人口深度老龄化态势，实施积极应对人口老龄化国家战略

1. 总体层面，加快完善养老服务体系

健全基本养老服务体系，大力发展普惠型养老服务，支持家庭承担养老功能，完善社区居家养老服务网络，推动专业机构服务向社区延伸。强化对失能、部分失能特困老年人的兜底保障，积极发展农村互助养老幸福院等互助性养老模式。构建养老、孝老、敬老的社会环境，强化老年人权益保障。推动养老事业和养老产业协同发展，发展银发经济，开发老龄人力资源。

2. 区域层面，前瞻性应对部分区县（市）深度和超级老龄化带来的空间经济冲击

河北省部分区县（市）的人口老龄化与人口规模收缩是同步的，随着

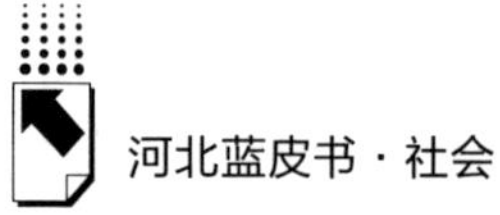

人口老龄化程度不断加深，收缩型区县（市）可能面临非常棘手的养老负担过重、劳动力严重不足等难题，这些区域的可持续发展将受到冲击，因此要密切关注收缩型区县（市）的人口老龄化进程，一方面加快完善养老服务体系，另一方面基于人口发展态势科学制定城乡建设规划、优化城镇体系布局、加快城乡一体化发展，以减轻和尽量避免人口深度老龄化带来的空间经济冲击，促进经济社会更高质量发展。

参考文献

刘厚莲、原新：《人口负增长时代还能实现经济持续增长吗?》，《人口研究》2020年第4期。

陆杰华：《人口负增长时代：特征、风险及其应对策略》，《社会发展研究》2019年第1期。

王红霞：《乡村人口老龄化与乡村空间演进——乡村微观空间视角下的人口老龄化进程探究》，《人口研究》2019年第5期。

原新、金牛：《“危”“机”与应对：中国人口负增长时代的老龄社会》，《中共福建省委党校（福建行政学院）学报》2020年第1期。

张现苓、翟振武、陶涛：《中国人口负增长：现状、未来与特征》，《人口研究》2020年第3期。

公共服务篇

Reports of Public Service

B.12 河北省养老设施供需平衡路径研究*

张 丽 李俊红**

摘 要： 以习近平同志为核心的党中央对老龄工作高度重视，积极应对人口老龄化已上升为国家战略。《中共中央国务院关于加强新时代老龄工作的意见》中明确提出“加强老年设施供给”。本报告立足解决养老设施供需的难点、痛点、堵点问题，结合第七次全国人口普查数据对河北省人口老龄化新形势进行研判，在大量专题调研基础上，对河北省养老设施供给状况和群体需求状况进行分析，发现养老设施供给需重点关注顶层设计且存在计划性不强、部门协同性不高、缺地少房、缺钱缺人等问题，并从顶层设计和部门协作、存量资源整合与利用、居家社

* 本报告系2020年度河北省社会科学发展研究课题（202007022）的成果。

** 张丽，河北省社会科学院社会发展研究所副研究员，研究方向为老年社会学、青年社会学；李俊红，河北医科大学助理研究员，研究方向为人口政策及老龄化。

区机构设施网络建设、适老化和无障碍设施改造、智慧养老平台建设等五个层面，提出深化养老设施供给的路径选择。

关键词： 养老设施　老年需求　资源整合　供给网络

以习近平同志为核心的党中央对老龄工作高度重视，积极应对人口老龄化已上升为国家战略。《中共中央国务院关于加强新时代老龄工作的意见》中强调要“加强老年设施供给”并做出具体部署。这一意见的出台，推动了老年人“急难愁盼”问题的解决，为进一步做好养老设施建设指明了方向、提供了遵循。为准确掌握河北省养老设施供给情况，着力解决养老设施供给的难点、痛点、堵点问题，本报告结合第七次全国人口普查（以下简称“七普”，其他同理）数据对河北省人口老龄化新形势进行研判，对11个地市的部分老年人进行了问卷调查和访谈，获得910份有效问卷基础数据，结合杭州、长沙、南京和省内石家庄、保定、邢台、沧州、廊坊等5市的实地走访调查和部门专题调研，获得了大量一手资料，在此基础上，对河北省养老设施供给状况和群体需求状况进行分析，指出养老设施供给需要重点关注的问题，提出平衡养老设施供需状况的路径选择。

一　河北省人口老龄化严峻形势研判

（一）河北省人口老龄化程度位居全国“中上游”

“七普”数据显示，河北省60岁及以上人口占19.85%（居全国第12位）（见图1），65岁及以上人口占13.92%（居全国第13位），与“六普”数据相比，分别上升6.85个百分点和5.68个百分点，呈现老年人口占比上升、增速明显加快、老龄化程度逐渐加深三大特点，按照60岁及以上老年人口占总人口比重20%～30%为中度老龄化社会的国际划分标准，河北省即将步入中度老龄化社会。

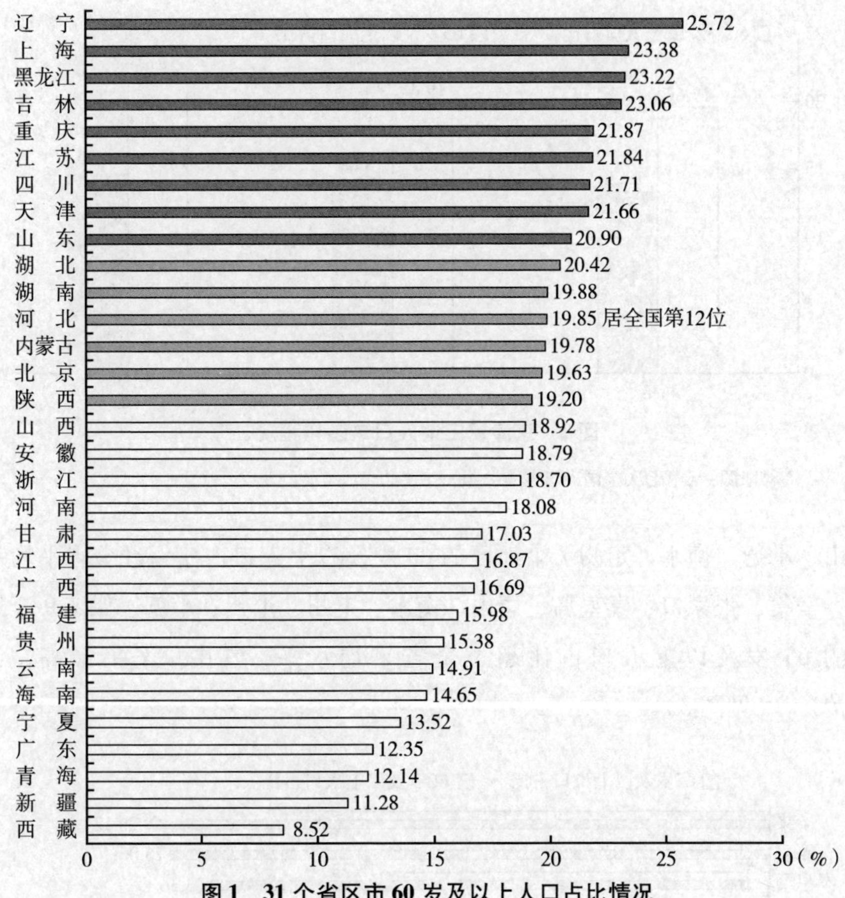

图1　31个省区市60岁及以上人口占比情况

资料来源：《第七次全国人口普查公报》。

（二）河北省老龄化程度高于北京、低于天津

北京和天津60岁及以上人口占比分别为19.63%和21.66%，65岁及以上人口占比分别为13.30%和14.75%，河北省两项指标均高于北京、低于天津（见图2）。若通过京津冀协同或异地养老缓解京津养老设施容量压力，河北省需要有更大的服务设施空间承载力。

（三）河北省过半地区人口老龄化程度较高

从河北省14个地区人口老龄化程度对比看，辛集、张家口、秦皇岛、

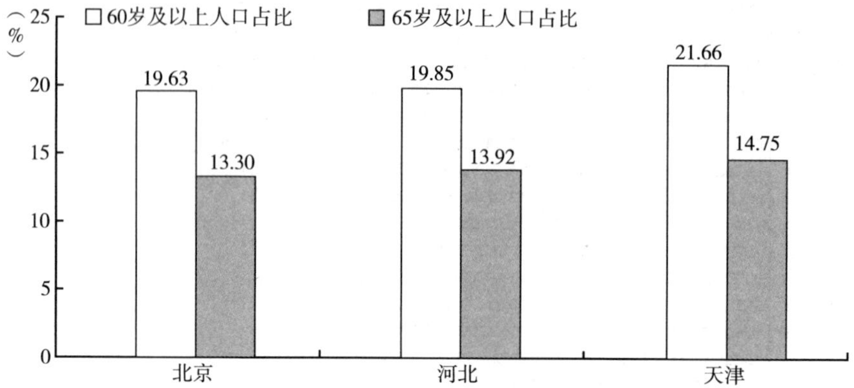

图2　京津冀三地人口老龄化程度

资料来源：《第七次全国人口普查公报》。

唐山、承德、衡水、定州7个地区的60岁及以上人口占比超过全省平均水平，辛集、张家口、秦皇岛、唐山、衡水、定州、沧州、承德、保定9个地区的65岁及以上人口占比超过全省平均水平，其中，辛集最高，为18.93%（见图3）。

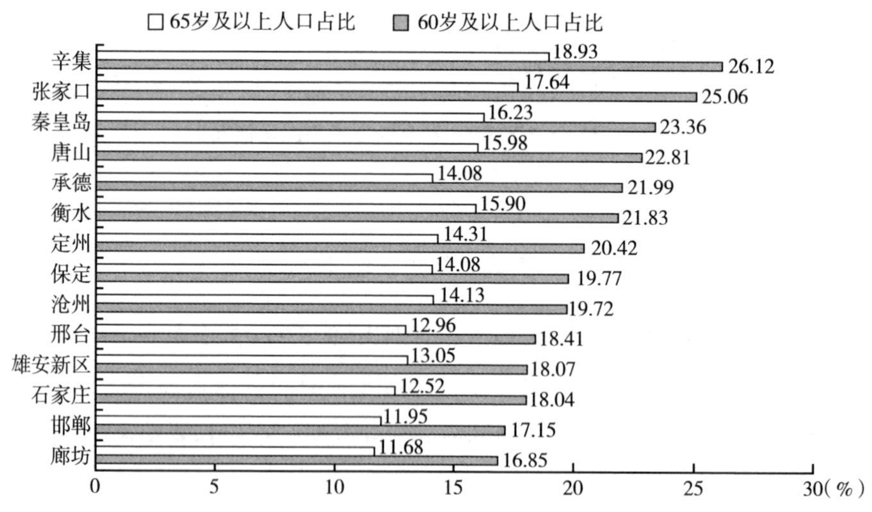

图3　河北省各地区人口老龄化程度

资料来源：《河北省第七次全国人口普查公报》。

（四）人口老龄化高峰期来临，养老设施的群体需求或将持续增加

2020 年 10 月省政府新闻办发布的《河北省养老服务发展报告》数据显示，预计到 2025 年，全省 60 岁及以上老年人口 1893.7 万人，占总人口比重超过 24%，失能老年人口将超过 223 万人，其中 80 岁及以上失能老年人口达到 37 万人；2035 年，全省 60 岁及以上老年人口 2281.2 万人，占总人口比重超过 30%，失能老年人口达到 269 万人，其中 80 岁及以上失能老年人口达到 72 万人。这表明河北省将进入深度老龄化社会，高龄、失能、空巢老年人对老年照护设施的需求将会大幅增加。

二　河北省养老设施供给状况调查分析

（一）养老设施总量增长较快、分布较广，但设施空间分布和利用仍存在“城乡差异”

居家、社区、机构等综合服务型养老设施数量与日俱增。“十三五”末，全省建有养老服务机构和设施总数 3.5 万家（个）。其中，全省养老机构共 1671 家，比“十二五”末增加 621 家；全省共有 4717 个城镇社区，共建有养老设施 3474 个，点对点覆盖城镇社区 3147 个。居家养老服务中心实现城镇街道全覆盖，比“十二五”末提升 25%；各类日间照料设施已覆盖 85.5% 的城镇社区；农村互助养老幸福院覆盖率达 70%，比“十二五”末提升 5 个百分点。建成并运营 27 个养老服务综合信息平台，初步实现 13 个市主城区服务全覆盖。

医疗、教育、文化等专项融合型养老设施建设加速推进。养老机构均与医疗机构建立了合作关系，其中 779 家拥有内设医疗机构，453 家具备医保定点资质，95% 以上的医疗机构为老年人开设优先挂号、优先就医等绿色通道。省、市、县三级老年大学均实现全覆盖，555 个乡镇（街道）、3893 个村（社区）依托电大系统建有社区教育办学机构（教学点），42 家企事业

单位、29所院校参与老年教育，7所民办老年大学、163家养老托老机构为老年人提供教育服务。各级博物馆、文化馆、图书馆、美术馆、乡镇文化站等公共文化服务设施实现免费开放。

实地走访调研发现，从区域供给结构看，养老设施布局相对集中在城市中心，市郊和农村相对不足，城市新建区域、县城和城乡接合部存在设施盲点，造成城市中心“供给充足”与市郊和农村“资源短缺”的矛盾局面。从床位使用看，床位使用率有从城区向农村递降的趋势，城市优质价美型养老设施“一床难求”，县城和农村养老设施“一人难求”。截至2020年底，河北省机构养老设施的入住率仅为50.47%。

（二）养老设施类型呈现多层次多样化，但设施所处环境和功能定位“置闲力微”

河北省养老设施种类多样，居家社区养老设施以街道居家养老服务中心、社区日间照料中心、农村互助养老幸福院为主；机构养老设施以养老院、老年公寓等提供床位的公办或民办养老机构为主；与老年健康相关度高的设施以各级医院、社区卫生服务中心（站）、乡镇卫生院和康复机构等医养康养类服务设施为主；与老年人生活和文化需求相关度较高的设施以老年大学、文体设施、老年助餐服务点等为主。

实地走访调研发现，从设施来源看，以配套、租赁为主，乡镇（街道）设施主要来自养老专有配套设施，其次来自其他公共设施、租用设施，社区层面的养老设施来源比例最高的是集体自有设施，很多养老设施与其他工作设施共用是基层中的一大特点。从设施功能看，以文体娱乐功能居多，提供日间照料、康复护理的占比在30%以下，呼叫设施有效应用占比不到20%，能够提供短期、长期托养服务的占比不足10%。从设施管理看，“有牌无名、有名无实”空闲问题突出，无论是乡镇（街道）所属还是村（社区）所辖的养老设施，均有一些设施无专门的从业人员管理，仅仅是挂块牌子而无服务。

（三）养老设施无障碍、适老化改造稳步推进，但社区中适老化和无障碍设施存在“缺项错置”

部分现有养老设施已经进行了适老化和无障碍环境改造，设置无障碍设施和辅具，城镇老旧小区从套内空间、公共空间、加装电梯 3 个方面正在进行无障碍设施建设和既有住宅适老化改造。

实地走访调研发现，城市中不同类型社区适老化和无障碍设施的配置状况差异较大，新建小区配置比例相对老旧小区高，六成以上社区未配置公共适老化和无障碍设施，仅两成左右社区配置有坡道和清晰的标识，而农村配置适老化和无障碍设施的社区寥寥无几。已有适老化和无障碍设施与老年人需求有偏差，很多地方虽然进行了适老化改造和无障碍设施设计，但由于施工人员专业操作能力不足，很多设施出现“错配”，比较常见的有坡陡难走、门槛过高、地不防滑、扶手错安等。

三　河北省养老设施群体需求意愿、知晓度和满意度调查分析

（一）八成以上老年人首选功能齐全的社区养老设施，空巢、独居、计生家庭老年人对居家和社区型养老设施需求高，高龄、失能老年人对医养护专业养老设施更青睐

问卷调查数据显示，88.9% 的老年人更青睐“本乡镇（街道）”“本村（社区）”的养老设施。从设施需求度较高的特殊群体看，56.8% 的空巢、独居老年人和 64.5% 的计生家庭老年人选择居家和社区型养老设施，72.3% 的高龄、失能老年人选择具备医养护功能的专业养老设施。

（二）老年人对养老设施知晓度和满意度不高

贴近老年人周边、身边、床边的养老设施仍显不足，就近就便的需要无

法完全满足。问卷调查数据显示，72.3%的被访老年人对社区、居家、机构养老设施供给数量和服务质量知之甚少，认为媒体、公共场所对养老设施情况的宣传不够，25.1%的知晓受访者对现有社区、居家、机构养老设施供给数量和服务质量及收费价格等不太满意。

（三）老年人对社区公共空间的适老化设施供给满意度较低

大多数社区公共空间的适老化设施数量和就近便捷度仍需下功夫提升。问卷调查数据显示，社区被访老年人对文化健身活动场地和设施、生活设施、指示牌/标识、公共卫生间的满意度均在30%以下。特别需要关注的问题是老年人对公共卫生间需求较大，现有公共卫生间配置数量不足，并不能满足老年人如厕需要，老年人外出如厕不便。

四　河北省养老设施供给需重点关注的几个问题

（一）顶层设计和空间布局计划性不强

部分市、县在编制养老设施的相关规划时，存在重视度不够、区域布局不均衡、人口与空间数据不匹配、计划项目少、需求调查缺失等问题；部分市、县将发展经济作为首要任务，优先将土地指标用于工业用地，用于养老的土地指标计划排在最后，养老设施规划建设常处于“被边缘”或“搁浅”的尴尬境地，有的项目审批程序烦琐，常见“胡子工程”，应尽快出台规划解决。

（二）政府部门协同推进主动性不足

养老设施建设由多个政府部门管理，纵向涉及各地各级人民政府，横向涉及民政、卫健、自然资源、住建、工商、消防等多个部门，由于各地牵头规划实施的单位不同，以不同口径建设的养老设施有差异。调研发现，养老设施运营方反映，在设施建设和运营过程中普遍缺少业务部门的统一指导，对设施建设和运营规范“把不准、吃不透”，设施验收需通过多家部门，而各部门审核现行标准有差异，设施运营后，相关部门“走马观花多、倾听问题少”“关注成绩多、排忧解困少”，设施“建设—验收—运营”的周期漫长，打通养老设施建设路径还需有所突破。

（三）“缺地少房”是养老设施供给的“卡脖子”问题

部分地区养老设施受到“规划有用地指标但实际落地难度大”的因素影响，新建设施用地指标较少，闲置、废弃、疗养设施转型用于养老设施建设比例较低。有意向建设社区养老设施的社会力量，与拥有设施所有权的乡镇（街道）或村（社区）对接时，常遇到“选址困难、租金过高、不愿合作、无房可用”等问题。部分乡镇（街道）、村（社区）将老旧建筑转换为各类养老设施，缺少相关部门标准化的建设指导，普遍存在室内空间局促、室外活动空间有限、消防设计不合理、适老化设施改造难、设施老化和功能单一等问题。

（四）“缺钱缺人”是养老设施持续运营的“绊脚石”

2020 年，河北省虽将 65.81% 的省级福彩公益金用于重点支持社会力量开展的养老设施建设，但从实际调研中发现，财力少、运营难等仍是掣肘问题，45% 左右的民营养老机构处于亏损状态，约 60% 的养老机构运营方反映，政府投入财力远不能满足机构持续运营需要，且运营达到一定规模才能享受到补贴，土地和房屋租金、人工费占到养老机构运营成本的 60% ~ 70%，“招不来人、留不住人”现象普遍存在，持续运营资金和专业人员服务“跟不上”，导致设施老化、床位闲置等状况出现。

五　适应新人口形势需要的养老设施供给路径

养老设施供给应“降重心、补短板、强弱项、提质量”，以县（市、区）、乡镇（街道）、村（社区）为主进行重点发力，补齐城乡供给短板，强化县域供给薄弱环节，提高城乡养老设施的配置力、协作力与适配度，着力构建适应民需、布局均衡、多方发力、服务便捷的养老设施供给体系。

（一）注重“规划+落实”，保障养老设施布局合理和“落地生根”

1. 优化顶层设计，做好空间和土地保障

推动地方政府部门编制“养老设施建设专项规划”，选址要求、空间布局应符合国土空间规划总体格局，注重规划弹性预留，提升存量和开源增量同步，鼓励用地兼容。提高老年人口统计数据与空间数据的紧密性，做到老年人口数据按照唯一指定行政界线统计。制定养老设施“应该”服务的人口规模和空间半径标准，坚持城乡并重，分区分级确定养老设施布局。鼓励养老设施用地兼容建设医疗卫生、教育、文化、体育等公共服务设施，优先保障社会资本的养老服务机构及社区居家养老设施建设用地。

2. 建设三级养老设施供给体系

建立健全覆盖城乡、分布均衡、功能健全的县（市、区）、乡镇（街道）、村（社区）三级养老设施供给体系，形成以企业和机构为主体、社区为纽带、智慧养老平台为支撑的“1+N”养老服务网络。在县（市、区）层面，建成1个具备养老服务行业管理、技术指导、应急支援、培训示范等功能的区域养老服务指导中心。在街道层面，建设1个具备全托、日托、上门服务、对下指导、资源统筹等功能的综合养老服务中心；在乡镇层面，建设具备区域性养老服务支持指导功能的公益性养老机构。在城镇社区层面，建立健全1个具备助餐供餐、上门服务、助洁助浴等功能的日间照料服务站（点）；在农村层面，依托互助养老幸福院、邻里互助点等建立健全多种形式的互助养老设施。

3. 建立协作机制，做好部门合力共建

建立政府相关部门协同管理机制，打破行政壁垒，各地政府牵头推动民政、自然资源、卫健、住建、消防、财政、发改等多部门对养老设施的有效配置与共建共享。

（二）整合“存量+平台”资源，促进各类养老服务资源转型再利用

1. 推动各地全面开展存量资源普查和评估

在市级层面出台利用存量资源发展养老服务业的具体实施性政策文件，各级政府成立相关工作小组，对政府、集体、社会等大量“闲置、废弃、疗养”资源进行彻底普查，制定设施分类标准，进行条件评估、产权界定和清产核资，确定能用于养老服务的存量设施数量，扩大普惠型养老设施供给，扩大民政部门对其使用权限和规模。

2. 有序开展现有养老设施摸底核查和整合

对省内现有各类养老设施进行一次全面摸底核查，重点包括乡镇（街道）居家养老服务中心、城乡社区日间照料中心、医养结合单位、老年大学（学习点）、老年助餐点等老年人需求度较高的养老设施，按服务功能进行重新分类识别和撤留并改，从功能定位和人口规模入手促进设施合理布局，畅通各类主体与乡镇（街道）、村（社区）层面的合作通道，支持低效存量设施无偿或抵偿转为养老设施，并严格按照适老化设施标准，补齐或配建市、县居住区的社区养老设施，推进乡镇（街道）、村（社区）实现养老设施全覆盖。

3. 积极推进“闲”“废”“疗”各类存量资源转型再利用

激活闲置学校资产，盘活废置厂房和机关企事业单位设施，依闲置资源的类型改建成区域型、社区居家型养老设施。推进省、市各级党政机关和国有企事业单位所属培训疗养机构转型为医养结合、社区嵌入等普惠型养老设施，制定秦皇岛北戴河地区培训疗养机构转型养老服务机构规划，并建立集中示范区。

（三）优化“居家—社区—机构”三位一体养老设施服务网络，实现老年人“多元安养”

1. 大力推进“家庭养老床位”试点，满足老年人“原居安养”需求

“家庭养老床位”是机构专业化养老服务延伸到家庭的重要体现，可缓

解家庭照护乏力、城市养老设施不足的压力，将成为我国养老服务未来发展的重要方向。目前，南京、北京等地试点数据表明，家庭养老床位建设成本（2万元/张）相当于机构护理型养老床位建设成本（10万元/张）的1/5，家庭养老床位建设达到一定规模后，老人每月仅需承担300~800元的服务费，这远低于养老机构的费用，可节省养老机构运营成本和老年人支出。河北省可参考先行先试地区的经验，积极推动各市开展“家庭养老床位”试点，制定“家庭养老床位试点工作方案”，测算设施建设成本，鼓励专业医养机构提供上门服务，依据对老年人家庭环境和需求的评估，进行家庭适老化改造。

2. 推进街道养老服务综合体和社区嵌入式养老设施建设，满足老年人“就近安养”需求

一是引导各市依托自身优势打造街道养老服务综合体，打通社区居家养老设施与养老机构、医疗机构、社会工作站、老年大学、老年食堂、文化体育机构、社区商业机构等各类服务设施的合作通道，全面建成城市街道“一刻钟”养老设施服务圈。二是打造“复合型大社区养老”新格局，以全国示范性老年友好型社区试点建设为契机，以社区生活圈为单元，建设一批以照护为主、辐射社区周边、兼顾上门服务的嵌入式、连锁化社区养老设施，重点推进城乡社区老年就餐设施项目建设，形成全省可推广示范样本。三是推动“党建+农村互助养老”的农村社区养老设施建设，以组织引领推动农村互助养老设施进行改造提升，将规模较大、条件较好、具备老年人托养功能的设施培育成小型养老机构或日间照料中心。

3. 整合医养康护各类服务设施资源，满足老年人“全护安养”需求

建立整合型老年医疗卫生服务体系，健全“预防—治疗—康复—护理—长期照护—安宁疗护”服务设施网络，推进普惠型养老设施建设，全力支持医养结合型机构建设，扩大护理型床位供给，探索相关机构养老床位和医疗床位按需规范转换机制。将社区卫生服务中心打造成医养结合重要平台，推动社区卫生服务中心、卫生院、村卫生室、护理站与养老机构、社区日间照料中心、互助养老幸福院、社区文体活动中心等设施同址或邻近设

置，全面建设“家门口”老年康养服务平台。鼓励社会力量开办连锁化、集团化康复医院和护理机构。

（四）推动“适老化+无障碍”改造，促进养老设施“规范建设”

1. 加大适老化和无障碍设施的改造和建设力度

推进实施特殊困难老年人及有意愿老年人家庭的适老化改造。加快老旧小区适老化设施改造，深入推进社区的坡道、扶手、电梯等与老年人日常生活密切相关的公共服务设施无障碍改造。增加公共空间适老化设施数量，特别是社区康复辅助器具租赁网点、无障碍公共卫生间、文化健身设施、健康小屋、老年教育设施、老年食堂（助餐服务点）等。

2. 推进机关、企事业单位率先成为“为老服务”志愿服务点

倡导全民树立“以老年人为中心”的服务理念，完善“为老服务”制度，引导有条件的机关、企事业单位加入“为老服务”志愿服务队伍，悬挂明显的“为老服务单位”标牌，为老年人外出急需服务提供设施便利。

3. 推动互联网应用设施的适老化改造

推进偏远地区网络设施全覆盖，为智慧养老设施应用创造条件。对政府网站、政务和重点企业 App 进行适老化改造，重点从改造互联网应用、建设“为老服务一键通”高频急难场景、线上线下培训等方面入手，让老年人通过电话、电视、自助服务机等最常见的设备，享受数字化设施的便捷服务。在老年人常出入的商超、医院、公园等场所设置“数字场景体验馆”，依据老年人体验效果反馈，不断完善适老化改造项目。

（五）推进“智慧+养老”平台建设，逐步实现“为老服务”与信息科技的“共生发展”

1. 建立智慧养老服务综合信息平台

借鉴福建省、河南省经验，整合“线上+线下”养老设施资源，建设省级养老服务综合信息平台，推进区域范围内养老设施数据汇聚共享，打造线上“智慧养老服务地图”，分类标出各类养老服务机构和设施数量、地

址、等级评定、服务功能、联系方式等重要信息，通过政务网站、官方微信公众号等渠道向社会公开，并建立养老设施信息动态管理机制，动态更新各类设施数据，便于老年人实时查询和适配需求。

2. 构建养老服务信息系统“一盘棋”格局

推进河北省智慧养老服务综合信息平台与民政部“金民工程”全国养老服务信息系统实现对接，与省社会保险、社会救助、社会福利、残疾人等信息平台数据互通共享，与设区市养老服务信息平台衔接。

3. 做大做强河北“为老服务”“时间银行”平台

建立“志愿冀时”“为老服务”平台，借助移动互联网、大数据和人工智能等完善“时间银行”操作体系，对“为老服务”者的劳动意愿、公益服务时长等信息进行记录及匹配，实现“时间银行”平台整体运行的信息化、数字化、智能化，为省域内跨区域“为老服务”者的时间储蓄和兑现提供简便易行的技术支撑。

参考文献

国家统计局：《第七次全国人口普查公报》，2021 年 5 月 11 日。

河北省统计局：《河北省第七次全国人口普查公报》，2021 年 5 月 19 日。

郭林：《中国社会养老服务资源优化配置》，社会科学文献出版社，2020。

乔小春、伍小兰：《北京市居家养老设施状况分析》，华龄出版社，2018。

成绯绯、孟斌、谢婷：《北京市养老机构现状分析》，华龄出版社，2018。

河北省民政厅：《河北养老服务发展白皮书》，2020 年 10 月。

河北省民政厅：《用心用情用力保障改善民生》，《中国社会报》2020 年 12 月 16 日。

B.13

河北省农村互助养老幸福院提质增效研究

——基于5市23个村庄的调查

刘丽敏　王依娜*

摘　要： 发展农村互助性养老是在我国进入高质量发展阶段和实施积极应对人口老龄化战略背景下，破解农村养老服务难题、补齐民生短板、助力乡村振兴的重要举措。河北省是国内最早开展农村互助养老幸福院建设的省份之一，并被作为先进典型向全国推广。近年来，由于受到政策保障机制滞后和村民互助意愿减弱等内外因素的影响，资金投入乏力、干部的积极性不高、社会重视程度不够，全省农村互助养老幸福院建设基本处于停滞状态，甚至出现空壳、异化等问题，阻碍了幸福院的健康发展。本报告在新形势下，结合河北省乡村经济与社会发展不平衡的现状，将全省农村按照不同发展阶段和发展状态划分为高度分化、中度分化和低度分化三个梯度模型，分析其社会结构特点，讨论其互助制约因素，提出促进河北省农村互助养老幸福院提质增效的对策建议。

关键词： 互助性养老　互助行为　分化梯度

* 刘丽敏，河北省社会科学院社会发展研究所副研究馆员，研究方向为社会政策与社会管理；王依娜，北京大学社会学系博士生，研究方向为社会工作与社会管理。

随着新型城镇化的推进，我国现代化进程明显加快，农村人口老龄化程度也呈日益加深趋势。以河北省为例，截至 2020 年 11 月，在农村居住的 2979 万人口中，老年人口（60 岁及以上）的比例为 22.07%，高于城镇地区 3.83 个百分点[①]；与此同时，许多农村空心化加剧，子代照顾逐渐缺位，使农村老年人的赡养问题逐步外化为社会问题，成为社会发展的短板，给“主导”养老服务的各级政府带来巨大压力。2021 年《中共中央 国务院关于全面推进乡村振兴加快农业农村现代化的意见》（即“2021 年中央一号文件”）提出：“推动村级幸福院、日间照料中心等养老服务设施建设，发展农村普惠型养老服务和互助性养老。”这体现了在我国进入高质量发展阶段和实施积极应对人口老龄化战略背景下，将农村互助养老幸福院（以下简称“幸福院”）等互助性养老服务设施建设作为破解农村养老服务难题、补齐民生短板、助力乡村振兴的重要举措。

河北省委、省政府高度重视农村互助养老服务发展，下大力气创新养老服务的模式，将幸福院建设作为破解农村社会养老工作难题、提升农村老年人生活质量的一项重要举措强力推动，对促进农村老年人口服务模式多元化、缓解农村养老压力起到了积极作用。2021 年 5 月，《河北省国民经济和社会发展第十四个五年规划和二〇三五年远景目标纲要》将幸福院的健康发展列入政府重点工作，明确提出大力发展农村养老，推进农村互助养老幸福院提质增效。这表明河北省幸福院建设的指导原则发生了根本性转变，开始由原来追求“数量增长”转向“服务提升”，由过去注重“形式存在”转向“实际效果”，从而建立和完善河北省幸福院健康发展的长效机制，筑牢农村基层养老服务基础，增进民生福祉，助力乡村全面振兴。

一 河北省幸福院发展历程与学界观点

河北省是国内最早开展幸福院建设的省份之一。回顾河北省幸福院发展

① 参见河北省 2020 年 1‰人口变动情况抽样调查样本汇总数据。

历程，按照政府参与程度的变化大体可分为“村级主办”阶段（2008～2011年）、“政府支持”阶段（2012～2017年）和“政府主导”阶段（2018年至今）。2008年，肥乡县（现肥乡区）前屯村由“村级主办、群众参与”，创建了河北省第一家幸福院，该院采用“集体建院、集中居住、自我保障、互助服务”的模式，保障了老年人“养老不离村、生活靠互助”，因此受到了当地农民的欢迎；截至2010年底，“肥乡模式”在当地民政部门的推广下，已覆盖邯郸市的3个县28个村。2011年2月，民政部、国家发改委召集部分省区市养老产业部门负责人专程到河北省邯郸市肥乡县进行经验交流，称赞这一做法“符合群众的需要，符合农村发展的实际，代表着发展的方向”“为全国……做出了表率”；同年3月，河北省推进农村社会养老“幸福工程”现场会在邯郸市肥乡县召开；5月，河北省民政厅等联合出台《关于大力推进农村社会养老“幸福工程”的意见》，把肥乡县农村互助养老幸福院模式向全省推广，提出“村级主办、互助服务、群众参与、政府支持”的建设模式，并将幸福院建设作为破解农村社会养老工作难题、解决农村老人养老问题的民心工程。2012年3月，全国社会养老服务体系建设工作会议在邯郸市召开，重点推广了肥乡县的互助养老模式；同年，河北省建成幸福院1.6万个，已覆盖全省32%的行政村。2013年底，河北省幸福院达到2.4万个，农村覆盖率超过50%。2015年，河北省幸福院农村覆盖率达到60%。大规模的推广逐渐显露出幸福院建设在制度化、标准化上的滞后，设施建设、资金保障和管理水平等各方面的问题凸显。2018年5月，河北省民政厅印发《河北省农村互助养老幸福院管理办法（试行）》，明确幸福院要采取“政府主导、民主管理、互助服务、敬老养老”的办院方针，同时对幸福院的建设、运行和管理等几个方面进行了规范。截至2020年底，河北省已相继建成超3.1万个幸福院。《河北省加快推进养老服务体系建设三年行动方案（2020—2022年）》确定“在农村地区大力发展互助养老服务”，“到2022年底，河北省将新改扩建3000个农村互助养老服务设施，覆盖70%以上的农村行政村”。

河北省推进幸福院建设，让农民养老有了更多的选择。但作为新生事物，幸福院建设在实践中也面临一些困境，较为突出的是，在大规模推广后，幸福院在农村养老服务体系中并未发挥大的作用，很多地方的幸福院并未提供实质性的养老服务，一定程度上存在“空壳化”现象。①

河北省幸福院的建设也引起了学界的关注，赵志强认为幸福院是河北省农村出现的互助养老新形式，是对传统养老模式的一种突破。② 耿卫新在分析肥乡经验后认为，当前在多元化的社会养老模式中，互助养老幸福院的运作成本无疑是最低的，操作无疑是最简便的，实实在在地给农村老人解决了最基本、最迫切的生活困难。③ 张健、李放基于河北省 F 县的调研认为，农村互助养老改善了农村空巢、独居老人的生活状况，并且他们的养老满意度较高，也有利于改善当前严峻的人口老龄化和高龄化形势。④ 与此同时，也有不少学者指出河北省的幸福院建设还存在许多问题，贾丽凤以保定市为例，通过对幸福院的入住老年人及管理者进行调研，发现农村互助养老在发展进程中存在资金不足、设施不完善、服务水平低、社区参与不足等问题。⑤ 孟丹在走访肥乡幸福院时发现，老人们并没有实现真正意义上的互助养老，很多农村互助养老幸福院仍是“空架子”，只是做给外人看的漂亮“花瓶”，并没有从老人实际需求出发，实现真正意义上的互助。⑥ 2018 年以后，河北省幸福院建设在学界的关注度降低，但仍有不少学者从政策制度、资金保障、社会力量和服务支撑等方面提出了自己的建议。综上，大多数研究是从幸福院机构本身的组织视角去认识和理解，还缺乏对“老年人问题”的深刻性和丰富性的认识，也未从河北省农村社会结构和家庭秩序的变迁与组织力量的适配性这一社会视角来系统性阐释危机产生的根源。

---

① 侯建华：《河北省养老服务高质量发展研究》，康振海主编《河北蓝皮书：河北社会发展报告（2021）》，社会科学文献出版社，2021。

② 赵志强：《河北农村互助养老研究》，《合作经济与科技》2012 年第 9 期。

③ 耿卫新：《河北省农村互助养老发展问题研究》，《统计与管理》2014 年第 12 期。

④ 张健、李放：《农村互助养老的成效及价值探讨——以河北省 F 县农村互助幸福院为例》，《社会福利》（理论版）2017 年第 3 期。

⑤ 贾丽凤：《农村互助养老发展问题研究——以保定市为例》，《科技视界》2013 年第 24 期。

⑥ 孟丹：《河北省农村社区互助式养老模式研究——以肥乡“互助幸福院”为例》，《时代金融》2016 年第 35 期。

二 农村互助养老幸福院调研情况

河北省社会科学院社会发展研究所组织人员对河北省部分地区的幸福院进行了走访和调研，力求从农村老年人养老需求出发，结合幸福院发展现状，研究在城镇化、工业化等的冲击下，构成农村组织性互助养老内外因素的变化趋势，揭示影响幸福院建设的一般逻辑形态，从而明晰幸福院提质增效的制约因素，进而提出相应的改进策略。

调研小组根据省域内农村经济社会发展的差异，建立河北省农村“分化梯度”模型，即以经济分化为主导，将河北省农村划分为低度分化、中度分化和高度分化三个梯度模型，对应选取脱贫村、农业村、城郊村三类形态作为研究样本，梯度特征见表1。

表1 “分化梯度”模型特征

梯度模型	乡村特征	对应的村落	养老需求
低度分化	经济欠发达，村民收入差距不大，宗族结构保持较完整，社会阶层之间的界限不明显，阶层间关系缓和，农户间隔膜较少	主要是刚刚脱贫或河北山区的村庄	经济压力、生活不便
中度分化	村民经济收入水平有层次之分且家族观念淡薄，社会阶层之间已经有明显的界限，阶层间关系比较缓和，农户间时有冲突	主要是发展农业经济的村庄	生活不便、照料看护
高度分化	村民经济收入差距大，阶层间有各自独立的人情圈，社会阶层之间有较深的隔阂，农户间难以有实质性的往来	主要是城郊或经济区的村庄	照料看护、精神慰藉

（一）调研样本分布

调研小组先后走访了石家庄、邢台、邯郸、保定、张家口等5个城市的13个县（市、区），选取村庄样本23个，如表2所示。本次实地调研采用实地观察法和访谈法，查看了当地幸福院的运行情况，并同当地民政、卫健部门和乡镇干部，以及村支部书记、幸福院院长等相关人员就村落基本情况、幸福院运行情况进行了座谈，走访了入住老人和未入住老人（含本村没有幸福院的），了解村民对幸福院的认知、需求、入住意愿以及满意度等情况。

表 2　幸福院调研抽样分布

市	县(市、区)(个)	村庄(个)	形态			幸福院(家)	干部座谈(人)	访谈老人(人)
			城郊村(个)	农业村(个)	脱贫村(个)			
石家庄	3	11	6	5	0	9	9	15
保　定	1	2	1	1	0	1	2	16
邯　郸	3	3	1	2	0	2	3	13
邢　台	2	2	0	2	0	2	2	10
张家口	4	5	2	0	3	5	5	13
合　计	13	23	10	10	3	19	21	67

（二）幸福院样本情况

1. 使用率

在 23 个村庄中，建有或曾经建有幸福院的有 19 家，至今仍在运行的有 7 家，占比为 36.8%。其中城郊村使用率为 14.3%，农业村使用率为 33.3%，脱贫村使用率为 100%（见表 3）。

表 3　幸福院使用情况（仅限调研样本）

形态	提供住宿服务	只提供餐饮和娱乐服务	只提供娱乐和健身服务	闲置	异化	拆除、退租	小计
城郊村	0	0	1	4	2	0	7
农业村	2	1	0	2	2	2	9
脱贫村	2	0	1	0	0	0	3
合计	4	1	2	6	4	2	19

注：异化指挪作他用。

2. 服务方式及人数

在使用的7家幸福院中，采用集中住宿模式的4家，其中覆盖本乡的1家，覆盖本村的3家，入住人数分别为71、31、15、35人；只提供餐饮和娱乐服务的1家，服务人数为15人；只提供娱乐和健身服务的2家，服务人数大约各为30人。

3. 资金来源

19家幸福院中有16家在建设初期得到县（市、区）财政或对口扶贫单位、在外地办企业的本村人的支持，2家为村集体投资，1家为本村企业家投资。其中，7家城郊村幸福院由县（市、区）财政支持0.4万~4万元不等；9家农业村幸福院中有2家为村集体投资，投资额分别为80万元和40万元，1家由本村企业家投资，投资额为60万元，其余为县（市、区）财政支持1万~4万元不等；3家脱贫村的幸福院中有2家得到对口扶贫单位支持，分别获得80万元、120万元，1家在得到县财政支持1万元的同时，得到在外地办企业的本村人支持的10万元。

在运行的7家幸福院中，日常运行费用如公共用电、管理、设施维修费：每年开支0.7万~4万元不等，其中1家由县级财政划拨，6家由村集体自筹。老人餐费：有3家是老人自己做饭，有2家是老人每月每人交纳150~200元，由幸福院集中供餐，还有2家不供餐。水电费用：幸福院免水费，有2家由入住老人负责电费，其余的幸福院不收老人电费。其他费用：医疗、护理费用由老人自负，入住的老人交纳1000元设施押金。

4. 幸福院内老人互助情况

在提供住宿服务的4家幸福院中，老人互助频率较高的项目依次是聊天、打牌娱乐、为生病老人找医生、为残疾或生病老人打饭；在不提供住宿服务的3家幸福院中，聊天、打牌娱乐的互助频率较高。

（三）村民访谈情况

在访谈的67名老人中，男26人，女41人，平均年龄72岁，80岁及以上的有 9 人，能够自理或基本自理的有 63 人，独居或与老伴居住的有 35 人，与子女同住的有 9 人，入住幸福院的有 23 人。

1. 认知度与满意度

在未入住幸福院的 44 名老人中，了解或基本了解幸福院的有 20 人，希望将来能入住幸福院的有 10 人。在 23 名入住幸福院老人中，满意或基本满意度为 100%。

2. 入住意愿与动机

23 名老人入住原因：12 人因不想依赖子女，7 人因无人赡养，2 人因需要帮助，1 人因家里房子不好，1 人希望互帮互助。10 名老人未入住幸福院而希望入住的原因：8 人希望得到生活和经济方面的支持，1 人不想拖累子女，1 人希望互相帮助。

3. 期望值

在希望从幸福院得到哪些方面支持的调查中，有 37% 的老人选择给予一定的经济和生活帮助，30% 的老人选择娱乐、公益或健康指导，10% 的老人选择看护照料，23% 的老人不清楚或未作答。

（四）干部座谈情况

在座谈的 21 名干部中，有 71.4% 的认为幸福院模式在本村并不适用，其中认为村民无需求的占 52.4%、集体经济压力较大的占 38.1%、老人存在风险的占 23.8%、无建设场地的占 14.3%（见表 4）。

表 4　村干部意见

单位：人

形态	访谈人数	村民无需求	集体经济压力大	老人存在风险	无建设场地
城郊村	7	7	0	2	2
农业村	10	4	8	3	1
脱贫村	4	0	0	0	0
合计	21	11	8	5	3

注：有部分干部有两个或两个以上的意见。

三　目前河北省幸福院建设存在的主要问题

我们所做的调查仅限于河北省少部分区域，还不足以概括全省幸福院建设情况，但基本上也能反映出当前河北省幸福院建设确实遇到了瓶颈。

（一）幸福院数量呈下降趋势

幸福院在城郊村和农业村普遍存在“建起来，没用起来”的现象，许多长期处于闲置和异化状态，有些幸福院已经拆迁、退租。据介绍，以农业经济为主的 F 县在 2012 年前后曾建幸福院 200 家，截至 2021 年，能够运行的只有 30 家；处在城郊的 L 区在 2012 年曾建起幸福院 208 家，当时已实现全县覆盖，而如今无一正常运行。脱贫村幸福院的情况要好一些，2014 ~ 2019 年建设的幸福院大多仍在运行。

（二）许多幸福院建设水平较低

在我们观察到的 19 家幸福院中，除 7 家运行的以外，其他幸福院都存在建设方面的问题。从选址上看，许多幸福院没有院，也没有老人活动的场所，住房门口就是车辆来往的街道，还有的并不具备取水、如厕、做饭等必备的生活条件；从质量上看，多是旧屋粉刷而成，普遍不如村民自己居住的房屋质量好；从适老性上看，基本没有进行过适老化改造，有的出门就是台阶，还有的搬上了二楼，个别的还安排上下铺，以至于许多老人认为这里不如自己家里方便，笑称“白天来玩玩可以，谁也不会来住的”。

（三）幸福院互助功能不强

在我们调查的老年人中，大多数入住幸福院的主要动机并非参与互助，而是希望在生活和经济上得到政府的照顾和不愿拖累子女。入住老人之间互助能力也缺乏有效的组织和激发，幸福院的互助功能还没有充分发挥。如 Z 县的幸福院不设管理人员，指定 1 名入住老人负责院内工作，大家基本上还是各过各的，菜地也是一家一块，各收各的。同时，入住老人也缺乏专业照护和心理慰藉，小团体间的拌嘴、冷战也时有发生。

（四）幸福院运行资金保障难

在调研的23个村中，有22个村的幸福院日常运行没有得到上级财政支持。在访谈中，许多干部认为缺少资金是幸福院建设水平不高、运行困难的主要原因。“上边配了床、被子，十来年没再给过一分钱。”而本村的集体经济实力不强，无力承担这笔费用。

（五）部分干部缺乏积极性

在访谈中，有不少村干部认为幸福院在本村并不适用，“十来年了没有一个老人来住”，这么搞“有点不切合实际”，还有的干部直言“不搞不行，上边有要求”“时间长了还得散了”，还有干部担心“老人出点事，谁也不好办”。

综上，村民认同感不强、村集体或上级财政投入少、干部积极性不足是造成幸福院难以为继的直接原因。

四　制约河北省幸福院提质增效的因素

经过研究我们发现，河北省域内幸福院的使用率、村民入住意愿、投入资金数量、干部积极性等四个主要指标均与区域经济发展的程度呈负相关关系，即经济越欠发达的区域，使用率越高、村民入住意愿越强、集体投入越多、干部积极性越强，经济发达区域反之，呈现出梯度减弱的特征。

幸福院是介于居家养老和机构养老之间，由村集体为村老年成员提供集中居住场所，由成员间相互提供照料、精神慰藉等帮助而共同生活的农村养老服务方式。个体间自愿互助行为构成幸福院模式的核心内容，这也是该模式区别于其他养老模式的主要特征。按照美国社会心理学家弗里茨·海德（Fritz Heider）的行为发生理论考量，农民间互助行为发生的原因主要有两种：一是包括个体意愿、互助能力的内部因素；二是包括乡村伦理、公共力量的外部因素。前者是互助行为发生的基础，后者能加速或延缓互助行为的进程，二者相互作用产生互助行为的原动力。随着市场化和城市化的推进，农村社会结构和农民价值已经发生不同程度的变化，农民的思维方式、行为逻辑、交往规则等个体间互助行为的内部因素处在不断的变化之中，而外部组织行为和社会力量并没有及时调整以适应这种变化，从而造成农村互助养老幸福院发展的“梯度”危机。

（一）农村互助意愿逐渐降低

在经济相对发达的农村，农民首先考虑居家养老，入住幸福院的意愿并不高；在经济相对不发达的农村，农民入住幸福院的意愿较高。在农业村中，经常遇到老年人给我们“算账”，就是以“经济上是否划算”作为是否入住幸福院的先决条件。如在 X 村小组座谈中，几位老人就给我们算了一笔账，他们平时每人每月消费不到 200 元，如果幸福院收费超过 200 元就宁愿在家待着也不会去。这说明在市场化冲击下，农民之间、家庭之间的竞争愈加激烈，也相应地导致农民之间、家庭之间互助合作减少，而通过互助合作来共同完成使大家都获益事项的可能性降低；“人情”变成了“人情债”，村民间的互助开始考虑机会成本，原来能商量的事也得“公事公办”，“自己人”的认同感削弱造成互助意愿降低。

（二）老年人互助能力明显不足

互助能力是指完成助人目标或任务所体现出来的综合素质，而这种素质在现代农村却难以展现。参与我们调研的不少老年人虽然支持互帮互助这种形式，但也表示只有在失去劳动能力的情况下才会考虑入住幸福院，并且更多的是希望得到别人的照顾，指望幸福院能够解决他们在经济和生活上的困难，以减轻自己子女的压力，而并不是出于互助养老的目的。这说明市场化所带来的竞争压力已经相应地纵向传导到农村老年人身上，一方面农村老年人普遍维持低度消费甚至“零消费”，处于底线养老状态，许多老年人认为入住幸福院“就不应该收钱”。另一方面我们也经常看到有劳动能力的老年人，除了照顾田地和孙辈的生活以外，经常会打零工或搞庭院经济来尽量增加家庭的收入。在这种情况下，幸福院从整体上还缺乏广泛有效的互助能力，难以形成互助合作的形式，而幸福院在村民眼中变成了福利院，如果保障其正常运转，村集体就不得不增加管理人员和保证运营资金的持续投入，这显然与建立互助、低成本养老模式的顶层设计不相符，也无助于改善农村社会结构。

（三）村庄舆论逐渐失灵

在调研中与老人们谈论今后养老问题时，更多的老人选择在家养老，只要能动就自己养活自己，那些“老吾老以及人之老”“守望相助”的“孝”文化理念在他们看来只有象征意义，这样的行为规范和心态也得到了村庄情理的认可。这说明农村家庭日益退缩至核心家庭层次，家庭边界日趋固化，家庭的私域性越来越明显，农民越来越不愿意管别人家里的“闲事”，在农村“养老是自己的事”的观念占主导地位，这也影响了弘扬村民互助的舆论环境。

（四）公共力量趋于弱化

在对村干部的访谈中，他们抱怨最多的就是“集体拿不出钱来”“中央财政无法持续支持”。幸福院在建设初期得到了各级财政资金支持，但除了个别示范村和部分脱贫地区得到重点扶持或对口支援外，大部分地区幸福院的日常运转资金无法得到保证，指望社会捐助更是杯水车薪，因此，村集体成为唯一的日常运营投资主体。例如，L 区民政干部在座谈时介绍，幸福院并非像机构养老模式那样完善，配套资金来源在政策上并不明确，现在主要是靠村集体投入。而全省村集体经济实力普遍比较薄弱，建设幸福院在各地也并非硬指标，大部分村干部还在“等”政策、“靠”资金、“要”土地。于是，一些村集体不仅不再把资金投向幸福院，也不再关注，这就致使大部分已经建好的幸福院陷入“有名无实”甚至“无名无实”的困境。

五 良性运转的幸福院所带来的启示

社会结构的变迁带来农村互助行为的弱化，但是这些内因上的变化并不意味着外部因素无所作为，相反，积极的组织方式和管理机制，可以在社会结构的多种层面发生作用，不仅可以引导个体的行为，还可以帮助个体提高社会地位，促进个体间的交往，改善社会结构。在调研中，我们也发现不少村庄建设的幸福院不仅能够维持良性运转，还越办越好，受到村民的普遍欢迎。

（一）前屯村模式

邯郸市肥乡区前屯村幸福院已经有 13 年的建院历史，该院由村集体投资建设，入住老人保持在 30 人左右。在组织管理上，由村委书记任院长，负责幸福院的运转和老人的日常管理；在资金上，由区财政每年划拨 3 万元维持幸福院的运转，入住老人不承担任何费用；在日常生活上，入住老人自己做饭，同室相互照料；在医疗上，幸福院与村卫生室前后相通，老人看病非常方便。村民对幸福院评价很高，入住老人满意度达到 100%。

（二）白庙滩乡模式

张家口市张北县白庙滩乡幸福院由北京对口扶贫单位投资建设，于 2019 年投入使用，入住老人 31 户 40 多人。在组织管理上，由幸福院入住老人选举产生管理人员，实行自我管理；在资金上，由各户自行负担暖气、用电等日常费用；在日常生活上，老人一户一室，自己做饭，自己种菜，邻里间形成互助小组，互帮互助；在医疗上，靠近乡政府卫生院，看病也比较方便。申请入住的老人较多，需要等房，入住老人满意度达到 100%。

（三）西河口村模式

邢台市威县西河口村幸福院由村集体投资建设，于 2014 年投入使用，入住老人保持在70人左右。在组织管理上，由村副书记负责；在资金上，由村集体负责日常水电和管理开支，个人不承担日常开支；在日常生活上，幸福院建立了食堂，老人每月交纳150元餐费用于集体用餐，老人之间关系较为融洽，互助作用明显；在医疗上，幸福院与村卫生室前后相通。目前村集体规划扩大幸福院规模，以接纳更多的老人，入住老人满意度达到97%。

此外，定州市东沿里村采用的邻里互助点模式，邯郸市永年区西召庄村采用的老年食堂模式都得到了当地群众认可并且持续运行。

在这些模式当中，幸福院在组织、资金、生活、医疗等几个主要方面虽做法不同，但都能够因地制宜，切实得到了保障。这说明在河北省农村发挥本地资源的优势，采取符合实际的“农民认可”的发展方式完全可以打通人际壁垒，重构社会关系，形成组织化互助群体。这些范例无疑为各级政府打破幸福院发展瓶颈、促进农村互助养老健康和可持续发展打开了思路。

六　河北省幸福院提质增效的建议

习近平总书记在2021年8月24日考察河北省承德市时强调，“要把老有所为同老有所养结合起来，研究完善政策措施，鼓励老年人继续发光发热，充分发挥年纪较轻的老年人作用”①。这为河北省幸福院的建设发展提供了依据与遵循。各级党委和政府应当进一步完善老年人互助政策措施，将老年人老有所为与老有所养有机结合起来，培养老年人互助能力，推动互助机制形成，实现全社会良性互动循环，进而积极有效地改善老年人生活质量。

（一）走“人本化”革新之路，支持幸福院梯度建设

在河北省农村，各地由于自然资源和人文环境的不同，社会发育和经济发展速度也不尽相同。一方面，农村空心化程度、集体经济发展水平存在差

① 《老有所养、老有所为、老有所安　守护最美夕阳红》，“光明网”百家号，2022年1月31日，https://m.gmw.cn/baijia/2022-01/31/35489545.html。

异，养老组织和服务设施基础也呈现形态差异；另一方面，形态差异下老年人需求也存在明显差异。因此，“一刀切”的政策落实模式显然不能满足大多数老年人的需求。

一是建立“人本化”的农村养老互助模式。尊重和鼓励村集体、互助主体间发展符合本地条件和特点的互助方式，例如，在城郊村，很少有老年人考虑在幸福院居住，而建立以居家为主、网上互助平台服务为辅的互助点形式更为适合；在农业村，建立老年食堂、托老所，用“小互助”推进“大互助”较为可行；在脱贫村，农村老年人居住分散，生活不便，则更适合采取集中居住的方式。

二是改变片面追求幸福院覆盖率的行政思路。不能以单纯的幸福院数量为建设指标，而应以受益人群为标准，要下决心“关、停、并、转”一批长期闲置、不切合实际的幸福院，将其改建成覆盖能力更强、服务更贴近当地老年人习惯的养老互助场所。

三是“医养互邻”为“医养融（结）合”补台。农村老年人对于医疗的需求非常强烈，而根据这次调研发现，“医养融（结）合”是一个涉及多部门责任协调和利益分配的复杂过程，短期内难以全面落实。研究认为“医养互邻”能够更快更有效地服务广大农村老年人。例如，有些幸福院与卫生室只是做到了“前后门”（卫生室前门对着街道，后门就是幸福院）就非常方便老年人就医，也深受老年人的欢迎。因此，幸福院与卫生室未必要等到机构合并或统一管理，在现阶段只要能做“邻居”，就能起到“1 +1 >2”的效果。

（二）确立互助性养老的基础性地位，为乡村振兴注入强大动力

相比幸福院建设，机构养老模式更为成熟，财政补贴持续稳定，并通过机构惠及了有一定经济实力入住的老年人；幸福院的建设目标是着力解决缺乏经济实力的农村老年人的养老问题，而他们却没有渠道享受机构养老同样的财政补贴政策。因此，发展农村互助性养老要加强顶层设计，破除阻碍农村互助发展的政策性壁垒。

一是明确互助性养老在农村养老服务中的基础性地位。河北省要紧紧抓

住未来5~10年战略窗口期，积极落实国家“十四五”规划提出的“积极发展农村互助幸福院等互助性养老”，在全国率先完善农村互助养老服务制度体系，从政策上引导社会力量、财政资金适度向农村互助性养老分流。

二是加强幸福院规划和指导工作。将幸福院等互助性养老服务设施建设和运行纳入河北省乡村振兴整体规划，成立专门机构指导和协调全省农村互助养老幸福院发展。

三是建立互助养老服务覆盖网络。调动财政、民政、卫生、土地等各职能部门的积极性，建立起县、乡、村三级互助性养老服务网络，并着力解决部分农村苦于幸福院用地无据、开支无名的困难。

（三）推动“共振式增能”[①]，建设农村养老共同体

当前，乡村振兴为农村互助养老服务体系建设带来机遇，产业兴旺、生活富裕、乡风文明、治理有效、生态宜居都为农村互助养老服务发展提供了新动能。

一是在农村普及专业社会工作。针对农村老年人互助能力激发不足的问题，通过强化专业介入，引入主体增能、优势发掘、社会关系协调的专业技能和方法，对接信息相对匮乏的农村，形成互助群体，助力农村养老共同体生成。

二是整合农村养老、助老资源。利用村集体的场地、农田、院舍和各种设施，开展适合老年人的生产增收活动，鼓励老有所为，提升老年人自我存在感，改善老年人生活质量。

三是开发互助养老服务产品。通过政府采购、项目招标、补助贴息、用地保障、信贷支持等多种形式，调动专业社会组织和其他社会组织的积极性，开发互助养老服务产品，延长互助养老服务链条，实现农村老年人生命周期服务的全覆盖。

① 马凤芝、王依娜：《“共振式增能”：农村养老共同体构建的实践逻辑——基于水村和清村的经验研究》，《中国农业大学学报》（社会科学版）2021年第4期。

四是发展农村养老服务志愿组织。支持农村养老服务志愿组织发展，壮大农村养老服务力量，鼓励农村各类志愿组织为农村老年人搭建互助活动平台，宣传互帮互助的价值观，弘扬中华民族养老敬老传统美德。

（四）发挥“能人”的带动作用，激发企业家乡村情怀

在调研中我们了解到，本村的企业家在幸福院建设中起到了非常大的作用。例如，Y 区 X 村企业家在本村投资 60 万元为幸福院建设了爱心广场和老人之家，并承担日常运行费用，W 区 B 村在北京办企业的本村人投资 10 万元为本村幸福院建成了老年活动中心，这些投资都对当地幸福院的发展起到了关键的支撑作用。因此，应该在更广的范围内把幸福院建设当成全体村民的共同互助行为，以本村“能人”的示范和带动促进养老敬老活动的开展，从而改善社会结构，增进村民互助关系。

一是宣传和鼓励本村、本乡企业家投资互助性养老服务。审批部门应当允许这些企业增加此类投资项目，鼓励以企业或个人名义命名村办幸福院、幸福广场、爱心食堂等互助组织，增强企业家的荣誉感和责任感。

二是与企业信用等级对接。鼓励企业奉献社会，并将投资幸福院等养老互助组织的情况纳入诚实守信社会信用体系。

三是完善税收优惠政策。将企业和个人投资养老互助纳入税收优惠政策体系和制度框架，确保能够最大限度地激发企业和个人的投资热情。

B.14

生育政策调整背景下河北省托育服务供需现状与发展路径

郑　萍*

摘　要： 随着社会变迁和家庭结构原子化，家庭对托育服务的需求显著增长，生育政策的调整进一步凸显了托育供求矛盾。河北省托育服务发展处于起步阶段，服务供给与入托需求存在巨大差距。河北省托育服务机构总体上以营利性为主，普惠性不足，服务供给模式单一，社区托育几乎为空白。河北省要加快建立完善托育服务体系，构建多层次托育服务供给网络，提高供需匹配度；激活人才引擎，完善托育从业者职业化体系；持续释放政策红利，激发托育服务发展活力；构建联动长效监管机制，有效提升托育服务质量。

关键词： 生育政策　托育服务体系　供需状况

随着社会变迁和家庭结构原子化，家庭婴幼儿照护能力逐渐弱化，对托育服务的需求显著增长，尤其在生育政策调整背景下，家庭育儿困境日益凸显，托育供求矛盾进一步激化，婴幼儿托育服务顺势成为国家公共服务体系和福利体系的重要关注内容。当前，河北托育服务发展尚处于起步阶段，服务供给存在总量不足、结构失衡、质量缺乏保障等问题，已成为影响生育政策效果的关键因素之一。一些国家的实践表明，为家庭提供充

* 郑萍，河北省社会科学院社会发展研究所副研究员，研究方向为社会治理与生育政策。

足有效的婴幼儿托育服务对于缓解生育压力、提升人力资源禀赋具有重要社会价值。

本报告通过对调研资料数据进行系统分析和综合研判，概括总结了河北省托育服务发展的新情况以及需求新特点，对存在的突出问题及其背后的深层制度原因进行了具体阐释，对有效扩大服务供给、提升服务质量提出了一些探索性新思路。

一　河北省托育服务发展基本情况及特点

（一）发展处于起步阶段，服务供给与入托需求存在巨大差距

第七次全国人口普查数据显示，河北 0～3 岁婴幼儿约有 234.8 万人，按照 2019 年国家婴幼儿照护服务需求调查数据，有托育需求的婴幼儿占比 24.7%计算，全省约有 58 万名婴幼儿有入托需求。相关部门统计数据显示，截至 2021 年 5 月，河北共有 2118 所托育服务机构，可提供最大托位约 7 万个，占全省婴幼儿总量的 3.0%，占有需求婴幼儿的 12.1%，这意味着约有 51 万名有入托需求的婴幼儿无法入托（见图 1）。初步估算，2021 年，河北每千人口托位数为 0.9 个，这一数字与《河北省国民经济和社会发展第十四个五年规划和二〇三五年远景目标纲要》提出的“到 2025 年，每千人口拥有 3 岁以下婴幼儿托位数达到 4.1 个”的发展目标还有很大差距。调查数据显示，河北婴幼儿入托率仅为 1.4%，低于全国婴幼儿入托率平均水平（4.1%），更远远低于经济合作与发展组织国家 33.2% 的平均入托率。

（二）托育服务机构总体上以营利性为主，普惠性不足

目前，河北婴幼儿托育服务供给大多由民办早教机构承担，依托机关、企事业单位所开办的普惠性托育服务机构极少。民办托儿所承担了超过八成的托育服务供给，服务价格和成本较高，不足 1/3 的家庭能接受目前的托育价格。调查显示，公立性质的托育服务机构价格相对本地消费水平适中，费

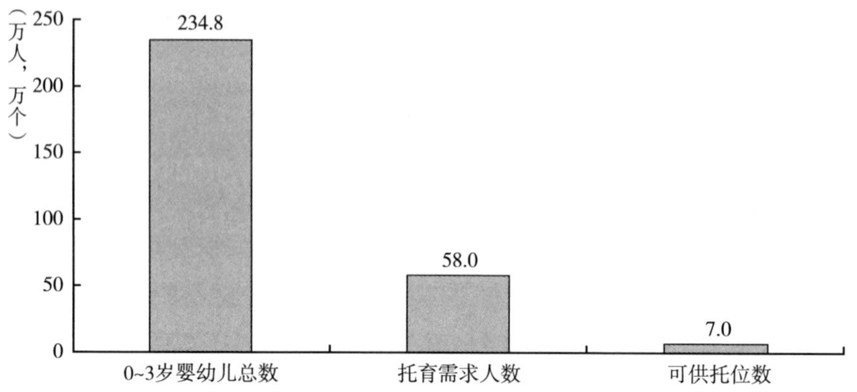

图1　截至2021年5月河北托育服务供需情况

说明："托育需求人数"按2019年数据计算。
资料来源：相关部门统计数据。

用多为每月1000元以下，但数量较少，且多数只接受2岁至3岁之间的婴幼儿，"一位难求"。一些连锁品牌商业性质的托育服务机构服务水平较高，硬件设施较好，但费用多处于每月1000元到3000元之间，远高于公立托育服务机构。不同年龄的婴幼儿托育价格不尽相同，年龄越小，托育费用越高。过高的托育费用导致一部分家长对托育服务望而却步，严重损害了教育的公平性。调查显示，低价托育成为普遍期待，约76.3%的家长认为目前私立托育服务机构的收费过高，希望进入公立托育服务机构；87.6%的家长希望不论公立、私立，托育服务机构均应降低费用。这充分说明目前多数托育服务机构的收费水平与一般家长的消费水平存在矛盾。

（三）托育服务供给模式单一，社区托育几乎为空白

截至2021年，河北托育服务供给模式较为单一，以全日托为主，约占已托婴幼儿的80%，但全日托与父母上下班时间冲突，无法彻底解决父母没时间带孩子的问题，尤其对于2岁以下的低龄婴幼儿家长而言。考虑到低龄婴幼儿的适应性，80%以上的家长更倾向于选择方式灵活的半日托、临时托，不愿意将孩子送往全日制托育服务机构。但调查显示，诸如半日托、临

时托、计时托等需求较为强烈的更为灵活的照护方式非常稀缺，尤其与临时托和计时托相契合的社区托育几乎为空白。高达79.8%的被访家庭希望托育服务机构建在离家较近的社区或附近区域。社区托育具有服务获得便捷度高的天然优势，可以有效提升家庭的送托意愿，成为许多国家早期照护系统中的重要组成部分，但目前河北尚处于“摸着石头过河”的探索阶段，社区托育资源严重短缺。

（四）服务需求意愿和行为倾向呈现新的偏好特征

新时期托育服务需求呈现新的时代特征。调查显示，93.2%的被访家长选择托育服务机构最看重安全性，强烈要求托育服务机构安装监控摄像头，即使需要交纳较高的托育费用，家长仍然优先选择安全性较高的托育服务机构。家长对于安全属性的边际支付意愿最高，这也从另一侧面反映出目前托育服务行业的公众信任度普遍偏低，媒体有关虐童事件的报道更加深了家长的顾虑。86.3%的被访家长倾向选择兼顾早教服务的托育服务机构，家长对于托育服务的需求已从单纯的婴幼儿健康照料拓展到早期智力开发，早教日益成为托育服务的重要内容。82.6%的被访家长对普惠可及有较高要求，倾向于选择政府直接参与管理、灵活便捷、费用可承受的托育服务机构，对公立托育服务机构的信任度明显高于私立。“普惠可及”成为新时期家庭对于托育服务体系价值取向与布局原则的基本期待。

二　河北省托育服务发展亟须解决的制度瓶颈问题

（一）利好政策缺乏具体实施细则，社会参与积极性不高

当前，河北婴幼儿照护服务发展尚处于起步阶段，缺乏具体的支持细则。虽然河北已出台关于促进托育服务发展的相关文件，但更多是原则性、倡导性的政策，缺乏具体明确的举措，部分内容缺乏可操作性。目前河北开展婴幼儿照护服务试点建设仅仅依靠社会力量主动参与，托育服务机构尚未获得任何财政扶持。由于托育服务行业存在高风险、高成本、慢收益的特点，边际

收益远远低于社会效益，社会力量参与积极性不高，试点建设成效不显著。尤其受疫情影响，托育服务机构运营处境更加艰难，部分小规模、现金储备不足的托育服务机构存在资金断流的风险。一些有办园经验的专业人员和投资主体，渴望进入市场，然而利好政策的缺失，使其踌躇不前，保持观望态度。

（二）托育人才培养储备机制不健全，从业人员专业化程度偏低

托育服务高质量发展需要专业化的人才支撑。随着托育需求不断增长，托育专业人才紧缺问题日益凸显，师资供给不足、师幼比偏低的问题较为突出。特别是在低龄婴幼儿托育服务强调健康照护的要求下，医学背景的托育人员更是匮乏。目前，存在与托育人员相关的多种资质认证，包括保育员证、育婴员证、幼儿园教师资格证等，但缺乏专门针对托育人员的资格认证。由于托育服务的特殊性，托育人员的资质要求与保育、育婴、幼儿教师有着本质区别，不能简单套用其他资质要求，或用相关资质认证来代替托育人员资质认证。托育人员资质认证混乱，资格证书适切性不强，使得托育从业人员专业性无法得到切实保障。针对托育人员，尚未形成制度化的“职前—职中—职后”的培训模式，多数人员仅仅接受机构内部培训，培训质量缺乏监管，效果无从保证。调查显示，大量托育服务人员直接经短期培训从幼师队伍中转岗过来，缺少严格规范的专业培训，人员素质及专业性普遍不高，甚至存在无证上岗现象。此外，调查显示，托育人员待遇普遍偏低，职务晋升通道不畅，职业缺乏吸引力，这难以保障人才队伍的稳定性。

（三）综合监管机制尚未建立，存在监管真空地带

婴幼儿照护服务涉及多领域多部门，监管难度较大。占比较高的民办托育服务机构具有显著的逐利行为倾向，一些新兴的家庭托育服务机构主要分散在住宅社区内，更加大了监管难度。虽然相关文件明确了部门职责分工，但尚未建立跨部门综合监管机制，部门之间缺乏沟通交流，对托育行业督导检查不够主动，难以形成有效监管，更无有效清退手段，一些机构屡遭群众投诉，却无法清理整顿，不利于托育市场健康有序发展。

三　加快建立完善托育服务体系的思考与建议

（一）构建多层次托育服务供给网络，提高供需匹配度

1. 创新探索医托一体化

针对0～1岁婴幼儿优先注重健康照护的年龄阶段特点，可以探索在医院内部开设托育服务机构，整合医疗、保育资源，实现婴幼儿照护和育儿健康指导一体化、托育服务人员和医疗服务人员一体化，将医院服务功能从新生儿出生延伸到婴幼儿托育领域，实现医疗服务和托育服务互通互融互用。深圳宝安区妇幼保健院开办善育普惠托育园，打通婴幼儿健康照护和疾病诊疗在场地、人员上的壁垒，为发展托育服务提供了新思路。

2. 合理布局社区托育服务

社区作为向居民提供公共服务的重要载体，可以更为便捷地提供婴幼儿托育服务，能够满足群众就近就便的入托需求。针对当前社区托育供需矛盾最为显著的情况，要合理规划布局社区嵌入式托育服务点，积极鼓励社区兴办小规模连锁式托婴园和家庭微型幼儿园，灵活开展“短时看护”服务，社区保教岗位可以充分吸纳具有教育、医疗卫生等专业背景的退休人员。

3. 延伸托幼一体化服务链

多项调查显示，2～3岁的婴幼儿家庭的入托需求最为强烈，90%以上的托育服务需求来自这个年龄段的婴幼儿家庭。结合河北当前托育服务发展实际，在众多托育服务发展模式中，通过学前教育向下延伸1岁来拓展托幼一体化服务链，是在短期内扩大托位供给的最经济、最直接的办法。这一方式优先满足入托意愿最强烈的2～3岁婴幼儿家庭需求，探索幼儿园以托班形式招生前置一年，将2～3岁婴幼儿托育服务纳入普惠性幼儿园服务体系，依托幼儿园相对成熟的保育服务经验，带动提升托育服务能力，实行托幼一体化管理。这一模式虽在河北处于发展起步阶段，但可以快速有效应对托育服务供给严重不足的局面，具有较大的推广价值。

4. 多形式发展企业福利托育

积极鼓励企业创办托育中心，探索国有企业联合幼教集团创办托育集团，政府提供必要的硬件设施指导和师资前期培训。在就业人群密集的产业集聚区域，创办产业园区嵌入式托育服务机构。在托育资源相对稀缺和费用较高的地方，企业可以通过为员工购买预留名额或提供托育费折扣的方式帮助员工子女进入商业托育服务机构，这种方式可以降低企业自主办托成本，减轻运营压力，是企业自办托育服务机构的一种补充方式。意大利政府规定企业必须按员工工资0.1%的标准对婴幼儿托育给予支持。美国规定未对婴幼儿进行照料支持的企业必须缴纳特殊基金，用于建设托育服务机构。这些政策措施为河北发展企业福利托育提供了路径借鉴。

（二）激活人才引擎，完善托育从业者职业化体系

1. 多层次构建托育人才体系

多形式拓宽托育服务人才培养渠道，加大正规教育对托育人才的培养力度，尤其高等职业院校应根据需求增设托育服务专业，探索与托育服务机构联合建立实训基地，提供更多实习机会，增强学生实践能力，以便尽快适应托育岗位需求。支持社会力量培育托育服务人才，开办托育服务培训机构，或增设托育培训内容，从而对正规教育形成有效补充，满足社会对托育人才的应急需求。婴幼儿托育中心也可拓展业务板块，成立培训中心，进行培训和人才输出，构建专业的培训体系。积极挖掘潜在托育人力资源，扩大不同层次托育服务人才供给，充分挖掘婴幼儿家长、幼儿园退休人员、行业专家学者等人力资源，通过专业培训，推动引导有照护经验并有再就业意愿的女性转为托育服务人员。创新灵活招募方式，壮大托育服务志愿者队伍。

2. 加快建立托育人才资格准入制度

尽快研究制定托育人才资格准入标准，将“保育员”“育婴师”“家庭指导师”等资格证统一规范为“托育师”资格证，明确托育人员的任职资格和专业标准。将托育人员道德修养作为首要准入标准，注重考查婴幼儿照护实践应用能力，不断提高托育人员的专业素养。

3. 创新薪资机制，拓展职业发展空间

针对托育行业从业人员薪资待遇偏低、无法留住人才的问题，要建立完善托育人员薪酬确定机制，并充分考虑从业人员的职业特点，建立薪酬动态调整机制，使其工资收入水平高于社会平均水平，将托育服务岗位纳入公益性岗位范畴，通过适度财政补贴，保障从业人员的基本薪资，从而扩大从业人员队伍。制定完善托育从业人员技术等级评定制度，将专业技能等级与薪酬待遇直接挂钩。拓展托育职业发展空间，畅通职务晋升渠道，形成从业人员的职务晋升机制，留足岗位晋升空间，提高职业吸引力和职业荣誉感。

（三）持续释放政策红利，激发托育服务发展活力

1. 拓宽资金筹措渠道

河北目前主要采取地方政府统筹的财政支持方式，资金来源渠道单一。因此，一方面要加强财政支持，尽快出台婴幼儿托育服务财政支持细则，通过设立专项托育服务资金，确保年度财政资金定额定向划拨，专项支持婴幼儿早期发展工作。另一方面要发挥财政资金的杠杆作用，完善财政激励机制，加大向社会托育服务机构购买服务力度，以财政补贴激发社会资本进入婴幼儿托育服务行业意愿，扩大资金来源和服务范围，逐步完善婴幼儿托育服务的筹资机制。

2. 完善社会支持政策

探索实施多种方式的社会支持政策，尤其针对有意愿开办托育服务机构，但存在资金、场所、人员等方面困难的社会力量，给予政策支持。提升非营利性民办机构经营托育服务机构的积极性，在经费、培训等方面给予公共财政补贴，赋予民办非营利性机构与公办机构大体相当的政策支持力度。鼓励银行为托育服务机构提供低利率贷款服务，用电、用水、用气价格根据国家政策适当下调。给予经营困难机构一定期限内缓缴“五险一金”的政策支持，期满后足额补缴。尤其加大疫情防控常态化时期对托育服务机构的政策支持力度，优先满足托育服务机构在疫情防控方面的需求，最大限度减少疫情对托育服务机构的负面影响，帮助其渡过疫情难关。

3. 加大政务服务支持力度

开通机构办理绿色通道，简化托育服务机构申办审批手续，降低托育服务市场准入门槛。在确保安全、卫生等刚性指标必须达标外，可弹性放宽其他限制性指标要求，增强制度弹性，让托育服务机构有更灵活的运营机制，促进市场化托育服务发展。探索与保险公司合作建立托育意外保险制度，增强托育服务机构应对意外运营风险的能力。

（四）构建联动长效监管机制，有效提升托育服务质量

1. 完善准入退出机制

在国家政策的鼓励支持下，大量新生托育服务机构应运而生。新生托育服务机构缺乏相应的管理运营经验，因此需要制定严格的准入退出机制，明确准入标准和退出程序，实行“事前、事中、事后”动态化管理，进而整体提升托育服务质量。尽快制定托育服务机构考核标准，对新生托育服务机构的服务质量进行筛选，有效避免单纯逐利而服务质量不达标的行为。对于硬件设施严重不达标的照护机构限期整改，整改不到位的，应清出托育市场。

2. 构建新型信用监管机制

推动实施守信联合激励和失信联合惩戒，将托育服务机构及从业人员信用信息纳入公共信用信息平台，建立“黑名单”制度，积极推动修订相关法律，严厉打击破坏师德师风的不良行为，促进托育行业健康发展。

3. 建立多方联合监督机制

明晰各部门职能范围和权限，理顺各主体之间关系，打破部门之间壁垒，建立由卫建委牵头，教育、人社、妇联等部门协调配合的跨部门联合监管机制。借助人工智能、大数据、物联网等现代技术手段，整合托育服务机构备案、安全、人员等信息，构建综合管理信息系统。加强监督管理，重点关注诚信记录、人员信息，强化对服务过程的动态追踪，定期开展托育服务机构评估，并将评估结果等信息通过媒体等多种渠道向社会公开，畅通托育服务机构的媒体监督、社会监督和群众监督渠道，接受社会力量共同监督。

B.15

京津冀医疗卫生资源共建共享发展报告

刘彤　韩华*

摘　要： 自2015年《京津冀协同发展规划纲要》审议通过以来，京津冀协同发展被列为重大国家战略。“十三五”时期，以医疗服务、公共卫生、中医中药为主要内容的医疗卫生协同发展持续推进并取得显著成效。医疗卫生事业关系到人民群众的生老病死，与人民群众切身利益密切相关，是社会关注的热点，切实关系到广大人民群众的幸福感、获得感和安全感。“十四五”时期，京津冀联动合作加强三地医疗卫生资源共建共享，提升区域医疗资源均衡配置能力依然是需要持续推进的重要课题。

关键词： 医疗卫生资源　公共服务　协同发展　京津冀

京津冀协同发展战略以疏解非首都核心功能、解决北京“大城市病”问题为基本出发点，是国之大计。非首都医疗卫生功能疏解作为区域协同发展的重要一环，需要京津冀三地共同发力实现医疗卫生资源共建共享，着力推动区域内各要素有序流动，提升医疗卫生资源利用效率，缩小区域内医疗卫生技术水平差距，实现医疗卫生布局优化和高质量发展等多元目标。

* 刘彤，河北省社会科学院省情研究所研究实习员，研究方向为社会公共服务；韩华，河北医科大学第三医院器官捐献管理办公室秘书，研究方向为医学管理。

一　京津冀医疗卫生资源分布状况

医疗卫生资源是指提供医疗卫生服务的生产要素的总称，通常包括人员、医疗费用、医疗机构、医疗设施和装备、知识技能和信息等。很好地梳理和把握京津冀医疗卫生资源要素现状是补齐京津冀医疗卫生资源布局短板和实现医疗卫生资源共建共享的基本前提。

（一）医疗卫生资源布局分析

从京津冀区域内医疗卫生资源配置情况来看，在医疗卫生机构、医疗卫生机构床位、卫生技术人员等基本医疗资源分配上京津冀三地存在显著差距，京津冀区域内医疗卫生资源分布存在失衡现象。

在医疗卫生资源总量上，河北占据一定的优势，在医疗卫生机构数、床位数、执业（助理）医师数和注册护士数上都远超京津（见表1）。但是河北地域面积更大、人口更多，从人均医疗卫生资源来看，与京津的差距仍然需要缩小。在相对丰富的医疗卫生机构、床位资源的基础之上，人才资源的短缺和流失成为河北省医疗卫生水平持续提升的显著短板。在每千人口床位数上，河北与北京基本持平，多于天津，但是医疗卫生人才资源上的差距更能反映出河北所面临的困境，2020年京津冀三地每千人口卫生技术人员分别为13.8人、8.2人和6.9人；每千人口执业（助理）医师分别为5.4人、3.5人和3.2人；每千人口注册护士分别为6.1人、3.0人和2.7人。虽然京津冀协同发展战略自实施以来取得了一定成效，但是截至“十三五”末期，三地医疗卫生资源配置水平仍然存在明显差距，尤其河北每千人口卫生技术人员数与北京相比差距依旧较大，仅仅为北京的50%，京津冀区域内部医疗卫生资源分配不均衡问题依旧较为严重（见表2）。北京非首都医疗卫生功能疏解仍然任重道远。“十四五”时期，加强三地医疗卫生资源共建共享，保障北京非首都医疗卫生功能外迁，仍然是京津冀协同发展战略中的一项重要内容。

表1　“十三五”末京津冀地区医疗卫生资源情况

指标	北京	天津	河北
医疗卫生机构(个)	11211	5836	86926
医疗卫生机构床位(万张)	12.7	6.8	44.1
执业(助理)医师(万人)	11.9	4.9	24.0
注册护士(万人)	13.5	4.3	20.0
常住人口(万人)	2189.3	1386.6	7461.0

资料来源:《北京市2020年国民经济和社会发展统计公报》、《2020年天津市国民经济和社会发展统计公报》、《河北省2020年国民经济和社会发展统计公报》、第七次全国人口普查数据。

表2　“十三五”末京津冀地区每千人医疗卫生资源配置情况

单位：张，人

指标	北京	天津	河北
每千人口床位	5.8	4.9	5.9
每千人口卫生技术人员	13.8	8.2	6.9
每千人口执业(助理)医师	5.4	3.5	3.2
每千人口注册护士	6.1	3.0	2.7

资料来源:《北京市2020年国民经济和社会发展统计公报》、《2020年天津市国民经济和社会发展统计公报》、《河北省2020年国民经济和社会发展统计公报》及《第七次全国人口普查公报》。

(二)优质医疗卫生资源布局分析

优质医疗卫生资源指的是那些在整个医疗卫生服务体系中质量较高的资源，包括高水平的医疗人才和技术、先进的仪器设备、高品质的服务设施、良好的医学教育体系以及先进的医疗信息系统等。三级医院是中国内地医院等级划分中的最高一级，三级医院实现了对区域内高水平人才、技术、设备等医疗卫生资源的整合。一个区域内三级医院的数量可以作为衡量其医疗卫生技术水平的重要指标，也可以代表区域范围内优质医疗卫生资源的体量。

在优质医疗卫生资源上，北京占据了绝对的优势。2020年度中国医院排行榜前50名中，位于北京的医院有13家，除北京协和医院、中国人民解放军总医院外，还有北京大学第三医院、北京大学第一医院、北京大学人民医院等21家百强公立医院，北京同时拥有首都医科大学三博脑科医院、北京和睦家医院、北京大学国际医院、北京燕化医院、北京市健宫医院等5家百强社会办医院。天津作为超大城市，虽然在超级优质医疗卫生资源排名上比较靠后，但是三级医院数量十分可观，达到43家，相对于天津1380余万的常住人口的基数来说，人均可以享有的优质医疗卫生服务虽然不敌北京但是远高于河北。河北虽然地域面积最大，但是在优质医疗卫生资源上与京津相比差距巨大。不仅省内医院没有1家入围百强，而且仅有75家三级医院，与北京的105家相比差距巨大。相对于7400余万的庞大人口基数，人均优质医疗卫生资源可以说是捉襟见肘，区域内优质医疗卫生资源过分集中于北京，成为区域医疗卫生资源共建共享过程中需要解决的重要矛盾（见表3）。

表3　2020年京津冀三地优质医院及常住人口数量情况

单位：家，万人

指标	北京	天津	河北
三级医院数量	105	43	75
全国百强医院数量	21	3	0
常住人口	2189.3	1386.6	7461.0

资料来源：《中国卫生健康统计年鉴2021》、复旦大学医院管理研究所《2020年度中国医院排行榜（总榜）》、第七次全国人口普查数据。

（三）资源利用效率分析

京津冀三地医疗卫生资源利用效率存在巨大差距。京津两地特别是北京的优质医疗卫生机构不堪重负，大量来自全国各地的非北京户籍病患进京就医，扎堆现象严重，导致北京部分医疗卫生机构运转压力巨大，与此同时，河北很多医疗卫生机构却存在床位空置的情况。

2020年，北京11211个医疗卫生机构累计接诊人次1.82亿，天津5836个医疗卫生机构累计接诊人次为0.98亿，京津医疗卫生机构利用水平和资源利用效率相近。而河北拥有的86926个医疗卫生机构累计接诊人次仅为3.82亿，医疗卫生机构诊疗服务效率明显低于京津地区，尤其是低于北京（见表4）。北京优质医疗卫生资源高度集中且医疗水平高于河北，加之河北在地理上环绕京津，进京方便，因此在庞大的进京就医人群中河北病患人数最多，占比超过20%，大量河北病患选择进京看病，在一定程度上导致了首都医疗卫生资源超负荷运转而河北环京津地区医疗卫生资源却闲置浪费的局面。只有加快京津冀区域内医疗卫生资源的均衡配置，将优质医疗卫生资源向津冀地区均衡布局，提升区域内医疗卫生资源的整体使用效率，才能破解当前京津冀医疗卫生发展不平衡的难题。

表4　2020年京津冀三地医疗卫生机构诊疗服务情况

指标	北京	天津	河北
医疗卫生机构(个)	11211	5836	86926
诊疗人次(亿人次)	1.82	0.98	3.82
常住人口(万人)	2189.3	1386.6	7461.0

资料来源：《中国统计年鉴2021》、第七次全国人口普查数据。

二　“十三五”以来医疗卫生资源协同发展取得的进展

2014年京津冀协同发展战略被列为国家重大发展战略，该战略实施以来，涵盖医疗服务、公共卫生和中医中药等各个方面的医疗卫生资源协同发展显示出了一定成效，三地医疗卫生资源共建共享呈现良好态势。

（一）多层次协作机制创新

1. 区域间协同合作的制度框架基本建立

协同发展以来，在省级层面上，三地共同签署了《京津冀卫生计生事业协同发展合作协议》《京津冀协同发展采供血工作合作框架协议》《京津冀卫生计生人才交流与合作框架协议》《京津冀突发事件卫生应急合作协议》等一系列合作协议，搭建起区域医疗卫生资源协同发展的基础框架。在市级层面上，河北省部分毗邻京津的地市如张家口、承德、保定等充分利用地缘优势，及时跟进，与北京市、河北省签订《医疗卫生协同发展框架协议》以建立合作关系，争取北京市对于本地医疗卫生建设的支持。从省级层面到市级层面的合作框架有序建立，为京津冀医疗卫生资源共建共享打下良好的框架基础。

2. 医疗卫生协同机制趋于成熟

“十三五”时期，三地在医学检验结果互认、影像资料共享以及异地医保结算、人才协同培养、区域联防联控方面付出巨大努力并取得良好成效。截至“十三五”末期，京津冀三地医学检验结果互认项目达 36 项，全省 130 余家医疗机构与京津医疗机构实现临床检验结果互认；医学影像资料共享程度不断加深，全省共 90 余家医疗机构与京津实现医学影像资料共享；国家印发《医师执业注册管理办法》后，京津冀区域执业医师多点执业全面推开，三地跨省执业医师数量达到 2184 人；新冠肺炎疫情发生后，三地延续《京津冀突发事件卫生应急合作协议》就新冠肺炎疫情防控建立起高效的疫情联防联控工作机制。总之，三地有效实现了各种医疗卫生资源要素的有序流动，一定程度上提升了本地的医疗卫生资源配置效率以及利用水平。

（二）多元化合作模式探索

1. 共建科室模式

张家口市 6 家医院与北京市 6 家医院深入合作，开展了脑科、眼科、儿科、呼吸科、心外科等特色专科技术合作，共建了“脑科中心”“呼吸疾病诊疗中心”“心脏中心”。两地旨在通过共建科室的方式提升医疗卫生发展水平。在巩固前期合作的基础上，京冀张签署了《京冀张进一步深化医疗卫生协同发展框架协议》，为 2022 年冬奥会的医疗服务和提升张家口市医疗卫生服务水平提供优质医疗卫生资源保障。

2. 设立分院模式

河北省张家口市人民政府、崇礼区人民政府和北京大学第三医院三方合作在张家口市崇礼区设立北京大学第三医院崇礼院区。秉持优势互补、资源共享、互惠共赢、共同发展的原则，挂牌北医三院崇礼院区，该项目后入围首批国家区域医疗中心（运动创伤）项目。其中，河北省旨在共同打造国际知名运动诊疗创伤中心，持续提升冬奥会张家口赛区医疗卫生保障能力，为冬奥会保驾护航。

3. 整体托管模式

经过北京医院 5 年的托管经营，保定市儿童医院已发展成为医疗、教学、科研、预防保健、社区服务“五位一体”的综合性儿童医院，不仅硬件水平大幅提升，在北京专家协助下，多项技术也实现新突破，部分技术在国内也处于领先水平。该模式使河北患儿在家门口就能享受到北京优质儿科医疗服务，2017 年保定市儿童医院共实现日常门诊 5885 人次，同比增长 66%。

4. 专科联盟模式

河北省 12 家中医院与 12 家国家中医药管理局直属（管）医院、京津中医院共建专科联盟。京衡中医药“名片工程”启动，北京与衡水市中医院开展整体合作对接。京廊中医药“8. 10 工程”合作进展顺利，15 个老中医传承基地推进建设。河北省 19 家中医院与 6 家国家中医药管理局直属（管）医院在专科联盟、协同病房等方面深入对接，签署协议 229 个，实施合作项目 219 个。

（三）人民获得感与幸福感增强

1. 就近就便享受高质量服务

以北京市儿童医院全面托管的保定市儿童医院为例，2018 年保定市儿童医院成功救治首例非典型溶血尿毒综合征患儿，在整体托管之前，保定市所有的医疗机构都无法救治。而现在，随着协同的深入推进，河北病患在家门口的医院就能得到北京专家的诊治，享受到北京高质量的医疗卫生服务，这增加了河北人民的安全感和幸福感。

2. 就医成本得到降低

协同发展以来，三地积极尝试，不断探索，使群众在交通费、治疗费和报销比例等各方面享受到发展成果。以张家口脑科中心为例，同样一例普通脑瘤手术，在北京就诊需 4 万 ~6 万元，专科联盟合作实现之后在张家口就诊仅需 2 万 ~3 万元，诊疗费用大幅降低，让河北群众在家门口就能看得起病。该中心运行以来，累计减少进京就诊2.4万余人次，为百姓节省诊疗费用近10亿元。京津冀区域医疗卫生协同发展，已经让河北省人民群众享受到了实实在在的好处。

三　医疗卫生资源共建共享存在的问题

（一）统筹协调力度不足

当前协同发展的区域布局不均衡，没有实现错位发展。一方面，京津冀三地在医疗卫生协同发展过程中没有对自身做出明确的定位，三地发展目标任务不够清晰。另一方面，河北各地尚未在全省统筹下进行错位发展，盲目发展、同质化竞争等问题存在。而且当前的协同合作过度依赖点对点对接模式，各地在推进协同工作中普遍采用医院与医院间的点对点对接模式，一定程度上带来对接散乱、流程不畅的问题，尤其是北京市医疗卫生资源十分复杂，各类医疗卫生资源行政主管部门互不隶属，除市属医疗卫生资源之外，还有大量非市属医疗机构存在，在对接工作过程中困难和限制较多。

（二）重视程度各不相同

受地理区位和主观认识差异的影响，各地对工作的重视程度存在较大差距，影响了医疗卫生协同工作的推动效果。河北环京津地区与京津地缘接近，信息、人才等要素的流动更加便利，协同工作更易开展和取得效果，因此这些地区更重视。而冀中南地区既没有地域优势，也缺乏政策支持，协同工作较难展开，当地在没有得到实际收益的前提下很难重视起来。河北各地对医疗卫生协同工作重视程度的区别导致区域协同发展不均衡，南北发展程度不同。河北各地市与京津合作的协议数量存在较大差异。其中保定签署的协议数量最多，达108项，其次是唐山（74项），较少的有衡水（2项）、邯郸（0项）、辛集（0项）（见表5）。

表 5　河北各地市与京津合作的协议数量及其占比

	协议数量（项）	与北京合作的机构数（家）	与天津合作的机构数（家）	协议数量占比（%）
保定卫健委	108	61	7	25.12
唐山卫健委	74	23	9	17.21
张家口卫健委	69	58	0	16.05
石家庄卫健委	44	10	7	10.23
承德卫健委	37	13	10	8.60
秦皇岛卫健委	31	11	4	7.21
雄安新区公共服务局	25	5	4	5.81
邢台卫健委	17	13	0	3.95
廊坊卫健委	6	2	2	1.40
定州卫健局	6	2	1	1.40
直属医疗机构	6	1	0	1.40
沧州卫健委	5	4	0	1.16
衡水卫健委	2	2	0	0.47
邯郸卫健委	0	0	0	0.00
辛集卫健局	0	0	0	0.00
河北全省	430	205	44	100.00

资料来源：河北省卫生健康委员会。

（三）资金投入机制不健全

一方面，当前国家并未出台针对河北的专项支持政策和资金投入方案。河北没有专项资金补助，主要依靠京津的对口帮扶，但是这种方式覆盖范围有限且提升效果较慢，导致其单方面的推动和努力收效不明显。另一方面，优质医疗卫生资源以外的基础医疗卫生资源投入机制不健全。资金投入过分集中于优质医疗卫生机构，基层的医疗卫生机构建设投入力度不足，基层医疗卫生的土地、设备、人才等资源要素投入无法得到保障，导致分级诊疗制度的实施存在难度和面临障碍，加剧了优质医疗卫生机构的虹吸效应。

（四）人才支撑体系尚不完善

一是人才队伍的培养力度不足，医学人才进修渠道不广。由于地区间薪资水平标准和人才发展软环境的差异，河北很多医院缺乏对人才的吸引力，留不住人才，这在一定程度上导致了河北优质医疗卫生资源的短缺，加剧了京津冀区域医疗卫生发展不平衡。二是区域内医疗卫生人才流动性差。当前区域内人员流动受编制等政策体制的限制较严重，虽然已经出台了《京津冀卫生计生人才交流与合作框架协议》等相关政策，但政策推进计划、保障措施仍需进一步深化落地，尤其是医师多点执业的配套措施还不完善。人员职称衔接问题成为突出障碍，三地派遣专家待遇和职称不互认的现实情况，严重影响外派支援者的积极性，阻碍了人才流动。

四　持续推进医疗卫生资源共建共享

（一）明确区域重点功能

1. 将北京打造为高尖端医疗技术研发地

发挥北京“科技创新中心”的优势，将攻克医学前沿的尖端技术作为发展重点。提高医疗卫生科研能力，推动高尖端医疗卫生资源发展，着力于尖端医疗技术的试验开发。在满足本地人口就医需要的基础上切割一般性医疗卫生资源，将当前已有的优质医疗卫生资源向天津和河北迁移或者转移，把津冀地区打造为北京医疗卫生研究成果转换和落地的承接区。在减轻北京医疗卫生系统运转压力的同时，提高津冀医疗卫生资源使用效率。

2. 将津冀打造为医疗技术特色承接地

要根据河北省各地市实际情况明确不同区域的医疗卫生服务承接以及建设的重点，如张家口地区依托前期发展优势以及冬奥会举办契机，深化京张医疗卫生合作，重点加强骨科和急救能力建设；秦皇岛地区利用良好的医疗康养发展基础，加强北戴河生命健康产业创新示范区建设，重点发展心脑血管科以及肿瘤科等专科方向；立足雄安新区北京非首都功能疏解集中承载地的功能定位，支持新区建设国家医学中心、支持北京优质医疗卫生资源向新区疏解，将雄安新区打造为省内医疗卫生技术研发的高地。根据各地市的发展基础与现实情况选择承接北京转移资源，推进京津冀医疗卫生资源协同共建向纵深推进。

（二）强化人才队伍建设

1. 加强人才联合培养

在加大京津对河北医科院校扶持力度的同时，争取更多京津优质医学院校在河北的招录名额；鼓励河北医学院校积极自主寻求与北京优质医学院校的合作，通过联合培养等方式共同培养高水平高层次的医学专科人才；实施北京优质医学院校辐射河北方案，通过建设分校、教师对口帮扶、学科共建等方式，依托北京优质师资及科研实力持续提高河北医学院校的培养水平和培养能力。培养一批专业技术过硬的医疗卫生技术人员，补齐河北医疗卫生人才短板。

2. 逐步破除人才流动限制

一是三地政府进行统一规划，完善政策和法律保障，建立起区域人才协调机制。形成财政政策、办医政策、项目安排等方面的具体行动方案。二是明确人才培训机制。统筹建设三地共同的人才培养机制，将人才培训体制和培训方式标准化，避免区域内医疗卫生技术人才水平悬殊。三是完善医师跨区域多点执业。推动医疗卫生技术人才在区域内的自由流动和优化配置，实现三地医疗卫生服务水平、质量均等，让群众在本地就近放心就医。

（三）创新协同发展方式

1. 继续深化当前已有合作

“十三五”时期，京津冀在医疗卫生资源共建过程中已经形成了一批极具推广价值的合作模式，有效促进了人才、信息、技术等各要素在区域之间的有序流动。“十四五”时期，三地更应充分参考和借鉴当前已有成功经验，不断探索创新更多深度合作模式，推进更多高质量合作项目的开展和落地，持续提升京津冀医疗卫生合作共建层次。对于与京津合作经验较为丰富的环京津地区，河北应该在总结已有合作经验、推广典型成功合作模式的同时，鼓励其继续积极进行有益探索，进行合作方式创新，在原有基础上再形成一批具有代表意义和推广价值的新型合作模式，充分利用京津外溢的优质医疗卫生资源为河北医疗卫生事业发展注入活力。

2. 技术赋能新型合作模式

可以聚焦网络通信技术应用，用网络新技术来赋能传统合作模式，弥补区位不足。尤其是对于不具备区位优势且合作共建进程缓慢迟滞的冀中南地区，可以利用当代网络技术搭建远程合作平台来实现网络远程诊断、远程同步教学、远程技能培训等形式的信息互联共享，以信息网络来突破距离限制，带动其参与京津冀医疗卫生资源共建共享。通过技术赋能让区域医疗卫生合作共建在全省范围内全面开展，共享医疗卫生资源共建共享的丰硕成果。

（四）完善投入产出机制

1. 加大对于河北的资金投入力度

争取国家财政政策对河北地区的倾斜，加大对河北医疗卫生服务资金投入力度，逐步稳定河北的基本公共服务资金投入增加机制；保持河北省财政在医疗卫生领域投入资金规模持续增加，保证医疗卫生财政支出占当年财政总支出比例逐步提高；提倡社会力量投资医疗卫生服务；实现资源的优化配置。对于津冀地区承接设施的建设给予大力支持，完成优质资源在京津冀区域内的有效扩散和布局，疏解北京医疗卫生压力，促进区域内医疗卫生服务水平均等化。

2. 制定稳定的基础建设投资方案

建设基金用于保障承接地区土地等要素资源，有序推进各项基础建设工程，形成三级医疗机构与城乡社区卫生服务中心基础建设齐头并进的格局，提升区域内人均医疗卫生资源占有量。建立大型医疗设备更新机制，财政安排每年度先进医疗设备贴息补助，用于公立医院购买相对前沿的大型医疗设备，填补医疗卫生服务在部分区域存在的空白，提升医疗卫生机构诊断能力和服务效率。建立有效的人员绩效工资激励机制，对基层医疗卫生事业单位等实施绩效工资所需的经费进行补助，在保证基层医疗卫生机构公益性的同时让基层医疗卫生技术人员感到劳有所得，避免医疗卫生技术人才的流失。

（五）协同共建基地平台

推进医疗卫生资源在京津冀的合理布局，需要将河北作为重要的承接和转移平台，京津冀三地可以共同发力充分利用河北各地资源优势，共建基地平台。合作共建“四个基地”，在廊坊建立中西医合作基地、在西太行地区建立康疗培训基地、在省会石家庄建立中医中药示范发展基地、在雄安新区建立卫生技术研发示范基地。同时辅之以“三个平台”，构建区域内优质医疗卫生资源数据平台，继续推广完善远程诊疗数据平台，利用市场思维建立人才流动大数据平台。利用这四个基地、三个平台准确把握区域内资源流动情况，充分提高资源要素的使用效率，持续推进医疗卫生资源的共建共享。

参考文献

河北省人民政府办公厅：《河北省深化医药卫生体制改革 2021 年重点工作任务》，2021 年 7 月 5 日。

安艳芳：《我国优质医疗资源分布特点与改善策略》，《中国卫生质量管理》2011 年第 5 期。

成静：《京张医疗合作成效显现　京津冀医疗服务协同迈上新台阶》，《中国经济导报》2021 年 11 月 26 日。

蔡祎：《京津冀医疗卫生一体化中的地方政府协同研究》，《北京经济管理职业学院学报》2019 年第 3 期。

陈志国：《促进京津冀基本公共服务均等化研究》，《经济研究参考》2018 年第 15 期。

B.16

河北省深化职业教育产教融合研究

田增志*

摘　要： 河北省落实产教融合，促进深化校企合作，是贯彻“职教22条”相关文件精神，实现职业教育大发展的重要举措。针对当前产业变革、校企合作动机不足等，河北省应当建立产教融合柔性业态，充分发挥市场各类主体作用，构建产业企业、职业教育服务企业、职业院校三方合作机制，建立河北省产教融合技术协同平台，开展产教融合的技术研究和服务，以创新模式开拓河北职业教育产教融合新局面。

关键词： 职业教育　产教融合　河北省

职业教育是国民教育体系的“半壁江山”，正面承担育人育技职能，是职业人才供给的重要组成部分，直接影响着就业创业和人民生活、实业发展。在未来的社会主义现代化建设过程中，职业教育将发挥越来越重要的作用。

近日，中共中央办公厅、国务院办公厅印发了《关于推动现代职业教育高质量发展的意见》（以下简称《意见》）。《意见》指出要坚持产教融合、校企合作，推动形成产教良性互动、校企优势互补的发展格局；工作要求是坚持面向市场、促进就业，推动学校布局、专业设置、人才培养与市场需求相对接。

2021年《河北省教育事业发展“十四五”规划》（以下简称《规划》）

---

* 田增志，博士，河北省社会科学院社会发展研究所助理研究员，研究方向为教育社会学、文化社会学等。

提出要建立政府统筹、部门密切配合、行业组织积极参与的产教融合推进机制。《规划》明确了建设120所校企合作紧密中等职业学校和120个优质专业，以及30个紧贴产业发展、校企深度合作、社会认可度高的高水平专业(群)，培育30所省域高水平高职学校、40个省域高水平专业（群)、50个校企共建的生产性实训基地等发展计划。这些目标的实现均需要深度的校企合作，需要进一步完善“深刻有效”的产教融合机制，连接校企运作。《规划》提出：“积极培育市场导向、对接供需、精准服务、规范运作的产教融合服务组织。”产教融合服务组织是河北省产教融合改革的关键点、“中枢器官”，产教融合服务组织的运行机制是保障河北省职业教育走出省内特色之路、拓展全国优势、树立河北声誉的关键。

深入实施产教融合，推进校企深层合作，建立多元合作机制，打通产业链、创新链、教育链、人才链是当前及未来职业教育研究的重大问题、重要关切，也是社科研究的重点任务。

一　省内产教融合主要问题

河北省职业教育在政校企共同努力促进产教合作大发展的同时，与产业快速发展、人才需求变化不相适应的问题也依然存在。

（一）校企合作层次较浅

举办个仪式，再挂个牌子，后续工作就停滞了，有效互动其实不多，很多产教融合形式大于内容。目前许多职业院校的产业学院，停留在挂牌、就业等浅层合作上，是传统的就业实习的“产教融合版”。合作重前期、轻后期，重形式、轻管理，双方缺少专业人员对接、跟进、管理，导致合作缺少成果、没有实效。职业教育实践反复证明：学校与产业企业直接“硬对接”，双方缺少专职人员，工作具有偶然性，投入较少，无法产生深层的合作，存在较大的专业鸿沟；深度合作必然是长期的、常态的，其间需要专业的运营技能，合作成果需要专业人才完成，缺少则必然是浅层合作。

（二）协同机制不健全

缺少协同机制是主要问题。调查显示，共建共管组织松散、管理办法不成熟、主管机构不明确、协调流程不完善、协同效率低下都是企业普遍认为的校企合作中存在的问题。河北省内各行业职教集团在形式上完成了协同的组织建设，但在中层上、技能与机制上没有实现机制驱动。协同目前主要是政策被动驱动，追求政策形式的完成，而不是教育发展的内涵成果。企业和学校双方积极性不强，学校是政策驱动，企业则是营利性驱动，机制对学校特别是对企业的内在驱动力不足。“校企双冷”的状态没有根本改变。

（三）缺少市场服务机构

校企合作项目涉及利益主体林立、协调成本高昂、合作团队不专业、依赖一把手重视、合作不稳定等问题突出。不管是产业系统还是教育系统，任何一方都无法依靠自身的力量来推动产教融合各项任务的落地。《规划》提出：“积极培育市场导向、对接供需、精准服务、规范运作的产教融合服务组织。”目前省内 28 家职教校企服务机构中兼职、挂职较多，在企业调研、课程开发、教学支持、实习就业上帮扶不大。服务机构缺少市场机制，没有嗅学校需求、抓企业兴趣的能力。近年来的发展实践与研究证明，“圈子不同，不能硬容”，学校与产业存在“体质本质差异”，必须在产业与教育之间建立一个第三方服务市场，由第三方以专业服务的方式连接产业与教育。

二　河北多元产教融合策略

校企驱动机制是产教融合的核心和生命力。目前存在法律、政策、契约、交易、资助五种主要的驱动机制，其中政策和契约、交易是主要的，契约和交易均属于市场机制，政策主要作用是引导、宣传和财政激励。因此，应落实进一步扩大市场主体进入，深化市场机制，建立多元产教主体融合机制的顶层设计。

（一）坚持互补基本原则

共同投入、资源互补、利益共享的互惠行为或模式是产教融合的根本要求。推动校企资源互补，寻求“补集”，通过产教融合实现“全集”的效果，是必须坚持的原则。对互补资源的“共同投入”是合作的基石，在行动中开展“共同管理”，追求“共同利益”。

（二）把握四个重点方向

结合河北省“十四五”规划和河北省重点产业发展整体布局，围绕人才与规划打造职业教育产教融合重点。

四个规划方向：根据河北发展规划，协同京津冀人才合理流动、雄安新区发展需求满足、民生就业稳定、产业驱动升级四个方向，围绕产业链供应链现代化、战略性新兴产业、现代服务业、现代数字经济，培养新兴人才、高技能人才。

四个人才方向：重点培育高新技术产业人才、创新创业型人才、乡村振兴式人才、军民融合型人才。通过深化人才培养方式，提高人才质量，提升毕业生就业率，保障民生就业；鼓励创新创业，建设一批职业技能人才“孵化器”，探索“3In”（创新、投资、创业）模式，实现创业带动就业；助力乡村振兴，遴选若干县级职业学校，探索“社区学院”模式，培养有技术、有资格、有希望的“二代农民”；进一步降低退役军人上职校、学技术的门槛，以全方位政策保就业、保民生，落实“六稳六保”。

（三）打造多元融合驱动机制

以《职业教育法》为基础，以《河北省教育事业发展“十四五”规划》《河北省人民政府办公厅关于深化产教融合的实施意见》为建设目标依据，通过政策引导、政策优惠、税费地人打包式政策缩小校企合作中的利益差异；利用政策，相关科研院所构建合作平台与机制，解决单一学校或企业在寻求校企合作中的成本与风险问题；利用政府信誉与影响力创造合作机遇和调停矛盾；通过政策，政府可对校企合作进行监督、管理。

以契约驱动为主体。通过市场机制，引导社会多元力量参与办学，发展产教融合型企业，支持采取股份制、混合制形式办学等。更多地把政策要求变成市场主动行为，培育产教融合市场，支持鼓励一批科研院所、教育技术企业服务于校企合作。开发校企合作经纪人职业，完善校企合作经纪人职业资格标准。在满足学校需求、方案设计、课程开发、产业资源挖掘、双师双向人才中介服务中，由市场化企业及专业的经纪人来承担相应职能。

（四）建立市场调节机制

市场的自发调节是主要手段、常规手段，调整的目标是学校培养的人才结构、水平和数量无限趋近企业的需要，这需要充分发挥职业教育技术机构的作用，建立产教融合工作的协调管理制度。

校企合作应避免“零和”合作，坚持“共赢”理论，资源的互补能提高教育和生产的效率（或质量），即双方获得了额外的利益。应坚持以市场为主、政策或监管机构协调为辅的调节机制。通过委托授权、职能转移、项目交付等形式，政府建立或支持第三方组织以第三方的身份整合高职院校的人才需求及企业的人才和岗位资源，完成开发立体化、可选择的产业技术课程和职业培训包等具体对接工作。企业参与产教融合的最直接原因是市场需求的驱动。对市场的敏感反应决定了服务企业可以把产业最先进的技术、精准的人才要求、专业的职业标准、课程设计，“交硬盘式”地交给学校，使之“拿来即教学”，真正形成校企命运共同体。

（五）发挥京津冀协同优势

落实河北省“十四五”规则，充分发挥临近京津的优势，与行业头部企业、教育技术类公司合作，建立教育技术转化的中间业态。

发布并立项京津冀产教协同项目，支持三地校企深入合作。以应用型、成果型项目为主，要求项目立足学校需求，教学应用、学生受益，周期短、见效快，有可见和可用的教材、标准、设备、人才等落地学校一线教学。建立专项管理机制，开展学校需求和企业清单及资源的调研、征集、立项、发布、招募、评审、批准、结项等一系列工作。

三　探索河北三主体融合闭环

（一）打造省内产融闭环业态

企业面向市场，关心的是利润。企业内没有懂教育、懂课程、懂教学的人员，也不会为校企合作单独安排专业人员编制，所以即使企业有新技术、新设备、高级工程师，也难以转化为教学资源等。学校专业教师懂教学，但是不懂课程开发。而且教学资源开发需要编程、动画、三维、硬件加工、媒体设计等第三方技术参与。因此，企业与学校直接合作常常无法产生深层互动，这是校企合作中难以互补的重要因素。即使是安排实习和就业这种浅层项目，目前的趋势也是通过第三方人力资源公司来实现。

而职业院校主要受益于教育技术类公司，即负责将新技术、现场级设备开发成课程、方案、课件、微课和虚拟仿真实训软件的企业。校企之间的闭环需要第三方服务组织来连接，应当鼓励产业企业、教育服务企业、职业院校三方共同合作，构建顺畅的合作运营机制。

校企合作是产教融合的本质，而不是形式。在产教融合过程中，应当不拘泥于形式，不限定主体，鼓励多元主体共同参与合作，凡是能转化产业需求、提供优质教学资源、提高教学质量的合作，均是可以促进职业教育高质量发展的，都应认定为产教融合的形式。

（二）打通省内三方协同模式

三个主体。产业企业、教育服务企业、职业院校三方应密切合作。产业企业是现状，决定了是什么需求、要什么人才、学什么技术、用什么设备。

教育服务企业调研整个产业发展状况并提供咨询、规划、研究、开发、培训、指导、对接等服务，负责把产业资源、技术转变为教育资源、教育产品、教育材料、教育知识、教学方法，负责创新。职业院校负责提出需求、参与开发、鉴定要求、改进应用、参与创新。三个主体可以顺畅地打通产业链、创新链、教育链和人才链。

三个段位。校企合作中的学生生涯就业、人才培养方案、课程师资资源三个方面，分别解答了想培养什么、怎么培养、用什么培养三个核心问题。

三大服务。针对三个主体、三个段位，分别提供智库服务、经纪人服务、技术研发服务。

（三）培育建设产教协同平台

刘育锋（教育部职业技术教育中心研究所国际比较研究室主任）认为，当前我国尚缺乏专门的机构组织协调各方利益、监测和评价人才培养过程；政府应该出资、出制度，发挥市场配置作用，为各方参与职业教育搭建平台。产教融合机构应包括政府、学校与第三方服务机构，其中以第三方服务机构为主。

应落实河北省教育厅《关于推动职业教育高质量发展加快建设技能型人才强省的实施意见》，积极稳妥推进“培育市场导向、对接供需、精准服务、规范运作的产教融合服务组织”。建立国内首家产教融合技术协同机构，如委员会、研究院、校企技术开发中心等，开展产教融合技术研究、政策咨询、校企合作资源整合对接等工作。

四　产教融合技术服务组织功能

（一）发挥产教融合智库优势

产教融合技术服务组织应发挥产教融合智库作用，整合京津冀及国内优质职业教育产品服务商、一线产业企业、各级各类职业院校，调查研究省内职业学校在专业设置、人才需求、课程开发、资源建设、师资培训、虚拟仿真、实验实训设备等方面的不足与需求，发布相关研究成果，指导学校采购与建设。

开展校企合作中的人才、设备、专利、成果等产权研究，制定适合院校与企业的产权价值评估标准与流程，设立中立的、有政府公信力的产权评估机构。提供技术咨询服务，帮助学校出思路、出方案、定标准、出参数，改变职业院校无序建设、低效采购与重复建设现状，提高财政利润率、建设成效。

（二）提供职业能力接口

对于职业教育中的技术接口服务，包括教学与生产对接、教室与车间对接、作品与产品对接、考试与质检对接、学生与员工对接、教具与设备对接、教师与师傅对接、书本与实物对接、过程与情境对接等，开展合作接口标准、技术与制度型研究，制定合作标准。接口服务可以使校企人力资本投入最小化，最小限度地影响企业生产，最大限度地影响学校教学，深化校企合作。良好的接口门径管理服务，有助于校企互通更新机制，提高教学质量，实现内涵式发展。

（三）职业教育技术研发

开展校企合作技术研究、合作模式研究，提供课件开发技术、在线 VR 和 AR 技术、职业技能萃取技术、二维积件技术等校企深度开发中的技术参照，让学校与企业能够有对话基点、项目标准、招标基线。承接学校课程开发、职业标准、企业调研、新媒体教育技术资源开发，负责企业现场级技术、设备向学校教学场景的课程、教材、课件、资源库、仿真中心及师资能力提升的转化。保证校企合作成果有用、好用并切实用于教学，提高学生兴趣，实现真正的产业现场级技术无缝转化为教学内容、教学方法、教学工具。

（四）开展帮扶对接服务

协同平台也应该建立和完善有利于职业教育发展的服务体系，搭建校企合作平台，对本地区的、下属的职业学校校企合作开展帮扶工作。考察河北省内外企业引进京津企业优质资源。开展需求对接、需求方案设计、商务交流、合作谈判、校企考察等，全流程帮助学校“找客户”，实现校校有主干（专业）、校校有企业（合作）的发展目标。

组织开展省内外产教融合交流会议、论坛、大赛；组织开展校企交流会、校企考察、专业教师企业游学等多种形式的对接活动。

开展产权服务。针对校企合作中出现的产权、合同边界模糊，开展产权委托、管理、纠纷研究与服务。

（五）开展经纪人培训工作

开展产教服务行业人员标准研究。产教融合技术经纪人专职从事产业研究、企业评估、招商引校、需求分析、方案设计、签约服务、引后管理等工作。专业的经纪人服务将极大推动产教融合行业繁荣，规范校企合作的流程，深化校企合作模式，提高职业教育人才培养质量。

服务组织应率先研究并建立产教融合技术经纪人的职业标准、入职要求、资格证书制度。开展产教融合技术经纪人培训工作，建立校企合作专业人才队伍、行业人才标准，提高准入门槛。

开展产教融合培训。针对产教融合政策、理论、国内外先进经验，开发培训课程、构建讲师经济。在2年内基本实现全省职业院校校企合作相关教职工全员培训，实现上岗工作。

（六）建立多维评价标准

继续深入落实教育部“1+X”职业等级认定制度、工程类专业认证制度。在5年内发展若干“新兴职业+紧缺职业+职业技术师范”重点建设专业试点。通过证书、用人单位评价、教师评价激励职业教育校本改革，促进职业教育内涵式发展。

五 “产校专”融合有序落实

（一）孵化冀职教创新发展高地

积极探索服务组织“产教项目孵化器”，创建河北省职业教育创新发展高地。

以加强56所中高职学校校企合作、完善4所应用型本科高校产教融合实训环境、推动6所本科高校实践教学建设为契机，开展一批校企合作服务，支持相关企业、科研院所开展校企合作对接服务。探索创新机制，改变河北跟进模仿的态势，做到首家首个，突出地方特色，服务地方发展。

（二）省内一校一企一专业

鼓励省内职业院校根据优势专业发展一个产业学院，实现一校一企一专业，突出专业优势，侧重产业重点，集中学校力量办好一个产业学院。特色决定生命力，坚持“优势资源，集中使用”的原则。开展产业学院研究，做好产业学院监测、调研、评估指标研究，针对政策、财政支持提供动态建议。

开展“三一建设”（一校一企一专业），实现各行业有一个重点院校，一个院校有一个特色专业，建立一个深度产业学院，根据产业学院指标给予财政支持。

通过优势专业产教融合，实现带火一个专业、带活一个职校。实现由一校一企一专业向一校多企多专业发展。

（三）京津冀一区一业一特色

职业教育发挥对河北经济的促进作用，结合京津冀整体规划，围绕省三

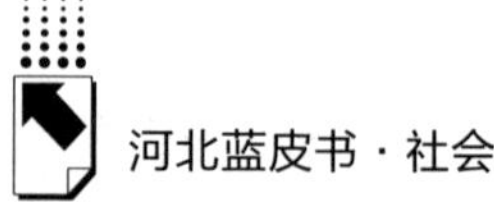

大任务，满足雄安新区新产业人才需求，承接生物医药、新能源材料、交通基建、信息技术等重点产业，开展符合京津冀产业布局、发展趋势、未来需求的专业建设，配合产业迁移、新区再造、人口流动、企业引进，把产业与教育统筹考虑、全盘规划，实现技能人才供给吸引产业落地、产业落地保障人才用工、人才用工保障教育招生的良好发展格局。

职业教育是保障民生、产业技能人才供给的重要组成部分，与其他教育类型相比，职业教育的政策更加开放灵活，支持多元多主体多形式办学，职业教育在未来大有可为，也是地方教育实力提升的着力点、教育特色创建的突破口。

参考文献

杨劲静：《产教融合在高职应用型人才培养中的问题与对策研究——以南京A学院为例》，硕士学位论文，南京师范大学，2020。

陈星：《应用型高校产教融合动力研究》，博士学位论文，西南大学，2017。

石竹：《四川省教育厅促进民办高职院校产教融合发展的案例研究》，硕士学位论文，电子科技大学，2020。

庞世俊、庞少召：《职业教育中校企合作的驱动方式解构、问题与策略》，《中国职业技术教育》2010年第15期。

徐健：《产教融合：运行机理、实施困境与对策建议》，《江苏教育研究》2021年第27期。

贺耀敏、丁建石：《职业教育十大热点问题》，中国人民大学出版社，2015。

宋军平：《地方政府促进高职院校产教融合发展研究》，硕士学位论文，西北师范大学，2015。

刘媛媛：《高校转型背景下产教融合支持系统建立研究》，硕士学位论文，沈阳师范大学，2016。

朱俊、田志磊：《从初始产权到混合所有职业院校校企合作的制度变迁》，《中国职业技术教育》2015年第30期。

B.17

加强社会救助创新发展研究

郭雅欣*

摘　要： 近年来，河北省社会救助工作取得重要成效，专项社会救助逐渐完善、社会参与力量更加充实、运行管理机制不断优化。与此同时，河北省社会救助发展仍存在诸多问题：社会救助对象广泛性不足、社会救助项目系统性匮乏、社会救助机制协调性不够、社会救助力量多元性缺失、社会救助发展平衡性较差。对此，应当处理好“四对关系”，即权利与责任的关系、生存与发展的关系、广度与精度的关系、效率与质量的关系，并从完善社会救助识别方式、服务内容、运行机制、参与力量、统筹发展五个方面出发，力争做到精准救助、温暖救助、高效救助、多元救助、全面救助。

关键词： 社会救助　低保　脱贫攻坚　河北省

社会救助是社会保障的最后一道防线，是维护社会公平的重要制度安排。2020 年 4 月，中共中央办公厅、国务院办公厅印发《关于改革完善社会救助制度的意见》，为社会救助的进一步完善与发展提供了方向与路径。河北省坚持党的全面领导，坚持以人民为中心，河北省“十四五”规划明确提出完善农村社会救助制度。2020 年 7 月，河北省委办公厅、省政府办公厅印发《关于改革完善社会救助制度的若干措施》，梳理了社会救助 6 个

* 郭雅欣，河北省社会科学院科研处，研究方向为社会工作。

方面24项重点任务，有效推动河北省社会救助工作高质量发展。近年来，河北省通过不懈努力与坚持，社会救助体系不断健全，取得重要成效，为实现“十四五”规划目标奠定了重要基础。

一　河北省社会救助创新发展取得的成绩

（一）基本生活救助有效发展

河北省先后印发《关于进一步做好困难群众基本生活保障工作的通知》《河北省低保边缘家庭认定办法（试行）》，将特困人员救助供养覆盖的未成年人年龄从16周岁延长至18周岁，并完善了低保边缘家庭的认定与监管工作，为促进河北省基本生活救助工作的发展与完善奠定了基础。

建立了低保标准动态调整机制，落实“单人保”“刚性支出扣除”“低保渐退期”政策。2015年底到2020年底，河北省城乡低保标准年均增长率分别为10.9%、15.3%。到2020年底，城乡低保标准分别达到每人每月705元、每人每年5496元。农村低保标准始终高于扶贫标准，建档立卡贫困人口中民政兜底保障人员占到36.6%，高于全国平均水平约16个百分点。截至2021年10月，全省共保障城乡低保对象167.9万人、城乡特困人员25.7万人。

（二）专项社会救助逐渐完善

专项社会救助涵盖医疗救助、教育救助、住房救助、就业救助等。近年来，河北省印发了《河北省疾病应急救助制度实施办法》《河北省农村贫困失能半失能人员照护服务工作方案》等文件，为专项社会救助的发展与完善提供了坚实的政策支持。

2016～2020年，河北省资助家庭经济困难学生1130万人次。2020年，多措并举实现138.4万因病致贫返贫人口成功摆脱贫困。截至2020年11月，河北省全面完成农村危房改造任务，99.5万户建档立卡贫困户住房安全问题已全部解决。截至2021年3月，累计培训贫困劳动力24.57万人次。截至2021年10月，残疾人纳入低保54.9万人，纳入特困供养8.2万人；60岁及以上老年人纳入低保82.2万人，纳入特困供养21.9万人。另外，河北省建立健全困境儿童分类保障制度与农村留守儿童和困境儿童关爱服务体系，在原有的散居和集中养育孤儿的补贴标准之上均提高300元。

（三）急难社会救助扎实推进

河北省于2020年5月到2021年6月开展流浪乞讨人员救助管理服务质量大提升专项行动，累计救助生活无着的流浪乞讨及临时遇困人员3.1万人次，新建、改扩建救助管理站22个，发布寻亲公告2385条，帮助1864人寻亲成功。

“十三五”时期，全省累计投入约4.6亿元救助资金，及时有效救助了26.4万人次流浪乞讨人员。临时救助、流浪乞讨人员救助年均30万人次。印发《关于进一步做好新冠疫情防控期间困难群众基本生活救助工作的通知》。2021年以来，因疫情、灾情纳入低保1021人、纳入特困供养206人、临时救助22000人次、开展其他救助6.2万人次，有效保障了疫情防控和防汛救灾期间困难群众基本生活。

（四）社会参与力量更加充实

2020年3月，河北省政府办公厅印发《关于设立社会救助基金的指导意见》。2020年6月，河北省社会救助基金会成立。截至2020年10月，河北省共成立192家社会救助基金会。截至2021年10月，各级社会救助基金会共直接救助困难群众1646人，支出资金767.2万余元。另外，在2018年至2020年期间，河北省每年筹集彩票公益金2000万元，倾斜支持10个贫困县的农村养老设施建设。河北省积极实施残疾人福康工程、孤儿明天计划、福彩助学和福彩暖冬工程，助推社会救助工作的全面发展。

河北省印发《关于推进社会工作高质量发展　畅通参与基层社会治理

途径的意见》《推进全省乡镇（街道）社会工作服务站点项目建设实施方案》，为进一步提升基层社会治理水平与社会工作服务水平提供了政策目标与实施方向。“十三五”时期，河北省专业社会工作者队伍达到7.6万人。截至2021年11月，河北省注册志愿者1138万余人，服务总时长超1.3亿个小时，志愿服务团体约4.9万个，有效充实了社会救助工作的参与力量。

（五）运行管理机制不断优化

2020年9月河北省出台《关于建立完善社会救助与就业和社会保险等信息共享核查机制的通知》，促进人力资源和社会保障部门与民政部门信息共享。2021年6月印发《开展最低生活保障审核确认权下放乡镇试点工作指导方案》，进一步优化城乡低保审核确认程序，提升低保对象认定精准度和审批效率。开展农村低保专项治理巩固提升行动，截至2021年10月，共清退不再符合条件的低保对象106810户162408人。

河北省充分运用大数据、云计算等信息技术，打造“智慧”社会救助管理平台，实现社会救助业务全程在线办理、可追溯。累计开展新申请、在保人员复核工作1257万人次；建立防致贫对象监测预警信息系统，对全省102万名防致贫对象建立“两不愁三保障”电子台账；截至2021年6月，累计完善数据540多万条，排查低保对象86.9万户次、特困对象21.8万户次，发布风险预警210次，并开展有效帮扶；截至2021年10月，低收入人口数据库初步建成，数据库涵盖各类困难人群，为开展低收入人口动态监测和常态化救助帮扶奠定了坚实基础。

二　河北省社会救助创新发展面临的问题

河北省社会救助工作虽取得重要成效，但仍存在诸多问题，即社会救助对象广泛性不足、社会救助项目系统性匮乏、社会救助机制协调性不够、社会救助力量多元性缺失、社会救助发展平衡性较差，加强社会救助创新发展任重道远。

（一）社会救助对象广泛性不足

2020年底，河北省常住人口约7461.0万人，城乡低保对象179.8万人，城乡特困人员26.4万人，低保对象与特困人员总数占常住人口的2.76%，低于全国平均水平，这在一定程度上说明河北省的社会救助规模整体小于全国平均水平，社会救助对象广泛性不足。此外，根据图1可知，2021年1～8月河北省城乡低保的保障人数均逐月下降，救助规模呈现明显的缩小趋势，未来保障人数有可能会进一步减少，对此应当重点关注。

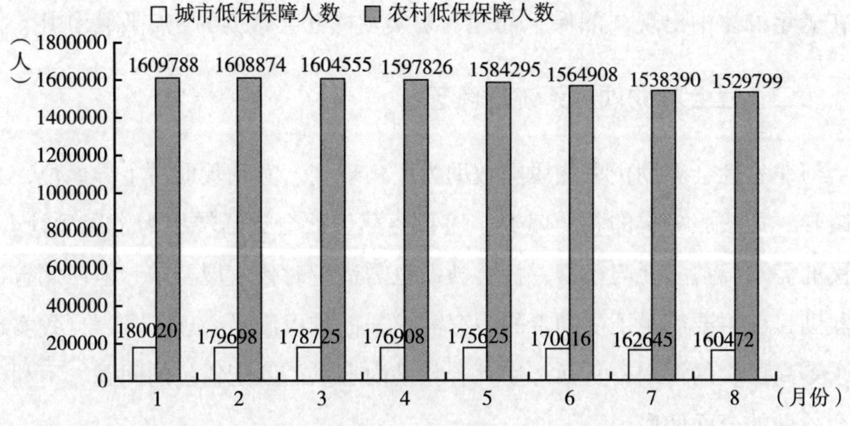

图1　2021年1～8月河北省城乡低保保障人数

资料来源：河北省民政厅数据。

关于低保人数下降，一方面可能是由于全面核查与整治筛除了原有的“错保”对象，另一方面可能是由于在新的形势下对贫困群体存在一定的“漏保”现象。具体而言，在消除绝对贫困后，需要关注到相对贫困的群体更为多样化。在社会流动、人口老龄化加剧的背景下，更需要关注流动人口与老年人口。第七次全国人口普查中河北省人户分离人口、流动人口分别比2010年第六次全国人口普查增长138.34%、129.71%。在城乡二元结构下，日益增长的流动人口面临户籍障碍，导致困难流动人口难以享受相应制度化的城乡社会救助，从而形成一定程度的“漏保”现象，不利于社会公平与社会和谐。

河北省的人口老龄化形势也较为严峻，根据第七次全国人口普查数据可知，截至 2020 年 11 月，全省常住人口中，60 岁及以上人口、65 岁及以上人口占总人口的比例分别为 19.85%、13.92%，而全国 60 岁及以上人口、65 岁及以上人口分别占比 18.7%、13.5%，说明河北省 60 岁及以上人口占比与 65 岁及以上人口占比均高于全国，即河北省人口老龄化程度高于全国平均水平。据预测，到 2035 年河北省老年人口占比将达到 30% 以上。对此，河北省老年群体社会救助工作将面临更严峻的挑战，其中需要重点关注失能老年人、失独老年人、丧偶老年人、空巢老年人、“老漂族”、高龄老年人等相对弱势的老年群体，通过主动、及时、高效救助贫困老年群体，防止在老年群体中出现“漏保”问题，切实发挥社会救助的兜底保障作用。

（二）社会救助项目系统性匮乏

河北省社会救助仍以物质类救助为主，现金、实物救助占主导地位，心理疏导、司法服务类的救助偏少。随着生存型社会逐渐转型为发展型社会，人民的需求日益多元与丰富，社会救助也需适应时代发展要求，但河北省社会救助目前主要满足了受助者的生存需求，而难以满足心理需求、自我实现需求等高层次的需求，从而产生社会救助内容供需匹配错位的问题，不利于社会救助的全面兜底。

另外，河北省预防类的救助有待加强，补救类的救助仍占主导地位，“输血式”救助虽见效快，但为了实现根本性、可持续性的发展，“造血式”救助不可或缺。“授人以鱼式”救助充足而“授人以渔式”救助匮乏，极易形成“养懒汉”现象，造成福利依赖，且治标不治本。

河北省的社会救助项目之间也缺乏系统性，低保制度与专项救助之间存在制度捆绑。多数情况下，获得低保资格便能获得其他专项救助资源，这种“福利叠加”导致少数人获得了很多待遇，而非低保户的低收入群体难以享受专项救助以及其他必要的社会救助待遇，从而形成“福利排斥”，且扩大了低保户与非低保户之间的收入差距，形成“悬崖效应”，这种缺乏统筹安排的救助项目，不利于社会公平与稳定。

（三）社会救助机制协调性不够

第一，社会救助部门之间的协调性不足。当前社会救助涉及民政部门、乡村振兴部门、教育部门、住建部门、人社部门、医疗保障部门、农业农村部门、应急管理部门等，易造成救助项目交叉或遗漏，资源分散且缺乏合力。河北省虽已建立社会救助联席会议机制，并定期召开省级社会救助联席会议，但联席会议仅是一种协调媒介，并非正式的常设机构，约束性不足，难以有效、持续地发挥部门合力。另外，市、县级社会救助联席会议机制虽已全部建立，但实际作用发挥不足，制约了各级部门之间的有效沟通与联动决策。

第二，社会救助信息化建设有待进一步加强。在河北省社会救助信息化建设中，跨部门数据共享、分级分类贫困预警、数据动态更新等方面仍有改善空间。此外，县（市、区）民政部门尚未实现利用易流浪走失人员信息库和流浪返乡人员数据库进行动态管理，这掣肘河北省临时社会救助的高质量发展。

第三，基层社会救助工作规范化水平不高。基层低保工作中的形式主义、官僚主义、资金监管不力等问题仍然存在，“错保”“骗保”“漏保”“搭车保”“人情保”现象制约着社会救助工作的发展与完善。河北省当前政府购买服务较少，基层压力大，且难以及时、客观、公正地识别与核查困难群众信息，与“放管服”改革工作“放得下、接得住、做得好”目标还存在较大差距。

（四）社会救助力量多元性缺失

河北省社会救助主体中，社会力量仍较为薄弱，政府负担较重，社会力量参与社会救助工作的潜力还有待进一步挖掘。目前市、县尚未实现社会组织孵化基地全覆盖，专业的社会救助组织或机构数量偏少。2021 年 6 月河北省建成乡镇（街道）社会工作服务站 51 个，年底前计划建成 289 个，而湖南省已建立 1933 个乡镇（街道）社工站，二者存在较大差距。

2020 年底河北省城乡特困人员 26. 4 万人，而各类提供住宿的收留抚养类机构1781个，床位23.52万张。其中，特困人员供养机构仅有299个，床位5.24万张，特困人员供养床位占比仅为22.3%，机构和床位的供给远少于需求。

河北省社会工作服务内容不够全面，持证社会工作者数量偏低，社会工作专业人才占总人口比例不足1.4‰，专业性有待进一步加强。此外，河北省社会救助志愿服务队伍力量薄弱，志愿服务广泛性不足，更侧重党史学习教育、疫情防控、绿色环保、便民服务、消防安全等活动，关于社会救助方面的慰问孤寡老人、关爱留守儿童、帮扶流浪人员等活动相对较少，志愿服务潜力有待进一步挖掘。

（五）社会救助发展平衡性较差

目前河北省社会救助发展不平衡，存在较大的城乡差距与区域差距。城乡二元结构下，社会救助存在户籍壁垒，城乡发展不平衡。截至2020年底，全国城乡平均低保标准分别为每人每月677.6元、每人每年5962.3元，河北省城乡平均低保标准分别为每人每月705元、每人每年5496元，河北省城市平均低保标准高于全国平均水平，而农村平均低保标准低于全国平均水平，一定程度上体现了城乡社会救助发展不平衡，城乡统筹发展有待进一步完善。在区域差距上，河北省东、中、西部经济发展水平相差大，人均收入水平也不尽相同，区域之间的低保标准也有较大差异。如表1所示，在城市低保方面，全省平均低保标准最高的城市为廊坊市（771元/月），并列最低的是承德市与定州市（650元/月），相差121元。廊坊市人均支出525元/月，却低于定州市人均支出530元/月，人均支出高的城市平均低保标准却不高，反映出河北省低保工作中存在的区域差距。在农村低保方面，平均低保标准最高的为廊坊市（9252元/年），最低的是定州市（4416元/年），相差4836元，而廊坊市与定州市的人均支出仅相差184元/月，即2208元/年，远小于平均低保标准上的差异，说明河北省社会救助工作区域发展不平衡，各区域间存在较大的差距。

表1 2021年8月河北省城乡低保情况

地区	城市低保			农村低保		
	保障人数（人）	人均支出（元/月）	平均低保标准（元/月）	保障人数（人）	人均支出（元/月）	平均低保标准（元/年）
河北省	160472	443	710	1535173	289	5573
石家庄市	9435	609	762	124963	276	5727
唐山市	10816	647	770	63932	438	6605
秦皇岛市	8831	522	726	42410	278	5006
邯郸市	25911	407	702	193846	249	5124
邢台市	18745	395	672	212157	266	4836
保定市	12172	441	665	180905	293	4892
张家口市	40582	386	660	315651	282	4893
承德市	16404	379	650	174925	255	4800
沧州市	7036	479	724	95791	320	6062
廊坊市	3238	525	771	41915	486	9252
衡水市	6101	471	730	67103	307	5452
定州市	855	530	650	16201	302	4416
辛集市	346	498	665	5374	318	5160

资料来源：河北省民政厅数据。

三 加强社会救助创新发展需要处理好的关系

面对社会救助工作中出现的问题，加强社会救助创新发展需要政策制定者与政策实施者处理好四对关系，即权利与责任的关系、生存与发展的关系、广度与精度的关系、效率与质量的关系。

（一）权利与责任的关系

对于受助者而言，接受社会救助是一种权利。我国《宪法》规定："中华人民共和国公民在年老、疾病或者丧失劳动能力的情况下，有从国家和社会获得物质帮助的权利。"受助者合法享受该权利，应避免对受助者的"污名化"，防止给受助者扣上"懒惰""无能"等帽子，摆脱对其的刻板印象，从而有助于推动低收入群体主动申请社会救助，由此扩大社会救助规模，实现"应保尽保"。

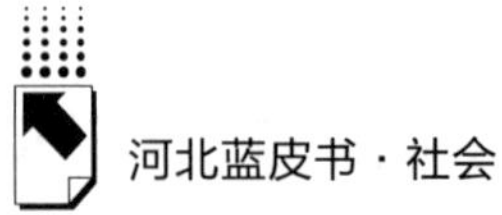

同样对于受助人而言，其也有自我发展的责任。国家和社会虽然为维持公民基本生存而提供必要的物质帮助，但给予的帮助是有限度的。受助者需要克服“等靠要”的观念，避免形成福利依赖，提升自我生存与发展能力。在政策制定与实施过程中也应当考虑到适度救助，避免救助标准过高或救助项目过多而形成“懒汉保”现象。

加强社会救助创新发展应处理好受助者权利与责任的关系，避免福利排斥与福利依赖。

（二）生存与发展的关系

阿马蒂亚·森（Amartya Sen）提出了贫困的权利与剥夺论，认为贫困不仅源于收入不足，还源于权利的剥夺，并主张提升可行能力。安东尼·吉登斯（Anthony Giddens）基于“第三条道路”的立场，主张以“积极福利”政策代替传统福利政策，投资人力资本，促进人的发展和自我实现。

无论是可行能力，抑或是“积极福利”，均启发政策制定者需要处理好生存与发展的关系。现阶段的社会救助政策以兜住“生存”为主，而随着绝对贫困的消除，面对相对贫困更应当从社会救助促进“发展”出发，将补救为主转变成预防为主。授人以鱼不如授人以渔，实行“积极福利”，通过工作救助、教育救助等手段提升受助者的可行能力，有助于受助者自我实现，有效减少返贫并阻断代际贫困传递，推动社会救助的可持续性发展。

加强社会救助创新发展应处理好生存与发展的关系，在保障受助者生存的前提下，更注重受助者发展的需要。

（三）广度与精度的关系

在广度上，一方面是救助对象范围要广。社会救助作为社会保障的最后一道防线，理应争取做到“应保尽保”。应当积极扩大社会救助规模，提高广度，避免“漏保”，对贫困群体实施广覆盖的救助，确保实现社会救助不漏一人，“共同富裕路上，一个也不能掉队”。另一方面是救助项目内容要全。仅仅是现金、实物类的物质救助难以满足受助者全面生存与发展的需求，服务类的救助也应当逐渐发展与普及，如心理慰藉、照护服务、医疗救助等。

在精度上，一方面是救助对象要精准识别，以免“错保”，避免不符合救助标准的人通过各种渠道获得救助，而应当获得救助的人却被排斥在政策之外。努力实现“政策找人”，寻找社会救助中的“沉默者”，借助大数据等手段实现精准识别。另一方面是救助内容要精准对接，从受助者的需求出发，精准提供其需要的救助与服务，实现供需匹配与资源最优配置。

加强社会救助创新发展应处理好广度与精度的关系，在“应保尽保”的前提下做到精准救助，在综合救助的基础上做到供需匹配。

（四）效率与质量的关系

在信息化时代，大数据、5G、人工智能等技术的发展，推动了电子政务的发展，足不出户办理业务已成为大势所趋，提高社会救助经办效率已势在必行。同时，深化“放管服”改革、加强部门联动协作也有助于提升社会救助经办效率，有助于全面推行“一门受理、协同办理”。

此外，提高效率也应当兼顾质量，效率不是社会救助的目标，提高效率仅是提升服务水平的重要手段，最关键的是实现社会救助兜底及不断增强人民群众获得感、幸福感、安全感。因而在社会救助工作中，做到高效救助的同时，更需要做到高质救助，从受助者需求出发，切实满足受助者生存与发展的需要。需要注意的是，在提升社会救助服务水平时，数据的共享共用值得提倡，但在信息化时代，尤其需要注意信息安全，防止信息泄露。

加强社会救助创新发展应处理好效率与质量的关系，做到高效办理、高质服务。

四　加强社会救助创新发展的对策建议

（一）创新社会救助识别方式，实现精准救助

创新社会救助识别方式，做到应保尽保，不漏一人、不落一户，实现精

准救助。一方面需做到社会救助对象动态识别。通过筛查信息精准识别救助对象，科学设计家庭收入与财产评价指标及体系，全面核查劳动力水平、身体健康状况、病残程度、收支状况等，提升标准化操作水平，动态更新救助对象清单，完善社会救助识别机制，避免“漏保”。建立健全社会救助失信惩戒机制，严惩在社会救助申请、核查等过程中的欺骗、隐瞒、包庇等行为，从而有助于避免“错保”“关系保”“人情保”等问题的出现。另一方面需做到社会救助对象主动识别。贫困不仅限于收入低于当地贫困标准的贫困，还表现为多维度的贫困类型，如支出型贫困、工作贫困、精神贫困等，对此应做到主动识别。具体而言，需要主动识别的社会救助对象包括但不限于“因病致贫”“因婚致贫”“因学致贫”“因残致贫”“因灾致贫”的贫困人群，以及困难老年人、困难流动人口、困难单亲家庭、困难儿童、高龄农民工等。

为消除潜在救助对象和指标化救助对象之间的真空地带，除了采用各地逐人逐户进行排查的传统方式之外，还可借助互联网、大数据等新型智能方式，进一步完善数据信息库，做到“数据找人”与“政策找人”同时进行，并实现分层分类救助贫困群体；也可以尝试在基层中设民政咨询员，让其承担贫困评估、政策宣介、资源链接等角色，搭建起贫困群体与救助资源之间的桥梁；此外，应当加大政策宣传力度，发动电视、报纸、广播、微博、微信公众号等媒体，启动服务热线，鼓励群众发现救助对象，壮大社会救助主动识别的力量，从而有助于避免出现“漏保”现象。

（二）充实社会救助服务内容，实现温暖救助

充实社会救助服务内容，推动河北省社会救助从“救急”“解难”“输血式”“以现金实物为主”转型为包含服务在内的以“赋能”“发展”“造血式”为主的综合型救助，从以“扶贫”为目标转型为“扶贫”“扶智”“扶知”“扶志”相结合的积极型救助，实现温暖救助。从受助者的需求出发，在物质救助的基础上，增加并完善心理援助、照料护理、送医陪护、康复训练、看护托管、司法救助等服务，打造多层次救助体系，建立健全特殊

困难家庭“一户一策”靶向救助机制，在实现综合救助的同时也防范出现“福利叠加”的现象，消除低保政策与专项社会救助政策之间的不当捆绑，加强各项救助项目之间的联系，防止出现政策性错配。

针对不同群体，提供“因人制宜”的救助项目。针对失能老年人、残疾人，可结合长期护理保险制度的试点与推行，减轻照料负担；针对流动人口可先从急难救助开始，逐步取消户籍地申请限制，可以分居住时间有条件地纳入，比如可以考虑对常住流入地一定年限以上的流动人口在遭遇困难时给予申请资格；针对农村特困人员，可依托乡镇敬老院、农村幸福院设置分散供养特困人员“15 分钟服务圈”，提供助餐、助浴、陪护等服务；针对有劳动力的困难群众，应进一步加强就业帮扶与工作救助，提升其知识技能与人力资本；针对困境儿童，做好现金资助的同时，重点关注教育救助与心理援助，让每一位儿童能够无忧地接受教育，借此阻断贫困代际传递；针对“因病致贫”的困难群众，加强医疗救助，提供健康服务，促进其身体健康水平提升；针对疫情致贫的困难群众，联合实施医疗救助、就业补助、心理援助等，实现综合救助与温暖救助。

（三）完善社会救助运行机制，实现高效救助

完善社会救助运行机制，首先，需进一步加强部门协作，促进数据、信息资源扩大共享，线上线下同步推进，破除部门利益壁垒，推进民政与乡村振兴、人力资源和社会保障、教育、医疗、卫生健康、住建、金融、应急管理等部门和机构的信息互联互通与数据共享共用，完善社会救助联席会议机制，进一步推进市、县级社会救助联席会议机制的高效运行与作用发挥。加强资源统筹，做好各项社会救助分管部门之间的合作沟通，同时做好社会救助与社会保险、社会福利、扶贫开发、乡村振兴等政策之间的衔接，全面提升社会救助服务水平，增强各项政策制度衔接性，推动高效救助。

其次，加强社会救助领域的信息化建设，不断提升社会救助经办能力，继续推进全流程网上办理等方式，快速办理救助申请，简化优化审核审批流程，全面推行“一门受理、协同办理”，真正实现让“数据多跑路，群众少

跑腿”。完善社会救助相关的数据库与管理平台，做到动态更新、分类管理，尽快实现县（市、区）民政部门利用易流浪走失人员信息库和流浪返乡人员数据库进行动态管理，推进社会救助的智慧化发展。

最后，应进一步深化“放管服”改革，完善相关法律政策文件，在基层探索党建与社会救助深度融合的着力点，发挥基层党组织的示范引领作用，完善党建与救助资源统筹共享机制，动员党员与困难群众对接，推动党员主动“走出去”服务困难群众，促进支部活动与救助服务相结合。进一步完善网格化管理机制，将网格化管理与社会救助相结合，进行“点餐式”帮扶，根据困难群众的需要，建立“服务清单”，按照“即时解决、分期解决、长期跟进”三种类型进行分类汇总，由网格员对标解决，并与相关部门做好对接。

（四）调动社会救助参与力量，实现多元救助

一是加强政府购买，将社会救助入户核查、数据采集录入、政策宣传等委托给第三方组织或机构，推动社会救助核查工作更加客观、更加透明、更加专业，这有助于减少“错保”“漏保”“人情保”等现象，并有效减轻基层负担。需要注意的是进行社会救助领域政府购买时，应做好招标与监督工作，防范数据泄露的风险，确保工作顺畅的同时保证数据安全。二是进一步培育社会组织，扶植特困人员供养机构，对其加大政策优惠力度，如简化优化审核审批流程、增加补贴等，从而促进更多社会组织或机构参与社会救助，共同救助困难群众，实现社会救助力量多元化。三是深入挖掘社会工作专业救助的力量，推进社工站的建设，鼓励引导城乡基层社会服务人员参加社会工作者职业水平考试，进一步加强社会工作培训，推动社会工作者通过多种方式链接资源，运用“案主自决”“优势视角”等价值理念实现“助人自助”，促进社会救助与社会工作的深度融合，推动社会救助创新发展。四是深入调动志愿服务力量，推动志愿服务资源向困难群众倾斜，加大志愿者培训力度，提升志愿者专业水平，并积极开展针对低收入弱势群体的志愿服务活动，使社会参与力量更为充实。

（五）统筹社会救助区域发展，实现全面救助

社会的公平与稳定需要进一步缩小城乡差距与区域差距，社会救助的高质量发展更是离不开社会救助的城乡一体化发展与区域协调发展。在统筹城乡发展方面，可结合实际情况，适当提高农村低保标准，力争达到全国平均水平。此外，努力推动社会救助审核确认、比对监测、服务内容、信用监管等方面的城乡均等化、一体化发展，从而实现全面救助。在统筹区域发展方面，因应新的形势与发展任务，综合考虑经济发展水平、财政保障能力、居民人均消费支出或人均可支配收入等因素，分别明确中、东、西部城乡平均低保标准，并做到动态调整，逐步缩小区域差距。另外，开展社会救助领域优秀创新实践案例评选活动，鼓励先行先试，选树一批先进典型，调动社会救助领域的创新积极性，切实发挥创新的驱动力。以点带面发挥示范带头作用，积极开展社会救助工作先进地区的经验推介活动，通过宣传经验的方式带动相对落后地区迎头赶上，从而有效推动社会救助的区域协调发展。

参考文献

关信平：《“十四五”时期我国社会救助制度改革的目标与任务》，《行政管理改革》2021 年第 4 期。

关信平：《当前我国反贫困进程及社会救助制度的发展议题》，《陕西师范大学学报》（哲学社会科学版）2019 年第 5 期。

贾玉娇、杨佳：《“底”在哪里？如何“兜”？——全面建成小康社会背景下社会救助兜底保障研究》，《河南社会科学》2021 年第 5 期。

金红磊：《“互联网 +”背景下的社会救助：现代功能、实践困境及实现路径》，《河海大学学报》（哲学社会科学版）2020 年第 4 期。

匡亚林：《需求侧管理视角下社会救助体系分层分类改革研究》，《河海大学学报》（哲学社会科学版）2021 年第 2 期。

兰剑、慈勤英：《后脱贫攻坚时代农村社会救助反贫困的困境及政策调适》，《西北农林科技大学学报》（社会科学版）2019 年第 3 期。

李培林、陈光金、张翼主编《社会蓝皮书：2019 年中国社会形势分析与预测》，社

会科学文献出版社，2019。

林闽钢：《中国社会救助高质量发展研究》，《苏州大学学报》（哲学社会科学版）2021 年第 4 期。

谈文胜主编《湖南蓝皮书：2021 年湖南社会发展报告》，社会科学文献出版社，2021。

张浩淼、仲超：《新时代社会救助理念目标、制度体系与运行机制》，《西北大学学报》（哲学社会科学版）2020 年第 4 期。

张浩淼：《从反绝对贫困到反相对贫困：社会救助目标提升》，《山西大学学报》（哲学社会科学版）2020 年第 5 期。

《河北省城镇街道居家养老服务中心实现全覆盖》，河北省民政厅网站，2021 年 3 月 26 日，http：//minzheng. hebei. gov. cn/detail？ id = 1039654。

《图解：河北省改革完善社会救助制度》，河北省民政厅网站，2020 年 11 月 3 日，http：//minzheng. hebei. gov. cn/detail？ id = 1038912。

《全省 30. 3 万建档立卡贫困残疾人脱贫》，河北省乡村振兴局网站，2021 年 9 月 23 日，http：//fp. hebei. gov. cn/2021 – 09/23/content_ 8622030. htm。

《河北 2016 至 2020 年累计资助家庭经济困难学生 1130 万人次》，河北省乡村振兴局网站，2021 年 8 月 26 日，http：//fp. hebei. gov. cn/2021 – 08/26/content_ 8601876. htm。

《河北省全面完成农村危房改造任务》，中华人民共和国中央人民政府网站，2020 年 11 月 19 日，http：//www. gov. cn/xinwen/2020 – 11/19/content_ 5562507. htm。

《河北省开展流浪乞讨人员救助管理服务质量大提升专项行动》，中华人民共和国民政部网站，2020 年 5 月 20 日，http：//www. mca. gov. cn/article/xw/dfdt/202005/20200500027614. shtml。

《河北坚持“三个聚焦”推动生活无着的流浪乞讨人员救助管理服务质量提档升级》，中华人民共和国民政部网站，2021 年 7 月 2 日，http：//www. mca. gov. cn/article/xw/dfdt/202107/20210700035050. shtml。

B.18

在高质量提升农村公共文化服务水平中推进共同富裕

郭玉红*

摘　要： 全体人民的共同富裕包括人民群众物质生活和精神文化生活的富裕，高质量提升公共文化服务水平是实现共同富裕的必然要求，也是为了满足人民群众对美好生活的需要。推进共同富裕要求高质量提升农村公共文化服务水平，因此针对当前河北省农村公共文化需求出现的新特征及农村公共文化服务存在的问题，本报告提出增强农村基层党组织的文化使命感、将民生建设项目适当向农村基层文化建设方面倾斜、加大对民间文艺团队的培养力度、实施城乡文化共建共享等建议。

关键词： 农村公共文化需求　农村公共文化服务　共同富裕

2021年10月16日出版的《求是》杂志发表了习近平总书记重要文章《扎实推动共同富裕》，强调共同富裕是社会主义的本质要求，是中国式现代化的重要特征，并要求促进农民农村共同富裕。新时代的脱贫攻坚目标任务已经如期完成，当前河北省全面建成小康社会的目标已经如期实现，农民在物质上已经摆脱了绝对贫困，但在精神文化层面还相对贫乏，农村仍是共同富裕的短板。应加强农村文化建设，把农村公共文化服务方面的短板补齐，高质量提升河北省农村公共文化服务水平，不断满足农民对美好生活的

---

* 郭玉红，河北省音协副主席、秘书长，研究方向为社会公共文化服务。

期盼，促进乡村文化振兴，扎实推进共同富裕。河北省“十四五”规划强调将乡村振兴作为重要战略步骤，而作为乡村振兴的重要环节，乡村文化振兴任务非常艰巨。

一　当前农村公共文化需求的新特征

河北省农村经济社会发展取得了巨大进步，农民生活水平有了显著提高，其已经从生存困难、温饱有余走向全面小康，农村公共文化需求也进入了快速增长和深刻变化的新时期，呈现出明显的新特征。

（一）农村公共文化需求日益多元化

多元化时代农民的公共文化需求也越来越多元化，农民群众更希望获得动态的、社交化的文化产品，农民群众对公共文化产品的需求不再仅仅局限在图书室、文化活动中心等物理空间，当前公共文化需求正在向娱乐休闲、知识学习、社会交往等多样化、个性化需求转变。

（二）农村公共文化需求存在差异性

农村公共文化需求的差异性不仅体现在农村与城市之间，也在体现在农村与农村之间、群体与群体之间。由于农村总体上与城市在经济社会文化等方面存在一定差距，其需求的广泛性与层次性也与城市存在很大差别。农村与农村之间因为地理地貌和生活习俗不同呈现出明显的地域差异，因为发展水平不同对公共文化产品的需求呈现出阶段差异。农村青壮年大多外出务工，留守老人、儿童和妇女的心理健康问题突出，这就要求农村公共文化供给不仅要包括知识和娱乐服务，还要关注心理等深层次领域。

（三）农村公共文化需求变得相互融合

农民群众的公共文化需求特别是青年农民的公共文化需求不再局限于狭义的文化本身，他们更希望公共文化产品能够兼顾休闲娱乐和就业创业等复合型需求，助其创造财富、创造价值，如近两年兴起的短视频、直播等。此外，农村公共文化服务与文化旅游业结合，出现一种公共文化事业引领文化旅游业，文化旅游业涵养公共文化事业，二者融合发展的新趋势。

（四）农村居民文化消费能力增强

随着现代信息技术的发展和智能手机的普及，农民特别是青年农民不再是闭塞的“乡下人”，他们的生活方式、消费理念趋于向城镇接轨，对于精神文化生活也提出了更高的要求，且随着收入水平的提升，他们的文化消费能力也相应增强，对高品质公共文化产品的需求也变得越来越强烈。

二　农村公共文化服务中存在的问题

当前，共同富裕的最大短板在农村。由于工业化、城镇化对乡土社会的冲击，河北省农村公共文化基础设施建设不足的问题以及农村公共文化服务水平低的问题依然很突出，这些都制约着农民群众公共文化需求的激发与满足。根据有关建设基本标准和基本要求，乡镇、村要普遍建成多功能综合文化服务中心、专业的文化宣传队伍，广泛开展文化活动，满足农民群众新时代精神文化需求。然而截至 2021 年，河北省农村公共文化服务设施依然相对比较落后，公共文化服务功能没有得到充分发挥。河北省农村公共文化服务普遍存在以下问题。

（一）农村公共文化服务设施普遍存在老化的现象

调查发现，河北省农村很多地方的公共文化服务设施缺乏管理养护和更新升级，利用率极低，部分文化场所长期闲置，农民对于综合文化服务中心兴趣不高。乡镇文化站的图书室大多陈旧落后，前来阅读的人很少。农村电子阅览室电脑成为摆设。大部分农家书屋因图书、杂志更新不及时、实用性不强，无法对农民的生产做出有效指导。

（二）农村公共文化服务设施效能没有得到充分发挥

受财政投入不足、公共文化服务设施管理不到位等因素的影响，农村公共文化服务设施效能普遍没有得到很好的发挥，绝大多数没有吸引力。调查发现，很多村级文化活动室只是挂牌，正常的文化活动很难开展。当前河北省农村基层的文化活动停留在散乱、无序、自发的状态，长此以往，难以发展壮大。

（三）农村公共文化服务设施效能发挥缺乏长效的反馈机制

调查发现，河北省很多公共文化服务设施闲置，农民无法表达自己对公共文化服务设施的需求，农民群众的参与意识淡薄，相关政府部门对农民群众的公共文化服务需求无法实现准确的把握，农村基层文化建设的实效性大大降低。农民是公共文化服务的享用主体，对自己的真实需求最为清楚，但实践中农民往往缺少对公共文化服务需求表达的话语权，“政绩”“考核”成为当前部分公共文化供给决策的主导性因素，而精准满足农民真实需求的供给量却在削减。

（四）农村基层公共文化活动缺乏的问题越来越突出

过去河北省大部分农村有传统“年会”“庙会”等文化活动，这曾经是丰富农民文化生活的主要形式。但随着农村经济社会的现代化发展和转型，农民忽视了对农村传统文化活动的组织，一些农村传统的公共文化活动逐渐退出农民的日常生活。优秀传统的乡土文化面临日益流失的问题，优良淳朴的民风也逐渐凋敝，农民文化生活越发单调。调查发现，河北省大部分农民把农闲时间花在了打牌、刷抖音、追剧等上面，文化生活较为单调，且缺乏积极向上的公共文化活动。

三　在高质量提升农村公共文化服务水平中推进共同富裕

全体人民的共同富裕包括人民群众物质生活和精神文化生活的富裕，高质量提升公共文化服务水平是实现共同富裕的必然要求，也是为了满足人民群众对美好生活的需要。推进共同富裕要求高质量提升农村公共文化服务水平，因此针对当前河北省农村公共文化服务存在的问题，特提出如下建议。

（一）增强农村基层党组织的文化使命感

高质量提升农村公共文化服务水平要充分发挥基层党组织的引领作用。高质量提升农村公共文化服务水平对促进农民思想提升具有重要的作用，这也是农民美好生活质量提升的标志所在。应加强农村基层民主政治建设，以正确的方向引导农村基层文化建设。以社会主义核心价值观为引导，全面提升农村文化水平，形塑多元文化的德治格局。农村基层党组织更要以移风易俗为突破口，承担起乡风文明建设的重任，提升农民群众的各种文化素养，厚植农民生活的文化底蕴，夯实农村文化的根基，提升农民文化幸福感，确保将农村文化建设落到实处，高质量提升农村公共文化服务水平。

（二）进一步完善农村基层民主建设和农民参与机制

加强农村基层民主建设，健全村党组织领导的村民自治机制，通过民主议事等方式，让农民参与到农村公共文化建设的决策中来，确保农民真实表达对文化的需求，从而精准满足农民的文化需要，保障农村文化供给取得成效。进一步规范村务公开、民主评议、民主监督工作，促进农村基层公共文化服务水平的高质量提升。在尊重农民意愿的基础上，将农村基层公共文化服务与农村民主实践结合起来，深入挖掘农村的文化资源，动员农民群众参与各类文化服务和活动。同时，要赋予农民以文化需求的表达权，引导并扶持成立农民文化组织，以组织的形式促进农民对公共文化活动的参与。

（三）各级政府部门将民生建设项目适当向农村基层文化建设方面倾斜

习近平总书记一再强调实施乡村建设行动，在推进城乡基层公共服务均等化上持续发力，注重加强普惠性、兜底性、基础性民生建设。建议在年度20项民生工程中，增加提升农村公共文化服务水平的项目。建议各级政府根据自身的财政情况，有计划地增加对农村基层文化建设的投入，确保农村文化事业经费的支出比例逐年增加。将民生建设项目适当向农村基层文化建设方面倾斜，确保农村基层综合文化服务中心建设等项目所需经费。同时，要加大对农村文化队伍教育培训经费的投入，还有对农村村史、村志进行搜集、挖掘、整理、撰写的农村文化人员进行资金、出版等方面的支持，重点扶持集体收入微薄村的文化事业发展。

（四）保护拓展农村文化资源，宣传社会主义核心价值观

深入挖掘河北省农村丰富的文化资源，利用传统乡土文化，推动民俗等文化和技艺的保护与传承。借助农村节日、农闲时节等关键的时间节点，在聚集场合，以农民喜闻乐见的形式及活动为载体，对党的路线方针政策、社会主义核心价值观、科学文化知识进行不失时机的宣传教育，消除农村社会中的各种不良风气。组织文艺活动，实现文化资源的优化配置与科学利用，使农村居民与城市居民得到同样的文化享受，推进城乡融合发展。

（五）加大对民间文艺团队的培养力度，为乡村文化振兴提供人才支撑

探索政府主导、以民间文艺团队为主的文化宣传模式，一方面基层政府部门要注重农村文化骨干力量的培养，为农村文化的繁荣提供人才保障。发挥政府主导作用培养农村文化骨干，形成农村文化员网络体系，满足农村居民的多元化文化需求。另一方面加强民间文艺团队的建设。农村基层广场舞队、秧歌队、唢呐队、舞狮队等层出不穷，要充分发挥这些文艺组织在农村日常文化活动中的作用。通过为农村基层文化活动提供场所、资金等进行政策支持，不断激发农民群众参与文化建设的热情和积极性。同时，搭建民间文艺团队的交流平台，通过各级文化部门，以演出等各种形式实现镇与镇、村与村之间的交流和融合。

（六）实施城乡文化共建共享，开展“文化信息共享工程”

坚持城乡统筹发展谋划，推进城乡文化融合。统筹城乡文化供给，以城乡基本公共文化服务均衡化为目标和任务，整体规划农村文化建设，不断提升农村基层公共文化服务水平。同时，建议河北省农村基层政府部门将文化信息资源纳入农村基层信息化建设的总体规划中，使文化下基层活动深入推进，借助文化下乡、图书下乡或开展宣讲活动等方式，实现城乡对接。

（七）对标京津，较大幅度地高质量提升河北省公共文化服务水平

河北省是农业大省，坚决落实京津冀协同发展战略，一个艰难的使命就是高质量提升河北省农村基层公共文化服务水平，逐步缩小与京津的差距。因此，必须在河北省农村基层文化发展方面加快京津冀协作，特别是引导京津优质文化资源向河北有效转移，保障在实现共同富裕的道路上河北不拖后腿。

立足于新时代农民对美好文化生活的向往，实现人民群众物质和精神文化生活的共同富裕，要求在补短板的同时，推进农村公共文化服务高质量发展，不断增强农民群众的获得感、幸福感和安全感，使全体人民共同富裕质量更高、更可持续。高质量提升河北省农村基层公共文化服务水平，满足农民群众对多元文化的需求，提升农民的生活质量与文明素养，这是时代赋予河北省的神圣使命。

新型城镇化篇

Reports of New-type Urbanization

B.19 京津冀城市群框架下河北城市空间结构演进与优化方向

张齐超*

摘　要： 本报告通过梳理塑造河北城市空间结构的政策演变、空间结构演进的特征以及存在的问题，提出城市布局优化的路径和方向。随着京津冀协同发展战略深入推进，河北省城市获得了长足发展。大城市、中等城市的数量逐步增多，城镇体系逐渐完善，城镇发展带愈加明显，带动作用愈加突出，但仍存在省内空间组团结构不完整、城镇发展带带动力较弱、城市圈层结构发展缓慢等不足。为此，本报告建议着力建设沿海、京石邯、石衡沧三大城镇发展带，加快雄安新区和张北地区两翼建设，加快建设石家庄现代化省会都市圈，同时突出中心城市极化作用，构建多中心多层次带动的城镇发

* 张齐超，博士，河北省社会科学院社会发展研究所助理研究员，研究方向为新型城镇化、社会治理、城乡社区变迁。

展格局。

关键词： 京津冀城市群　京津冀协同　城市空间结构

一　河北城市空间结构的政策演变

河北省城市布局受地貌环境、交通网络影响较大，因此城市发展政策构想较多考虑重要交通廊道、交通枢纽和地形地貌。改革开放前，河北省的城市发展政策基本上实施的是“提高两线（京广、京山铁路）、狠抓两片（坝上和黑龙港地区）、建设山区（燕山、太行山地区）、开发沿海（秦皇岛、唐山、沧州）”的空间布局思路。[①] 随着京津经济实力和地位提升，京津因素上升为河北省城市发展政策着重考虑的方面。

从均衡发展战略到非均衡发展战略。1978 年改革开放到 2000 年期间，河北省城镇空间布局思路调整频繁，大体表现为从强调均衡发展到突出重点区域的非均衡发展战略的转变。1985 年，提出了均衡发展山区、沿海、坝上经济的“山海坝”发展思路。1986 年，以环京津地区为投资和城市发展重点，提出了“环京津”的借力发展思想。1988 年，实施“两线一区”的空间布局，在保证京广、京山沿线地区发展的基础上，以沿海为重点，加快了秦唐沧沿海开发区的建设，“非均衡发展”的思想初露端倪。1992 年，强调“一线（秦唐沧）、两片（石廊开发区）、多点（高新区、产业圈、保税区、旅游开发区），递次推进，滚动发展”。1993 年，要求做好“环京津”“环渤海”两篇大文章，发展的重点指向了沿海和中部。1994 年，进一步把开发建设两环地区的思想深化为“外向带动、两环结合，内联入手、外引突破”。1995 年，“两环开放带动”战略被写入《河北省国民经济和社会发

---

① 张贵、杨君：《河北省城镇体系与空间布局研究》，文魁、祝尔娟主编《京津冀蓝皮书：京津冀发展报告（2014）——城市群空间优化与质量提升》，社会科学文献出版社，2014。

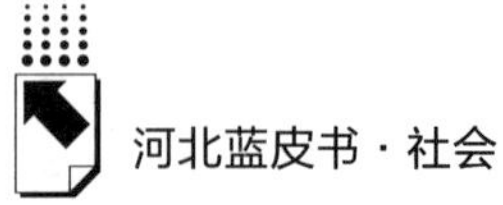

展“九五”计划和2010年远景目标纲要》，成为河北省相对稳定的空间布局思路。①

三大板块渐成河北城市空间结构基本框架。《河北省城镇体系规划文本（2006—2020年）》提出“一线两厢”的城镇空间结构，即“强化以石家庄、保定、廊坊、唐山、秦皇岛五市为支点的‘中间一线’，发展提高南部邯郸、邢台、衡水、沧州和北部张家口、承德‘南北两厢’，形成以中间一线辐射带动南北两厢协调发展的城镇空间结构”。② 2011年《河北省国民经济和社会发展第十二个五年规划纲要》提出“把城市群作为推进城镇化的主体形态，以建设京津冀地区世界级城市群为目标，构建‘两群一带’城市空间格局”③，“两群一带”即环首都城市群、冀中南城市群和沿海城市带。至此，三大板块成为河北城市空间结构的基本框架。

面向建设京津冀世界级城市群的城镇空间布局。2015年《京津冀协同发展规划纲要》印发，提出京津冀整体定位是“以首都为核心的世界级城市群、区域整体协同发展改革引领区、全国创新驱动经济增长新引擎、生态修复环境改善示范区”。将河北省的城市空间结构表述为“两翼、五带、多节点”。为落实京津冀协同发展，河北省编制印发《河北省新型城镇化与城乡统筹示范区建设规划（2016—2020年）》，提出构筑“两翼、四区、五带、多点”的城镇空间结构。“两翼”是石家庄、唐山；“四区”是环京津功能区、沿海率先发展区、冀中南功能拓展区、冀西北生态涵养区；“五带”是京石邯城镇发展带、京唐秦城镇发展带、沿海城镇发展带、石衡沧城镇发展带、京衡城镇发展带；“多点”是以保定、邯郸为区域中心城市，以张家口、承德、廊坊、秦皇岛、沧州、邢台、衡水、

① 张贵、杨君：《河北省城镇体系与空间布局研究》，文魁、祝尔娟主编《京津冀蓝皮书：京津冀发展报告（2014）——城市群空间优化与质量提升》，社会科学文献出版社，2014。

② 《河北省城镇体系规划文本（2006—2020年）》，河北省自然厅（海洋局）网站，2006年1月31日，http://zrzy.hebei.gov.cn/heb/gongk/gkml/ghjh/kjgh/10668442447769395200.html。

③ 《河北省国民经济和社会发展第十二个五年规划纲要》（2011年1月16日河北省第十一届人民代表大会第四次会议批准），河北新闻网，2011年3月21日，http://gov.hebnews.cn/2011-03/21/content_1772364.htm。

定州、辛集等为节点城市。①

河北省“十四五”发展规划提出以城市群和都市圈为依托，围绕建设京津冀世界级城市群，建设“一圈两翼”，即“加快建设以石家庄为中心，邯郸、邢台、衡水及辛集、定州等周边城市为支撑的现代化省会都市圈。支持雄安新区加快建设高水平社会主义现代化城市，支持张北地区以筹办北京冬奥会为契机加快发展”。②

二 河北城市空间结构的演进特征

随着城市化进程加快，城市建成规模不断扩大，城市间的联系和分工日益明显，城市体系的规模等级结构和职能结构逐渐完善，河北省形成了较为完整的城市体系。下面从城镇体系、城市发展带空间两个方面描述河北城市空间结构的演进。

（一）城镇体系演进

从表1可以看出，京津“双核”格局是京津冀城市群的核心特征。两个超大城市容纳了超过60%的城市人口，远大于其他大中小城市容纳的市区人口总数，人口分布结构呈“倒金字塔”形。河北省城市在近些年获得了长足发展，城镇体系逐渐完善。石家庄在2019年迈入特大城市行列，唐山、邯郸进入Ⅰ型大城市行列，中等城市的数量逐步增多，这表明，京津冀城镇等级金字塔塔身内陷的情况得到明显改善，金字塔中部壮大、底部缩小，完整的京津冀城镇体系逐步形成。

① 《河北省人民政府关于印发河北省新型城镇化与城乡统筹示范区建设规划（2016—2020年）的通知》（冀政发〔2016〕7号），河北省人民政府网站，2016年2月29日，http://info.hebei.gov.cn/hbszfxxgk/329975/329982/6609970/index.html#userconsent。

② 《河北省国民经济和社会发展第十四个五年规划和2035年远景目标纲要》，国家发改委网站，2021年6月11日，https://www.ndrc.gov.cn/fggz/fzzlgh/dffzgh/202106/t20210611_1283092.html?code=&state=123。

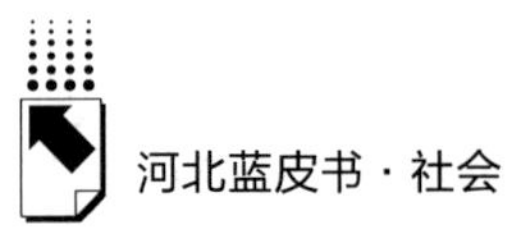

表1　京津冀城市群规模结构

单位：人

规模等级	规模名称		2006年	2014年	2019年
1000万及以上	超大城市		北京	北京	北京、天津
500万～1000万	特大城市		天津	天津	石家庄
300万～500万	大城市	Ⅰ型大城市	—	—	唐山、邯郸
100万～300万		Ⅱ型大城市	石家庄、唐山、邯郸、保定	石家庄、唐山、邯郸、保定	秦皇岛、保定、张家口
50万～100万	中等城市		秦皇岛、张家口、邢台、沧州	秦皇岛、张家口、邢台、沧州、承德、廊坊	廊坊、衡水、沧州、承德、邢台、任丘、定州
50万以下	小城市		承德、廊坊、衡水及定州、涿州、任丘、武安、遵化等22个县级市	衡水及定州、涿州、武安、遵化、迁安、三河、黄骅、辛集等20个县级市	遵化、迁安、武安、涿州、黄骅、三河、晋州、新乐等18个县级市

（二）城镇发展带空间演进

围绕重要的交通网络，往往能够发育出城市发展带，其演进过程一般会从点到轴，再围绕轴形成密集的城镇群。《京津冀协同发展规划纲要》提出，河北省要依托重要交通线路着力推动五大城镇发展轴带（见表2）的发展。

表2　河北省五大城镇发展带2012年与2019年对照

发展带		2012年				2019年			
		城镇人口（万人）	总人口（万人）	GDP（亿元）	城镇化率（%）	城镇人口（万人）	总人口（万人）	GDP（亿元）	城镇化率（%）
京石邯	数量	1767.92	3821.24	11777.46	46.27	2146.58	3673.82	14639.86	58.43
	占比（%）	51.84	52.44	44.32		49.07	48.39	41.70	
京唐秦	数量	561.11	1069.01	7001.01	52.49	703.34	1111.03	8502.02	63.31
	占比（%）	16.45	14.67	26.34		16.08	14.63	24.22	
沿海	数量	880.05	1793.39	9813.43	49.07	1117.60	1865.46	12090.02	59.91
	占比（%）	25.80	24.61	36.93		25.55	24.57	34.44	

续表

发展带		2012年				2019年			
		城镇人口（万人）	总人口（万人）	GDP（亿元）	城镇化率（%）	城镇人口（万人）	总人口（万人）	GDP（亿元）	城镇化率（%）
石衡沧	数量	1055.95	2201.91	8323.66	47.96	1329.20	2242.45	10902.80	59.27
	占比（%）	30.96	30.21	31.32		30.39	29.54	31.06	
京衡	数量	406.30	882.86	2805.36	46.02	540.40	940.60	4830.60	57.45
	占比（%）	11.91	12.11	10.56		12.35	12.39	13.76	

京石邯城镇发展带以京广铁路为依托，包括沿线保定、石家庄、邢台、邯郸、定州、涿州、武安等城市，2019年GDP为14639.86亿元，占全省的41.70%，城镇人口为2146.58万人，占全省的49.07%，城镇化率从2012年的46.27%提升到2019年的58.43%。该发展带呈现出如下特点：以京广线为依托，贯穿河北北京以南，串联城市最多。随着高速铁路、高速公路等快速交通廊道的完善，发展带上各城市的联系成为省内最为密切的。在行政区划调整、城市经济发展等的作用下，沿线城市的城区规模和城镇人口有了大幅增长，城市发展空间大幅延伸。省会跨入“地铁时代”，随着石济客专通车运行，石家庄交通枢纽地位进一步凸显，城市吸引力进一步提升，人口净流入量逐年增长，成为吸纳北京外溢人口最多的城市。邯郸市完成肥乡区、邯郸县等行政区划调整，市区面积由655.78平方公里扩大到2661.83平方公里，2019年常住人口增加到358.4万人，常住人口城镇化率达到58.15%。保定市完成清苑、徐水、满城撤县设区，大幅扩大了城市管辖范围，构建出大保定城市空间框架，2019年城区人口达到284.7万人，常住人口城镇化率达到54.69%。邢台市在2020年实现部分行政区划调整，组团式城市框架初步形成，主城区面积达到2945平方公里，2019年常住人口城镇化率达到54.98%。定州市完成城市发展规划调整，市区远景规划面积达到430平方公里，城镇常住人口从2014年的52.4万人增加到2019年的67.3万人，常住人口城镇化率为54.63%。涿州市充分依托高铁交通优势，

加快建设中心城区和高铁新城，2019 年城镇人口达到 37.3 万人，常住人口城镇化率提高到 59.76%。武安市扩大城市框架，完善城市配套基础设施，全面整治提升生态环境，城市综合承载能力不断提升，2019 年城镇人口达到 47.3 万人，常住人口城镇化率提高到 54.82%。定州、涿州、武安等重要城市逐步从小城市迈向中等城市，产业和人口集聚能力提升，逐步成为发展带城镇体系的重要支点城市。

京唐秦城镇发展带以京秦铁路、京唐城际铁路、京哈高速为交通廊道，包括唐山、秦皇岛、三河、迁安等城市，2019 年 GDP 为 8502.02 亿元，占全省的 24.22%，城镇人口为 703.34 万人，占全省的 16.08%，城镇化率从 2012 年的 52.49% 提升到 2019 年的 63.31%。该发展带呈现出如下特点：通过区划调整实现市辖区面积快速扩张，城市建设空间扩张和内涵式发展并重，中小节点城市规模较大、经济实力强，产业对人口的承载能力较强。唐山市加快构建“两核、一轴、多组团”城镇空间格局，突出中心城市核心地位，着力提高城市承载力，发挥城市载体对人口的吸纳能力。秦皇岛市完成行政区划调整，抚宁县实现撤县设区，市域行政区划变为 4 区 3 县，市辖区面积由 512 平方公里拓展为 2131 平方公里。三河市突出规划引领，加快完善城市功能，人口集聚能力突出，常住人口城镇化率从 2015 年的 63.14% 提升到 2019 年的 66.14%，城镇人口增长到 52 万人。迁安市着重加强产业对城镇发展的支撑作用，综合实力位列全国中小城市百强，同时注重拓展城市发展空间，推动滦河左岸和右岸新城开发，城市建成区面积达到 44.33 平方公里，2019 年城镇人口增长到 46.4 万人，常住人口城镇化率达到 59%。

沿海城镇发展带包括唐山、秦皇岛、沧州，2019 年 GDP 为 12090.02 亿元，占全省的 34.44%，总人口为 1865.46 万人，占全省的 24.57%，城镇化率从 2012 年的 49.07% 提升到 2019 年的 59.91%。该发展带呈现出如下特点：注重依托沿海对外开放的优势，以港口、新区为重要载体，坚持港产城联动发展的思路，建设现代滨海城市发展轴带，以此辐射带动内陆城市发展。曹妃甸区自设立以来，集聚大量临港产业项目，按照“以贸兴港、港产联动”的思路加快建设现代滨海城市，港区辐射带动作用显著增强，2019 年全区常住人口达到31.3万人，城镇化率达73.5%。渤海新区以建设环渤海地区重要工业城市和现代滨海新城为目标，加快城市建设，加快从传统重化工业区向现代滨海旅游区转型，提升新区宜居宜业宜游程度。北戴河新区2016年设立北戴河生命健康产业创新示范区，基本建成生活区配套、医院等公共配套，逐渐成为经济发展新增长极、国际康养旅游度假目的地。

石衡沧城镇发展带包括石家庄、衡水、沧州等城市，2019年GDP为10902.80亿元，占全省的31.06%，总人口为2242.45万人，占全省的29.54%，城镇化率从2012年的47.96%提升到2019年的59.27%。该发展带呈现出如下特点：市辖区面积快速扩张，以中心城区为核心的大都市区加快形成，中小节点城市依托交通优势发展加快。衡水市逐步推动实现冀州撤市设区、滨湖新区新城建设以及旧城改造，结束了一市一区的历史，市辖区面积扩大到1509平方公里，中心城区承载力和人口集聚能力提升，城区人口达到99.2万人，全市常住人口城镇化率达到53.22%，比2015年提高了6.58个百分点。沧州市将黄骅新城、主城区及渤海新区港城区统一纳入沧州市中心城区规划建设范围，整合青县、沧县、运河区、新华区，规划建设大沧州都市区，2019年城区常住人口达到74.9万人，城镇化率从2015年的48.6%提升到2019年的54.91%。辛集市依托石黄高速、石济客专融入京津冀“矩形”高铁环形网，城市集聚能力进一步提升，2019年城镇人口达到34.4万人，全市城镇化率达到54.01%。黄骅市实施新的城乡总体规划，建成区面积扩展到31平方公里，实施了200余项重点城建工程，城市承载力明显增强，2019年城镇人口达到28.2万人，城镇化率达59.63%。

京衡城镇发展带包括廊坊、衡水、霸州、任丘等城市，2019年GDP为4830.60亿元，占全省的13.76%，总人口为940.60万人，占全省的12.39%，城镇化率从2012年的46.02%提升到2019年的57.45%。该发展带呈现出如下特点：北部廊坊与北京联系紧密，廊坊与衡水联动态势偏弱，中小节点城市依托区位优势、资源优势，具有较强的产业带动力和人口承载力。廊坊市以中心城区为核心，加快主城区、固安县城、永清县城、廊坊新兴产业示范区同城化进程。霸州市大力推进城市基础设施建设，产业发展和城市功能完善提高了霸州市的人口集聚能力，2019 年城镇人口达到 39.4 万人，常住人口城镇化率达到 59.46%。任丘市以建设宜居宜业、中等城市为发展定位，着力加大城市建设投入，拉大城市发展框架，2019 年城镇人口增长到 55.5 万人，常住人口城镇化率达到 67.32%。

三　河北城市空间结构存在的问题与展望

（一）河北城市空间结构存在的问题

1. 被京津截断为南北两个区域，未形成省内完整的空间组团

南部的冀中南功能拓展区是河北省重要的人口、经济腹地。该地区总面积约 5 万平方公里，占河北省面积的 26%；人口约 3055.4 万人，占全省总人口的 42%；县（市、区）数量占全省的 40%，镇数量占全省的 35%。在京津冀城市群中，南部和北部以京津城镇发展带为核心，与京津的联系更多，而南部和北部的城市之间的联系最少。从交通来看，石家庄以南城市去往张家口缺少高铁，旅行时间达 12 个小时之久。南北方主要城市联系必须经过北京和天津。冀北张家口、承德地域宽广、城镇数量少，除与北京有较强联系外，与冀中南、冀东的关联度不高；冀东的唐山市与北京、天津构成京津唐城镇发展带，唐山城市联系指向北京、天津，对秦皇岛、冀西北的辐射带动力弱。

2. 河北城市近距京津布局，导致河北省难以形成区域空间中心

历史上，有清一代，北京是直隶的中心所在，河北城市基本围绕北京布局，主要城市如保定是书院次中心，承德和张家口主要辐射西北地区。近代，天津成为河北省省会，省内的产业和交通枢纽以天津为中心进行布局，自此形成以北京、天津为中心进行布局的城市格局。在全省城市集聚、发展壮大时期，省会三易其地对城市功能定位和经济发展产生了负面影响，中心城市失去了快速形成的机遇。现实中，北京、天津周边城市数量密集，京津优越的经济社会发展条件对河北城市形成虹吸效应，河北城市难以快速发

展，同时在整个京津冀城市群体系中，河北的城市形成多点共存的次级区域中心城市（石家庄、保定、邯郸、唐山），无法成为辐射整个河北的区域中心城市。

3. 冀中南融入中原城市群、山东半岛城市群渠道不畅，未能建立区域空间一体发展格局

冀中南城市南接中原城市群，东连山东半岛城市群，区位优势明显，但目前来看，冀中南城市与两大重要城市群的联通机制并不健全，主要表现在以下两个方面。其一，政策协同机制尚未建立。中原经济区规划和中原城市群规划中均提到支持邯郸“成为在中原经济区内具有重要影响力的中心城市”，但在规划中并没有提出较为清晰的政策保障、项目支持等内容。省际行政区划壁垒难以打破，冀中南与中原城市群、山东半岛城市群之间未能形成空间一体发展格局。其二，产业协同和交通网络构建不完善。山东半岛城市群的产业对接方向为京津冀城市群中京津两市，而对紧邻的冀中南城市的关注很少。高铁网络建设上，目前仅有石济客专加强了石家庄、衡水与山东德州、济南、青岛的联系，规划中的衡水—聊城—菏泽—商丘、聊城—邯郸—长治高铁尚未打通，河北城市与山东城市之间的高铁线路、车次均较少，冀中南地区与中原城市群、山东半岛城市群的运输主通道格局还不健全。

4. 省内城市间要素优化流动不足，未形成省内城市圈层结构

城市流强度反映的是城市与其他城市联系的紧密程度。相关研究表明，京津冀城市群城市间的联系悬殊，仅北京一个城市的城市流强度就高达8418.14，占到京津冀城市流强度合计值的一半之上，而唐山和石家庄的城市流强度分别为1369.5和1147.4，与北京有相当大的差距，省内其他城市的城市流强度分值较低，大多为200～300。[①] 这也表明河北各城市与北京的经济联系总量较大，省内城市之间的经济联系总量偏低，二者往往相差几十倍，省内城市间要素流动总量不足，河北省未能形成一个具有较强吸引力和辐射能力的区域空间中心，从区域中心城市向周围辐射的城市圈层结构也尚

① 王莎、童磊、贺玉德：《京津冀城市群经济联系的定量测度》，《技术经济》2019年第10期。

未形成。

此外，城市圈层结构的结构性缺失又加剧了城市间要素的优化流动。从城市规模等级来看，京津冀区域城市体系呈两极分化的“哑铃构架”，京津两个超大城市集聚了区域大部分城镇人口，底部小城市数量众多，而中间层级的大中城市数量偏少，换言之，京津冀城市群圈层结构存在中间层级结构性缺失问题。核心城市的辐射需要中间层级转承，缺失中间层级就意味着中心城市经济外溢困难或受阻滞，这造成核心城市规模越来越大，吸纳能力强于外溢辐射能力，既加剧了城市间要素流动不均，又限制了城市圈层结构形成。

5. 城镇发展带利用不足，未能形成“东—中—西”三大城镇发展带拉动格局

东部沿海城镇发展带的城镇发展相对缓慢。从自然原因来看，渤海湾海岸线呈现内凹形，这一海岸线特征导致后方城镇格局的基本特征是多个海港城市均具有独立出海口，且港口的腹地相对独立，容易形成多个彼此独立的城镇体系，城镇之间往往并行发展。从现实发展来看，各港口建港时间较晚、腹地小，“有港无城”“大港小城”情况比较突出，如唐山、沧州中心市区距离港口都较远，港口经济的辐射作用和带动能力有限，对城市发展带动效应不显著。从沿海城市数量规模来看，河北省沿海城市规模小、数量少、密度低，造成沿海城市对内陆城市带动力不足，沿海城市间经济联系不足。

中部石衡沧城镇发展带城镇发展水平存在较大差异。石家庄城镇化率较高，衡水和沧州的中心城区人口规模小，尤其是沧州主城区人口尚不足百万人，衡水对于冀州撤市划区的整合尚未完成，城区建设和经济发展水平不高，对周边小城市和县的辐射带动能力有限。交通路网建设方面，石家庄至沧州尚未建成高速铁路，仅靠石黄高速难以带动城市间人口、物资充分流通，相当程度上阻滞了三城联动发展格局形成。节点城市建设方面，缺少影响面广、带动性强的重要节点城市，辛集、晋州、深州、泊头等长期停留在小城市层次，与核心城市的产业关联度低，未能充分利用石黄高速、石衡沧

港高铁等交通优势形成产业轴。

西部京石邯城镇发展带的保定—石家庄—邢台——邯郸城市联动发展格局迟迟未能形成。该城市轴带旨在充分发挥主要城市的辐射作用，推动范围内所有城镇发展，但从目前发展状况来看，范围内所有设区市集聚、辐射范围主要限于所辖区域，影响范围相互独立，城市间产业经济联系不够紧密，中段石家庄中心城市首位度低、龙头带动作用不强，南段邯郸、邢台两市产业结构与石家庄存在较多重合，钢铁、装备制造、食品加工均为各市重点支持产业，北段保定处于京津冀协同发展核心功能区，发展重心和方向为承接北京非首都功能转移、配合雄安新区建设。尽管涿州、定州、武安等支点城市发展较快，但总体上中等城市数量极少、具备较强实力的小城市数量不多、支点城市集聚能力不足。该发展带仍以点状带动发展为主，由点而轴的发展态势仍不明显。

（二）河北城市空间结构演进展望

下面从“点、轴、圈、层”四个方面对河北城市空间结构演进进行展望。

1. 河北省特大城市形成，城镇体系呈多极化发展态势

随着北京更多非首都功能迁出，河北省城市承接更多的产业，交通运输网络、基本公共服务设施改善，城市人口承载能力持续提升。2019 年石家庄成为特大城市，这将改变京津冀城镇体系特大城市缺失的局面。另外，雄安新区远期规划可承载人口将达到 300 万人，其成为京津冀城市群中另一座大城市。梳理河北省各个城市未来 5 年的新型城镇化政策，可以看出，做大做强中心城区，扩大城区的经济规模、人口规模、空间规模是未来城市发展政策的重点：秦皇岛提出将城市四区和开发区、北戴河新区全部划入中心城区范围，建设一流国际旅游城市的标志性窗口和港城融合发展典范；廊坊提出拉开主城区大框架，构建中部核心都市区，提升中心城区规划建设管理水平，培育产业、增加就业，以此带动全域新型城镇化发展；衡水提出要推动桃城区—滨湖新区—衡水高新区—冀州城区联动建

设，形成百万人口大城市生活区及生产区，以此支撑区域中心城市地位；唐山提出聚焦城区建设，把重点片区作为中心城区版图重构、产业重组、动能重蓄的增量空间，实现主城区空间拓展、容量升级、功能完善、品质提升。城市发展政策对中心城区的重视和倾斜，将有效提高各设区市的城区人口数量、产业辐射能力、经济发展带动力，这必将提升中心城区作为发展增长极的地位，进而优化当前京津冀城镇体系结构，逐渐形成多中心多增长极发展格局。

2. 城镇发展带集聚能力提升，城市“点—轴”格局走向城镇密集带

高速铁路、高速公路作为一种新型的交通方式，其快速发展带来交通运输史上一次重大的飞跃，对提升城市空间相互作用强度、加强区域间经济联系、重构地域空间组织模式具有重要意义。京津冀协同发展战略实施以来，高速铁路、高速公路的建设力度巨大，路网密度、车次密度实现大幅提升，京广铁路和京九铁路之间的县（市、区）、邯郸东部城镇、邢台的大部分城镇发展较快，石黄高速、石津高铁、石济客专的修建带动了沿线城市间的要素流动，城市发展呈现整体推进和连绵发展的态势。2020 年 12 月，国家发改委提出：“未来五年，三大区域（京津冀、长三角、粤港澳）计划新开工建设城际铁路和市域（郊）铁路约 1 万公里，到 2025 年基本形成区域城际铁路和市域（郊）铁路骨架网络，形成城市群 1 ~ 2 小时交通圈和都市圈 1 小时通勤圈。”① 河北省“十四五”规划提出：“加快省内重要铁路线、市域轨道、国省干线公路、港口、航道、机场等重大项目建设，发展通用航空，提升空港、陆港、海港功能，打造综合交通枢纽。”② 这意味着，2021 ~ 2055 年，京津冀交通大格局将进一步完善，交通、物流、经济深度融合从而塑造城镇化空间形态的主体骨架，人口沿主要交通廊道集聚的态势将更加显著，

---

① 《国家发展改革委组织召开专题会议　部署整体推进城际铁路和市域（郊）铁路建设》，国家发改委网站，2020 年 12 月 4 日，https：//www. ndrc. gov. cn/xwdt/xwfb/202012/t20201204_1252245. html？code = &state = 123。

② 《中共河北省委关于制定国民经济和社会发展第十四个五年规划和二〇三五年远景目标的建议》，河北新闻网，2020 年 11 月 17 日，http：//hebei. hebnews. cn/2020 - 11/17/content_8213022_ 0. htm？spm = zm1018 - 001. 0. 0. 1. yVUhj0。

将呈现由“点—轴”向“点轴集聚区”再向“网络化”的空间扩散过程。

3. 都市圈逐渐形成，同城化趋势进一步增强

首先，雄安新区的建立将重塑京津冀都市圈空间结构。在空间上，雄安新区与京津形成新三角空间联系，加快北京人口转移和非首都功能疏解，释放区域间人才、资本、信息、技术等要素活力，同时雄安新区的反磁力中心作用可缓解京津冀城市间结构失衡、功能失调，形成功能层次完善、结构明晰的都市圈空间均衡发展结构，保定与雄安的联系更加紧密，以北京—雄安为中心，形成京雄保都市圈。① 其次，以石家庄为中心的石家庄都市圈逐渐形成。2020 年，石家庄提出以石家庄为核心，加快建设辐射冀中南、链接渤海湾的城际铁路、城市轨道交通、高速公路、国省干道交通体系，形成中心散射状综合运输通道格局。依靠交通发展策略，石家庄得以大幅提升交通道路沿线中小城市与石家庄的连通度和便捷性，打造半小时经济圈，加快形成高度同城化和高度一体化的城市圈。最后，其他设区市也都积极推动中心城区和组团之间在城市规划、基础设施、公共服务、政策安排和城市管理等方面的一体化。如邯郸推进基础设施和公共服务同城化，着力打造主城区到组团之间的 30 分钟通勤圈，加强中心城区与周边各组团的快速连接，一些小规模的同城化将不断加强。

四　优化河北城市空间结构的基本路径

坚持从推进京津冀协同发展战略目标实现、城镇群协调发展的角度出发，立足不同地区的资源禀赋和区位优势，提升城镇职能，形成相对均衡和合理的城镇体系构架，构建合理分工、相互依托、共同促进、统筹国内和国际“双循环”的区域发展格局。

---

① 李峰、赵怡虹：《雄安新区与京津冀城市群发展》，《当代经济管理》2018 年第 5 期。王玉海、张鹏飞：《京津冀协同发展的空间重构与城市间结构效应分析》，《理论与现代化》2019 年第 5 期。

（一）着力建设沿海、京石邯、石衡沧三大城镇发展带

强化交通、通信、网络等基础设施的建设，促进生产要素合理流动和优化配置，完善沿海城镇发展带、京石邯城镇发展带、石衡沧城镇发展带等，以重要发展带串联重要城镇密集地区和产业基地，推动交通沿线加快形成城镇密集带，形成河北省城市空间主体框架。

沿海城镇发展带以唐山、秦皇岛、沧州为核心，发挥港口、区位、空间优势，加强港口联动、园区协作，优化港口功能定位，做大做强临港产业，增强曹妃甸区、渤海新区、秦皇岛黄金海岸的城市功能，推动“以城定港、港城融合、产城共兴”。曹妃甸区完善临港现代工业、港口商务等重点功能区，着力提升城市功能，实现港产城融合发展，打造高品质现代化沿海港口城市和产业协作高地。渤海新区着力推动黄骅港转型升级、临港产业集聚、黄骅新城建设，做大黄骅市区和中捷城区，提升黄骅市人口集聚能力，将其打造成河北沿海城镇发展带重要增长极、高质量发展的滨海城市。

京石邯城镇发展带以石家庄、邯郸、邢台为核心，依托京广高铁、京石城际、石邯城际、京港澳高速、太行山高速等复合交通廊道，推动主要城镇高端要素集聚，推动优势产业迭代升级，重点发展新材料、生物医药、新能源、高端装备等高新产业，带动冀中南地区发展。加大省会建设支持力度，打造石家庄现代化都市圈，提高省会对外开放度，加强石家庄与沿海互动发展，支持石家庄国际陆港建设，发挥其辐射带动作用，将其打造成河北中南部地区的核心增长极。邢台着力加快中心城市成长，提升其在区域中的能级，依托青银高速、京九高铁的带动作用，推动宁晋、清河提升县域经济和基础设施建设水平，提高产业和人口承载能力，建成邢台北部和南部副中心城市、冀中南节点城市。邯郸加快形成中心城区与东、中、西三大区域协调发展格局，提升要素集聚、科技创新、高端服务能力，增强对区域发展的辐射带动功能，推动武安、魏县建成东、西副中心城市。

石衡沧城镇发展带以石家庄、衡水、沧州为核心，依托石济客专、石黄高速，强化东出西联通道功能，建设省会出海口，辐射带动衡水市发展，增

强辛集等城市的集聚作用。推动发展带主要城镇优势传统产业转型升级，壮大县域特色产业集群。衡水着力构建百万人口大城市生活区及生产区，支撑区域中心城市地位。沧州以推进大运河文化带建设为牵引，推进中心城区与渤海新城对接发展，拓展城市发展空间。辛集依托石衡高速、石雄城际、雄郑高速，积极融入实现60分钟抵雄安、90分钟达京津交通网络，提高产业和人口集聚能力，加快建成京津冀城市群特色功能节点城市。支持任丘、河间、泊头围绕中等城市定位，完善功能配套，加快产城融合，提升服务能级。

（二）加快建设雄安新区和张北地区

高水平高质量建设雄安新区。坚持世界眼光、国际标准、中国特色、高点定位，加快推进高水平社会主义现代化城市建设。积极推进北京非首都功能向雄安新区集中疏解，打造高端产业核心集聚区、高端商务功能区。高水平建设雄安新区城市，加快搭建城市骨架，形成新区发展空间载体。积极构建雄安与周边及全省各市联动机制，发挥雄安新区对冀中南地区甚至整个河北发展的带动作用。

以冬奥城市建设带动张家口区域发展。高质量推进北京冬奥会和冬残奥会筹办工作，放大奥运经济辐射带动效应，打造河北发展重要一翼。实施张家口城市品质提升行动，着力打造冬奥精品城市，塑造冬奥城市特色风貌，有序推动城市品质提升。学习其他冬季奥运会举办城市成功经验，释放冬奥会对经济、社会、环境等各方面发展的引爆效应，持续开发冬奥会品牌，注重后冬奥时期经济调节，保障经济、社会、环境持续发展。

（三）加快建设石家庄现代化省会都市圈

石家庄现代化省会都市圈以石家庄为中心，以邯郸、邢台、衡水及辛集、定州等周边城市为支撑。充分发挥省会综合优势，依托自贸试验区正定片区及有关平台资源，重点发展临空产业、生物医药、高端装备制造和国际物流等产业，加快建设辐射冀中南、链接渤海湾的城际铁路、城市轨道交通、高速公路、国省干道交通体系，建设国际化商贸物流中心、带动冀中南地区的综合服务平台、科技创新及成果转化基地。建设中小城市节点与石家庄市区、邢台市区、邯郸市区的快速交通网络，提升连通性和便捷性，形成中心散射状综合运输通道格局，打造高度同城化和高度一体化的城市圈。

（四）突出中心城市极化作用，构建多中心多层次带动的城镇化发展格局

中心城市往往是区域的政治、金融、贸易、文化中心和信息、交通枢纽，在城市群的形成和发展过程中具有较强的辐射带动作用，能推动城市空间结构的重组。石家庄作为中心城市，应强化其在科技、人才、金融、资本等方面的集聚效应，增强其带动区域发展的核心中枢、科技先导和增长引擎能力。推进唐山市建设东北亚地区经济合作窗口城市、环渤海地区新型工业化基地、首都经济圈重要支点。节点城市有利于加快补齐区域发展的短板、防治大城市病和有序推动产业梯度转移，应培育其在要素集聚配置、创新、辐射带动等方面的区域性中心城市功能，积极承接北京非首都功能转移，强化对周边其他城市的辐射带动作用，将自身打造成为省内新的经济增长极。邢台加快邢东新区建设和市区四区整合，积极参与区域分工与合作，提升其在区域中的能级。邯郸突出城市特色，做大做强中心城区，着力打造冀南新区，增强辐射带动能力，致力于将自身打造成为京津冀联动中原的区域中心城市。廊坊应推动南三县与雄安新区联动发展，中部县（区）依托北京大兴国际机场和临空经济区建设做大做强中心城市，加快释放临空经济区引爆效应，打造新的经济增长极。保定着力建设以中心城区、雄安新区为核心的联动增长中心，提升主城区辐射带动能力和核心竞争力。河北省规划建设微中心，紧密围绕非首都功能疏解的现实需求，结合京津冀产业链、创新链构建的需求，充分结合微中心选址区域的资源特点，明确功能定位和产业方向，打造集中承接地。强化基础设施和公共服务配套，切实提升微中心综合承载力，为非首都功能、人才及产业资源向微中心转移创造条件。

参考文献

《国家发展改革委组织召开专题会议　部署整体推进城际铁路和市域（郊）铁路建设》，国家发改委网站，2020 年 12 月 4 日，https：//www. ndrc. gov. cn/xwdt/xwfb/202012/t20201204_ 1252245. html？code = &state = 123。

《河北省人民政府关于印发河北省新型城镇化与城乡统筹示范区建设规划（2016—2020 年）的通知》（冀政发〔2016〕7 号），河北省人民政府网站，2016 年 2 月 29 日，http：//info. hebei. gov. cn/hbszfxxgk/329975/329982/6609970/index. html#userconsent。

《河北省国民经济和社会发展第十四个五年规划和 2035 年远景目标纲要》，国家发改委网站，2021 年 6 月 11 日，https：//www. ndrc. gov. cn/fggz/fzzlgh/dffzgh/202106/t20210611_ 1283092. html？code = &state = 123。

《中共河北省委关于制定国民经济和社会发展第十四个五年规划和二〇三五年远景目标的建议》，河北新闻网，2020 年 11 月 17 日，http：//hebei. hebnews. cn/2020 - 11/17/content_ 8213022_ 0. htm？spm = zm1018 - 001. 0. 0. 1. yVUhj0。

《河北省城镇体系规划文本（2006—2020 年）》，河北省自然厅（海洋局）网站，2006 年 1 月 31 日，http：//zrzy. hebei. gov. cn/heb/gongk/gkml/ghjh/kjgh/10668442447769395200. html。

《河北省国民经济和社会发展第十二个五年规划纲要》（2011 年 1 月 16 日河北省第十一届人民代表大会第四次会议批准），河北新闻网，2011 年 3 月 21 日，http：//gov. hebnews. cn/2011 - 03/21/content_ 1772364. htm。

李峰、赵怡虹：《雄安新区与京津冀城市群发展》，《当代经济管理》2018 年第 5 期。

王莎、童磊、贺玉德：《京津冀城市群经济联系的定量测度》，《技术经济》2019 年第 10 期。

王玉海、张鹏飞：《京津冀协同发展的空间重构与城市间结构效应分析》，《理论与现代化》2019 年第 5 期。

张贵、杨君：《河北省城镇体系与空间布局研究》，文魁、祝尔娟主编《京津冀蓝皮书：京津冀发展报告（2014）——城市群空间优化与质量提升》，社会科学文献出版社，2014。

B.20
重构“强省会”城镇化发展战略

单清华　王文录*

摘　要： “强省会”战略是省域经济社会发展的重要抓手。支持石家庄市做大做强不仅是京津冀城市群发展的必然需求，也是河北省“十四五”规划工作的关键点。省会城市不大也不强，全省没有引领高地一直是河北省发展的短板。因此，应深刻剖析省会不强的主要表现，立足石家庄城市发展实际，从引领全省发展的视角出发，重在重构城市空间布局，整合资源要素，完善城市现代功能，提出石家庄城市发展系列创新观点。

关键词： “强省会”战略　区域一体化　城镇化　石家庄市

省会强，全省才强，建设京津冀世界级城市群需要“三足鼎立”。目前河北一足存在明显短板，石家庄一极未能形成对世界级城市群强大的战略支撑，因此，河北省“十四五”规划明确指出，举全省之力实施“强省会”战略，构建石家庄市现代化都市圈，全面推动全省高质量发展，让河北成为京津冀世界级城市群发展的重要动力源。本报告立足石家庄城市发展实际，从引领全省发展的视角出发，重在重构城市空间布局，整合资源要素，完善城市现代功能，提出石家庄城市发展系列创新观点。

* 单清华，河北省社会科学院社会发展研究所研究实习员，研究方向为城镇化与发展社会学；王文录，河北省社会科学院社会发展研究所研究员，研究方向为人口城镇化。

一　城市化跨入城市群、城市圈时代

（一）世界城市群历史变迁

人类的发展史就是一部城市发展史，世界城市化发展起源于1760年英国工业革命，英国的伦敦、曼彻斯特等城市率先成为世界上第一批现代意义上的城市，世界城市化进程从英国等西方国家起步，之后经历了兴起、普及、成熟等几个阶段。随着多个核心大城市的带动和多个中心城市的齐头并进，出现了城市化区域发展的现象。“城市群”这一概念最初由法国地理学家简·戈特曼在1957年提出。一般来说，世界级城市群满足经济和地理的双重特性：以超级城市为核心、经济联系紧密、人口密度大、城市化率高、集聚在有限区域内。当前，国内外公认的世界级城市群有6个，集中分布在北美、亚洲和欧洲。

北美五大湖城市群。位于美国和加拿大交界的五大湖周围，涵盖芝加哥、底特律、匹兹堡、多伦多和蒙特利尔5个大城市和30个左右的小城市，五大城市产业分工不同。该城市群属于多中心城市带动发展模式。

美国东北部大西洋沿岸城市群。位于北美大西洋沿岸地区，以纽约为中心，包含波士顿、费城、华盛顿等几个大城市及周围沿线的40个左右的卫星城。该城市群属于核心城市带动发展模式，因城市多、人口多、产值高，是当前世界上发展程度最高、实力最强的世界级城市群。

日本太平洋沿岸城市群。位于太平洋沿岸和濑户内海沿岸周边，以东京为主，包括名古屋、大阪两大城市及周围四大工业区。该城市群属于核心带动发展模式，在3.5万平方公里的区域范围内集聚着超过全国60%的人口和产值，是亚洲最发达的城市群。

欧洲西北部城市群。包括法国巴黎城市群、德国莱茵—鲁尔城市群和比利时—荷兰城市群，位于鲁尔河和利珀河之间，15个中心城市呈带状分布。该城市群属于多中心发展模式，产业类型以工业为主，起源于煤矿工业，城市规模不大，产业分工明确、发展均衡。

英国伦敦城市群。位于英格兰半岛，中心城市是伦敦，包括曼彻斯特、利物浦、利兹、伯明翰、谢菲尔德五大城市和周边的若干小城镇。该城市群属于核心发展模式，是世界上成立时间最早、发展历史最久、地域面积最小的世界级城市群。

长江三角洲城市群，位于中国东部，中心城市是上海，包括南京、苏州、杭州等25个周边城市，属于核心发展模式。该城市群依托悠久的历史以及完善的交通基础设施，在改革开放后，重新分化重组，确立了上海市的龙头带动作用。《2010中国城市群发展报告》显示，长江三角洲城市群已跻身世界级城市群行列。

（二）中国城镇化历史变迁

中国的城镇化进程晚于西方国家，从1949年到改革开放，中国城镇化发展特征为起点低、速度慢、落后于世界城镇化平均水平；改革开放后，城镇化速度加快，表现出历程短、增速快、区域发展差异大等特征，该时期中国城镇化总体可概括为起步期、加速期、稳增期、调整期四个阶段。

第一阶段是起步期，从1978年底到1995年底，城镇化率由17.92%提高到29.04%，城镇化率偏低，发展缓慢。我国于1978年实施改革开放，开始了对经济社会发展的系列探索，在农村实行“家庭联产承包责任制”，提高了农业生产效率，为后期城镇化高速发展积累了充足的劳动力。1992年社会主义市场经济体制改革目标确立，进一步扩大了改革开放，其中乡镇企业快速发展吸引了众多农村人口向城镇人口转变。

第二阶段是加速期，从1995年底到2010年底，城镇化率从29.04%提高到49.95%，城镇化历时短，发展速度快。受改革开放扩大的影响，经济特区和沿海开放城市发展迅速，人口开始大规模转移，由中西部涌向东南沿海发达地区，由农村迁移到大城市，在此期间，就地城镇化开始转向异地城镇化，城镇化进程加快。

第三阶段是稳增期，从 2010 年底到 2018 年底，城镇化率从 49.95% 提高到 59.58%，相比加速期增速虽然放缓，但总体上仍表现为稳定增长。2013 年十八届三中全会明确了走新型城镇化道路的方向，城镇化由以经济发展为中心转变为以人为本，更加关注城镇化的发展质量和相关配套体制建设，城镇化的发展模式由粗放型向集约型转变。

第四阶段是调整期，从 2019 年开始，城镇化率在达到 60.60% 之后，我国城镇化发展进入调整期，城市群、城市圈地位日趋凸显，现代化城市建设速度加快，当前城镇化率仍然保持较高增长速度。随着城市群、城市圈自身发展日益成熟，对外合作参与度不断提升，对内经济拉动优势更加突出，全国出现多个层级的城市群、城市圈，区域间联系因城市发展更加密切。

改革开放后中国城镇化率走势见图 1。

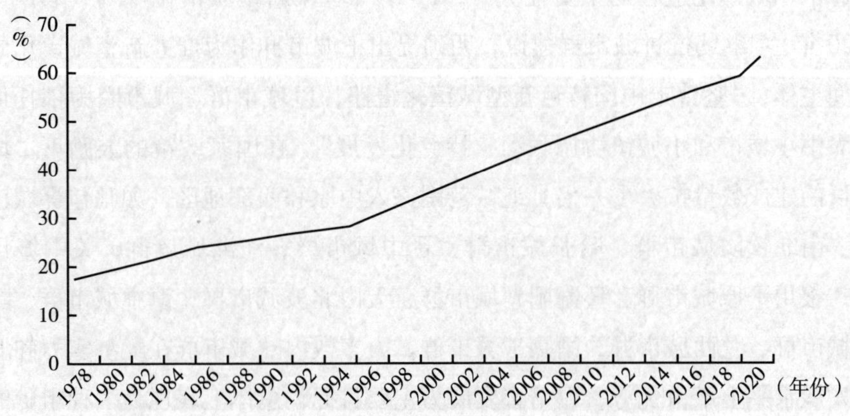

图 1　改革开放后中国城镇化率走势

资料来源：历年《国家统计年鉴》。

（三）中国城市群的发展历程

城市群是城镇化发展的高级形态，中国城市群的规划与探索经历了 40 年左右的时间，通过学习西方先进模式，结合中国本国国情，中国城市群的

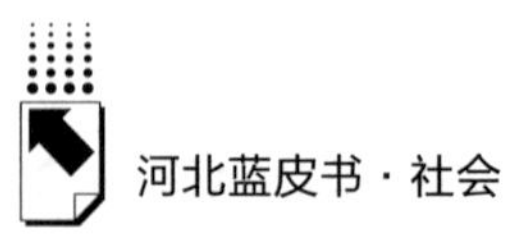

建设形成了一定规模，取得了巨大的社会成就。

初期探索阶段，改革开放后随着城镇化进程的推进，国内的大城市周边出现了人口密集区。1982 年以上海为中心设立长江三角洲城市群，开启了国内城市群规划建设的先河，在珠三角地区和京津冀地区开启了城市群建设的尝试。2001 ~ 2005 年，国内确认的城市群规模继续扩大，在东部发达省份和国内的重要节点区域相继确立城市群，如海峡西岸城市群、辽东半岛城市群、山东半岛城市群、成渝城市群、中原城市群、武汉城市群、长株潭城市群。最先成立的京津冀、珠江三角洲和长江三角洲三大城市群经过多年的发展内部结构已经成熟，一直是国内最具影响力的三大城市群。

快速发展阶段，我国的城市群在地域范围和数量上表现了实质性的扩大。2006 年政府开始将城市群纳为国家新型城镇化的空间主体，城市群担负着推动城镇化进程的主要任务。2014 年《国家新型城镇化规划（2014—2020 年）》继续推进城市群建设，明确提出把城市群作为推进新型城镇化的空间主体，"坚持走中国特色新型城镇化道路，以城市群、城市圈为依托促进大中小城市和小城镇协调联动、特色化发展"。在国家政策的鼓励下，城市群的建成数量扩大了一倍，地域范围深入中原和西部地区，如呼包鄂城市群、南北钦防城市群、哈长城市群、晋中城市群、江淮城市群、关中城市群、银川平原城市群、环鄱阳湖城市群、天山北坡城市群、滇中城市群、黔中城市群、兰西城市群、酒嘉玉城市群。大多数内陆城市群在经济实力和城市发展水平上不占优势，以培育发展为主要目标，总体上表现为一种粗犷的发展模式，城市群内的中心城市辐射带动能力有限，区域内互动联系较少，与世界级城市群的标准还有很大差距。

差异化发展阶段，我国城市群的发展定位更加准确。2021 年 6 月发布的《国家新型城镇化规划（2021—2035 年）》提出"促进城市群与产业集群、创新集群耦合交融，明确城市群差异化发展定位，打造高质量发展的动力源和增长极，提出引导城市群内辐射带动能力强的超大特大城市及大城市，培育发展一批现代化都市圈"。目前我国的城市群数量为 19 个，虽然数量减少，但对城市群内部发展质量的要求更高，如长江中游城市群、成渝城市群开始注重细化圈内层级结构，提升大城市的辐射带动能力，密切区域经济联系，建立现代化的都市圈。

（四）河北省城镇化发展阶段特点

河北省城镇化在改革开放之后获得了较快发展，表现出起点更低、速度更快的趋势。1982 年第三次人口普查数据显示，河北省城镇化率仅为 13.69%，2020 年第七次人口普查数据显示，城镇化率达到 60.07%，与 1982 年相比提高了 46.38 个百分点（见图 2）。同期，全国城镇化率提高了 42.76 个百分点。2021～2035 年，河北省城镇化率将持续平稳上升，按照当前平稳的上升趋势，预计到 2025 年全省城镇化率将达到 63.76%，有望追平全国城镇化率的平均水平。

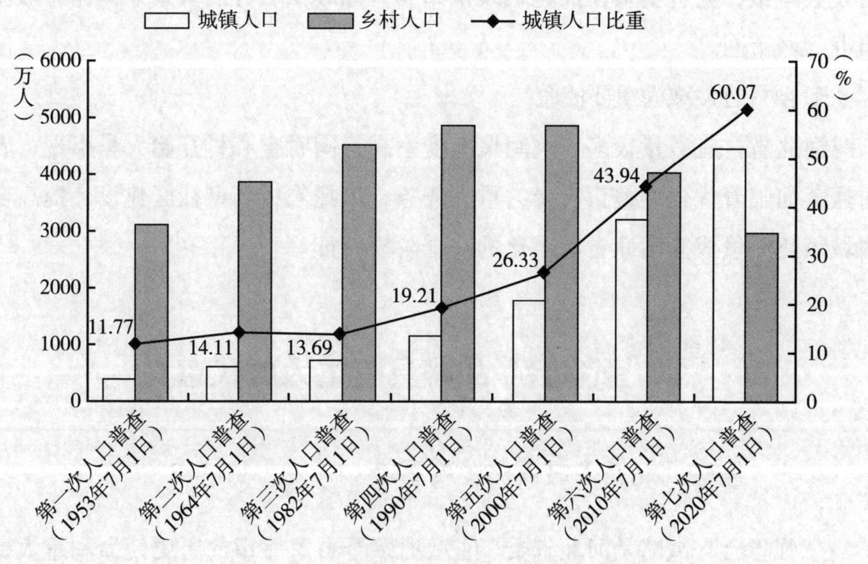

图 2　河北省历次人口普查城镇化率变化

1. 农业转移人口市民化是城镇化重点

城镇化持续加快，就地转移人口较多，城市中存在大量非户籍人口，河

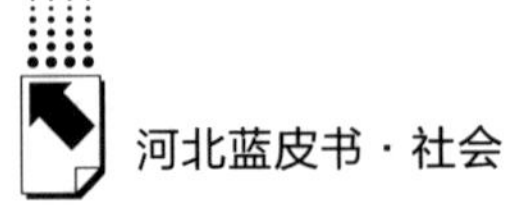

北省需要通过加快人口市民化提升城镇化速度和城市建设质量。

2. 城镇化由快速扩张转向稳定增长

由于农村人口外迁速度趋缓，大城市、特大城市拉动力不足，特别是行政区划调整政策趋紧，在这种背景下，河北省城镇化发展模式开始调整，城镇化发展表现出在继续稳定增长的基础上内涵发展的特点。

3. 城镇化将更加关注提升质量

在河北省城镇化高速发展的过程中，城市发展速度较快，但存在市政压力较大、环境污染较重、住房条件较差、城市品质较低等“城市病”，要求河北省适应现代化新阶段新任务的发展要求，注重完善城市功能，提升城市建设品质，建设现代化城市。

4. 城市群、城市圈需要加速培育

大城市辐射影响力不足，城市实力、知名度和发展水平相对一线城市仍有较大差距，全省亟须在加速融入京津冀世界级城市群的背景下构建省域城市群、城市圈。

5. 乡村建设成为重要使命

河北省村庄数量较多，空间聚集度不高，同时空心村开始大量出现，农村聚落面临着优化调整再布局的重大任务，依托农村新型社区建设，提高乡村城镇化质量成为河北省城镇化的一个阶段特征。

二　“强省会”战略具有重大时代意义

（一）重构河北新型城镇化发展重点

“强省会”战略是河北省委、省政府赋予石家庄市的历史使命和重大责任，有利于更好地发挥石家庄在全省高质量发展大局中的辐射带动作用。实施“强省会”战略，有利于优化城镇发展空间布局，构建“三圈三轴”的城镇空间结构，加快建设石家庄现代都市圈、唐山现代都市圈和环京津城市带，形成多中心、多层级、多节点的网络型城市群。加大省会建设力度，有利于推进县域城镇化建设，推进县城提级升能，统筹新城建设与老城改造，推动人口、医疗、产业、教育等优质要素向县城集聚，促进小城镇健康发展。

（二）主动有效融入京津冀世界级城市群

“强省会”战略是贯彻落实京津冀协同发展战略、区域协调发展战略和主体功能区战略的重要举措。有利于河北省在融入京津冀一体化中提升竞争力、赢得话语权，推动京津冀城市群进一步发展。有利于提升京津冀城市群内各城市间的合作深度和广度，实现京津冀市场一体化深度融合，加快区域间合作互助和利益补偿，促进河北地区更好地承接北京的非首都功能，助推河北省加快构建现代化都市圈，打造更完整的城市体系，更有效地融入京津冀世界级城市群。

（三）引领全省高质量快速发展

“强省会”战略的提出是落实河北省“十四五”规划的重要举措，有利于推动落实河北省实现经济社会发展的新目标：经济上力争地区生产总值增长6.5%，居民人均收入增长8%；在创新技术和创新人才方面有所突破，打造新的发展优势。有利于实施生态优先绿色发展的模式，淘汰落后产能，保证发展经济与保护生态环境相协调。有利于推进政府治理体系和治理能力现代化，形成新的战略眼光，提高行政能力和水平，全面优化政府服务质量和效能。在实施“强省会”战略的过程中，应落实中央和全省的重要精神，真正把石家庄市打造成河北省发展的“新高地”。

三　省会不强是河北省城镇化的重要特征

（一）经济首位度不高，经济实力较弱

全国304个地级市发布的2020年度GDP数据显示，石家庄市排第34名。以“省会（首府）GDP/全省（自治区）GDP”来衡量省会（首府）经

济首位度，2019 年石家庄市经济首位度为 16.55%，在中国大陆 27 个省会（首府）城市中排第 24 名（见图 3），无论是 GDP 排名还是经济首位度排名石家庄市均不高，说明石家庄市经济在全国的竞争力不强，在全省的辐射影响力一般，也表明河北省内各城市发展实力整体偏弱，省内没有一个经济实力强的超级城市。

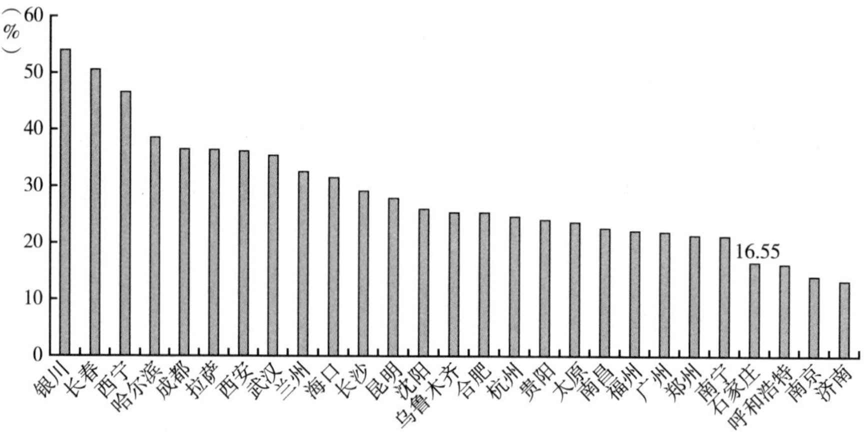

图 3　2019 年全国省会（首府）城市经济首位度排名

说明：不含台北。

资料来源：历年《国家统计年鉴》。

（二）人口吸引力不足，人口规模偏小

石家庄市长期以来人口吸纳能力不足，主要表现为就业岗位有限、工资待遇偏低、人才政策不良。2021 年石家庄经济总量为 5900 多亿元，相当于发达地区地级市经济总量，说明其产业发展不足，难以提供足够的就业岗位。同时，工资水平较低，人均收入在全国 40 个重点城市中排名倒数第三。另外，人才政策没有取得突破性进展，人才流动和成长通道不畅通，人才流失严重，省会人口集聚度低，第七次人口普查数据显示，都市区常住人口 575.8 万人，在全国城市人口排名中居第 24 位，中心城区人口 430 万人左右，核心区不足 300 万人，少于东部主要省会城市和部分发达地级市。

（三）空间结构不合理，现代化都市圈雏形尚未呈现

多年来，石家庄市城市空间发展战略摇摆不定，曾提出向东发展、向北发展、向西发展等不同方案，城市内部空间结构处于不断优化调整状态，三环以内核心区和鹿泉、藁城、栾城等卫星城建设未实现持续稳定发展，与此同时，由于主城区发展不足、带动力不强，其与衡水、邢台、辛集等周边城市未能形成区域一体化发展态势。

（四）战略性新兴产业比例低，主导产业带动力偏弱

由于纺织、钢铁、无电线等传统产业逐步萎缩，战略性新兴产业种类、规模、品牌等发展缓慢，特别是超大型高新技术企业缺少，石家庄市整体产业结构亟须转型升级、形成新的现代产业格局。近10年新建的估值10亿美元以上的创新型企业全国共计251家，石家庄市为零。与此同时，药都建设缺少强有力改革举措，传统的生物医药发展产业在全国竞争中未形成独特优势，没有发挥强有力的带动作用。

（五）科研投入明显偏少，科技创新能力较弱

省会石家庄市的综合创新能力较低，竞争力优势欠缺。2020年公布的《中国城市竞争力第18次报告》显示，石家庄市城市竞争力居全国第39位，排名落后于所有一线城市和东部省会城市。中国科学院大学等机构联合公布的《2020中国硬科技创新白皮书》显示，石家庄市在全国硬科技创新指数方面居第29位，科研人才、硬科技投入、高新技术产出、硬科技企业和科技创新环境等5项评价指标均位于20名之后，科研投入和产出与发达地区和城市存在巨大差距，科技创新领域没有突出成果和竞争优势（见表1）。

表1　2020年部分城市硬科技创新实力排名

城市	硬科技创新指数	硬科技创新指数排名	科研人才指数	科研人才指数排名	硬科技投入指数	硬科技投入指数排名	高新技术产出指数	高新技术产出指数排名	硬科技企业指数	硬科技企业指数排名	科技创新环境指数	科技创新环境指数排名
北京	84.04	1	80.80	1	79.28	1	80.72	1	82.37	1	97.02	1
上海	50.48	2	39.59	5	47.28	4	51.76	3	62.69	3	51.06	2
深圳	42.92	3	21.05	19	55.49	2	48.54	4	68.22	2	21.28	11
广州	39.46	4	41.41	2	42.20	7	42.75	7	34.19	5	36.76	3
西安	35.83	5	39.84	4	42.24	6	60.84	2	11.24	22	25.00	9
武汉	34.58	6	40.97	3	35.86	9	44.84	5	14.78	16	36.43	4
杭州	32.99	7	26.42	13	51.48	3	22.57	14	33.44	6	31.05	6
合肥	29.77	8	33.91	7	45.64	5	38.96	8	12.37	20	17.98	15
南京	28.01	9	32.37	8	36.04	8	18.98	19	18.44	14	34.20	5
成都	27.40	10	23.97	17	23.86	19	44.72	6	19.80	12	24.63	10
苏州	26.76	11	12.38	32	35.82	10	15.67	24	49.37	4	20.57	13
东莞	23.48	12	31.02	12	28.82	14	19.23	18	27.82	7	10.52	25
济南	22.92	13	34.82	6	23.63	21	30.92	11	9.46	24	15.79	18
长沙	22.05	14	31.52	11	24.88	18	24.34	13	11.40	21	18.08	14
天津	21.14	15	15.34	28	17.44	35	22.01	15	21.09	11	29.82	7
南昌	19.51	16	32.28	9	25.05	16	21.36	16	3.17	35	15.67	19
无锡	19.42	17	12.52	31	28.32	15	25.28	12	24.88	9	6.12	33
长春	19.24	18	23.26	18	14.04	37	37.92	9	4.58	32	16.41	17
重庆	18.95	19	15.67	26	17.76	34	16.03	23	18.62	13	26.69	8
佛山	18.14	20	14.11	29	32.27	11	12.55	29	21.64	10	10.14	26
宁波	18.01	21	17.80	21	22.14	26	17.36	21	25.38	8	7.38	31
青岛	17.88	22	17.20	22	24.96	17	15.31	26	14.42	17	17.51	16
郑州	17.51	23	31.56	10	15.64	36	10.21	33	9.27	25	20.88	12
厦门	16.96	24	24.88	16	21.05	28	20.97	17	8.99	26	8.89	29
哈尔滨	16.86	25	16.27	24	17.92	33	32.17	10	3.28	34	14.65	21
常州	16.82	26	15.63	27	29.93	13	16.51	22	14.11	19	7.90	30
昆明	14.96	27	20.49	20	30.19	12	6.42	35	2.88	36	14.80	20
大连	14.85	28	24.99	15	20.28	30	11.51	30	4.87	31	12.59	24
石家庄	14.47	29	16.55	23	23.05	24	10.62	32	8.33	28	13.83	23
沈阳	13.37	30	16.16	25	18.51	31	15.50	25	2.63	37	14.04	22
贵阳	13.07	31	25.89	14	9.31	38	18.33	20	1.81	38	10.03	27
福州	12.56	32	13.75	30	23.82	20	7.70	34	8.42	27	9.11	28

续表

城市	硬科技创新指数	硬科技创新指数排名	科研人才指数	科研人才指数排名	硬科技投入指数	硬科技投入指数排名	高新技术产出指数	高新技术产出指数排名	硬科技企业指数	硬科技企业指数排名	科技创新环境指数	科技创新环境指数排名
温州	11.74	33	5.91	34	21.76	27	13.80	27	14.16	18	3.08	38
南通	11.32	34	3.60	38	20.39	29	12.61	28	15.94	15	4.06	34
泉州	10.31	35	3.91	36	22.29	25	10.91	31	11.23	23	3.20	37
烟台	9.06	36	7.32	33	23.60	22	3.15	38	7.22	29	4.02	35
徐州	8.98	37	3.63	37	23.12	23	5.42	36	6.57	30	6.15	32
唐山	6.74	38	4.01	35	18.16	32	3.93	37	3.82	33	3.76	36

资料来源：《2020 中国硬科技创新白皮书》。

四　省会不强制约全省高质量发展

省会城市石家庄经济首位度、产业竞争力、区域拉动力等指标在全国省会城市，特别是东部省会城市中排名靠后，存在诸多突出矛盾和问题，省会不强一定程度上制约了全省的高质量发展。

（一）影响城镇化增速和水平

省会未能成为全省城镇化发展龙头。根据省会城市经济首位度分析，石家庄市对全省经济发展贡献率低，2020 年经济首位度为 16.55%，低于相邻省会太原和郑州，对全省城镇化进程贡献度较低，2020 年石家庄市城镇化率为 65.05%，全省城镇化率为 57.62%，河北省在全国 31 个省区市排名中居第 19 位，低于全国平均水平 60.60%，全省城镇化发展不平衡不充分的问题依然存在，辐射带动能力较强的中心城市较少，缺少一批同城化程度高的现代化都市圈，没有形成完善的城市圈体系，城镇化发展水平整体不高。

（二）影响融入京津冀世界级城市群

京津冀城市群是一个经济联系密切、空间地域紧凑、区域统筹发展、生产合作高度一体化的城市群体。河北省作为京津冀城市群中的基本构成单元，省会实力不强将会导致全省不强，在京津冀一体化发展中不具竞争与合作优势。经济运行效率不高，城乡差距大，影响城乡统筹进一步发展，在承接京津两地重点产业转移领域，在承接北京市非首都功能方面，石家庄市没有发挥领先优势，没有成为与世界级城市群相匹配的重要支点。

（三）影响形成全省高质量发展策源地

《中国区域创新能力评价报告 2021》显示，北京市、上海市、广东省、江苏省、浙江省、山东省等沿海省市依然是区域创新能力综合指数排名的第一梯队，河北省排在第 17 位（见图 4）。其中，2020 年河北省的 R&D 经费 4854544 万元，全国排第 11 位；R&D 人员 86337 人，全国排第 13 位；R&D

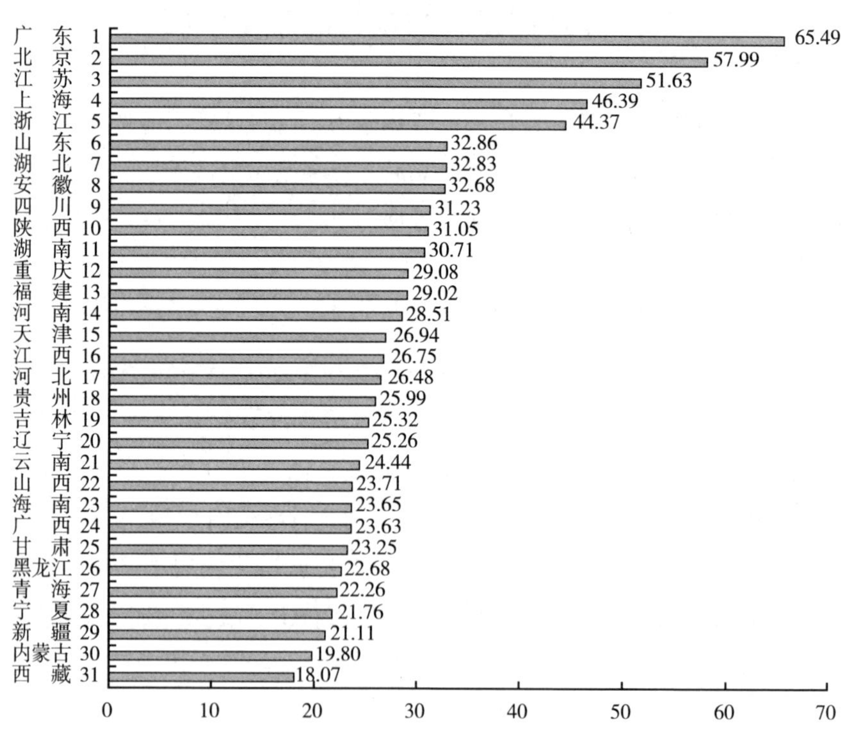

图 4　2021 年全国 31 个省区市区域创新能力综合指数排名

资料来源：《中国区域创新能力评价报告 2021》。

项目17423项，全国排第12位。与京津两地和东部发达省份相比，河北省科技、产业与金融互动有待加强，与成为全国科技强省、全国产业科技创新高地的目标还有一定差距。

五 “强省会”的战略构想和对策建议

实施“强省会”战略必须从推动融入京津冀世界级城市群的高度出发，重构石家庄现代化都市圈的空间结构，优化主导产业布局，积极建设现代化大都市区，采取一系列创新性举措，通过资源要素的重新优化整合，打造具有影响力和知名度的国际大都市。

（一）明确“强省会”基本思路

做大做强省会首先要强化省会意识，发展省会极核，高质量建设特大城市。省会不仅是石家庄人的省会，也是全省人民的省会，省会发展水平决定全省发展水平，省会形象代表全省形象。因此，要强化省会意识，优先支持项目、资金等优质要素资源集聚省会，建设引领全省发展的省会、空间布局极核的省会，以增加省财政投入为主导来发展石家庄。加大人才引进向省会倾斜力度，根据主导产业发展方向，谋划实施多形式、多类型、多层次人才培养引进计划，加快推动各类创新要素向省会集聚，加快创新驱动产业发展。加大资金对省会的支撑力度，对重点企业、重大项目开辟审批“绿色通道”，优先争取国家、省财政资金和专项建设基金支持，探索设立引进产业引导资金、战略投资资金，提供省会做大做强的金融支撑。发挥土地要素的保障作用，优化国土空间开发格局，推进高质量用地，坚持土地供给的产业导向，优先保障重点产业、重大项目发展建设用地需求。

（二）重构石家庄城市空间结构

石家庄空间总体结构可概括为“依山拥河”战略，打造“一核一环一山一水一特色”的空间发展格局。突出“一核”引领，积极推动市内桥西、新华、长安、裕华等四区集聚现代商贸物流、金融、科技服务和文化创意等高端服务业，打造高端服务业发展高地。强化“一环”支撑，依托正定区、高新区和鹿泉、栾城、藁城“新三区”重点发展生物医药健康、材料化工、高新技术、新能源、先进装备制造及临空、国际物流等高附加值产业，打造先进制造业环核心区新型产业发展带和点状产业高地。优化“一山”生态，依托沿太行山县（市、区），重点发展生态旅游、运动休闲、健康养老产业，打造生态经济发展样板。促进“一水”融合，依托滹沱河沿岸县（市、区）生态带建设，统一规划滹沱河沿线产业布局和生态建设，集聚高端会展、科技创新、文化创意和旅游休闲度假产业，打造滹沱河生态经济隆起带。壮大“一特色”产业，依托传统优势产业，加快产业转型升级，建设医药基地、纺织基地、小商品集散基地。

（三）建设现代化大都市区

打造创新之城。创新是社会发展的第一动力，应加快形成多元化、多渠道、高效率的科技创新投入机制，稳定政府财政投入，保证企业投入，合理安排风险投资的比例，提高全社会研发资金占全省地区生产总值的比重。鼓励区域协同创新发展，拓展石保廊全面创新改革试验的深度和广度，加快协同创新共同体建设。积极对接京津两地创新源头，共建一批重点科技园区和中试基地。建设一批科技交易市场和科技成果转移平台，加强与京津两地在技术创新领域的深度融合。推进数字产业化发展，实现数字经济和实体经济深度融合，高标准办好中国国际数字经济博览会，加快数字经济产业园建设，谋划建设数字经济研究院，以数字赋能现代产业高质量发展，打造全省数字经济中心。

重振商贸物流高地。发挥地理位置优势，推进传统商贸物流转型升级，加快促进石家庄建设高端、现代化的物流基地，实现区域内物流资源的重新规划与整合。打造供应链合作平台，积极培育供应链龙头企业，发挥产业自身优势，重构区域产业链。推动现代商贸物流产业链高端化、市场化和专业化，建设高端物流集散基地和仓储运输一体化的中转中心。提升电子商务与商贸物流的协同发展水平，培育发展一批龙头企业和相关中小企业。打造现代商贸物流发展载体，引导传统商品批发交易市场向电商园区、智能快递物流园区转型，实现由商品批发向供应链管理转变。在石家庄市建设国家二级快递物流枢纽，完善电子商务、智能配送、供应链管理等服务功能，建设区域性快递物流产业园区。

增强人口集聚能力。树立城市是人的城市的“人本理念”，充分提升城市居民主动参与公共事务的能力，激发其积极性和主动性，提高城市居民对城市核心的认可度和接受度。积极落实人口迁移政策，加快城市更新，推进城中村改造，以农业转移人口市民化为契机，全面提升城市人口集聚能力。不断完善城市公共服务设施和市政设施，推动城市基础设施向新建区延伸，实现地铁等公共交通在都市区内全覆盖。

（四）建设现代化都市圈

建设现代化城市圈，需要发挥超大、特大城市及大城市的辐射带动作用，打造城市功能互补、产业错位的空间网络，促进与周边地区同城化发展，推动城市圈内交通便捷、产业梯次配套、生活便利共享，实现现代化都市圈内中小城市高质量发展。

优化都市圈内部空间结构。都市圈可构建“1＋3＋2”发展框架，“1”是以石家庄为核心，形成都市圈发展策源地，“3”是以邢台、邯郸、衡水为重要支点，形成都市圈功能拓展区，“2”是带动定州和辛集快速发展，打造都市圈重要节点城市。石家庄市作为省会，应积极建设现代化大都市区，着力打造现代化都市圈发展引擎，带动冀中南地区协同发展。邢台市应充分利用地处京石邯城市发展轴带的重要节点地位，加快产业转型升级，打造联通省会石家庄和邯郸一体化发展的重要枢纽。邯郸市应充分利用全国历史文化名城和全省建材基地的地位，协同构建“邢邯联动”发展格局，加快融入中原经济圈和石家庄现代化都市圈。衡水市应充分发挥衡水湖华北湿地和教育文化品牌优势，积极打造新型城镇化和城乡统筹示范基地，形成联动济南市与石家庄市协同发展的重要支点。定州市和辛集市应依托自身发展优势，积极融入石家庄现代化都市圈，培育具有地域特色的现代化都市区特色节点。

建设便捷高效的通勤圈。提高整个都市圈内交通运行效率，打造“1小时通勤圈”，减轻城区交通压力，方便周边区县人口通勤。一是提升公共交通建设水平，合理布局交通枢纽，实现公交、地铁、铁路和机场无缝连接，公交和地铁之间免费高效换乘；延长公共交通末班车的运营时间，缩短公共交通的间隔时间，早、晚通勤和节假日运行高峰增加车组；加快轨道交通建设速度，加密城区地铁线路，由中心城区向二环外延伸；整修故障地铁出口，修复地铁站内故障设施，提高利用效率。打造一批高质量交通枢纽和站点，以火车站点为依托，以公交、地铁换乘站点为重要集结点，建成一批集商业、服务业、交通运输业等多功能于一体的高端商业中心。二是加快公路建设，提高整个城市的市政公路建设标准，打通城际“断头路”，拓宽“瓶颈路”，加强主干道的直接对接，推动城际公路市政化、城际客运公交化。

构建梯次配套的产业圈。按照中心城区的区域定位和区位需要，建设自都市圈中心至外围梯次分布、产业集聚、配套协作的产业圈，实现高附加值产业深度融合发展。加快中心地区的商业和服务业建设，包括总部经济、金融服务、研发中心、商业会展和消费娱乐等，提升中心城区的消费活力和产业发展水平。引导周边地区积极发展科技含量较高的制造行业，以创新推动产业结构转型升级。推动周边地区建设发展服务中心地区的配套产业，完善中心地区的核心功能。支持外围地区发展高质量的农业和畜牧业，统筹发展高端农业产业发展平台，建设现代化农业产业园区。

形成便利共享的生活圈。推动中心城区公共服务发展，建立健全社会保障制度，鼓励多层次多模式合作办学办医，推动社会保障措施进一步完善。推动政务服务互联互通，提高政府政务服务水平，保证高效率运作。统筹新建大型公共服务设施，共建生鲜生产加工仓储基地，探索跨行政区开展能源、通信、应急救援等服务，健全重大突发事件联防联控机制。加强生态文明和水资源保护基地建设，完善休闲游憩功能，统筹规划建设郊野公园、拓展基地、亲子场馆、特色民宿等，丰富城市生活，满足城市居民多样化的生活需求。

构建省会引领城镇化发展大格局。石家庄现代化都市圈的形成将有效带动冀中南地区城市群快速发展，并在全省城镇化发展中发挥重要作用。河北省构建融入京津冀世界级城市群体系网络还需要推动“雄石”联动发展，共同拉动环京津核心功能区和冀中南地区一体化发展。同时，需要积极打造唐山现代化都市圈，拉动唐山、秦皇岛、承德和张家口等城市发展，形成石家庄、雄安新区、唐山三大重要增长极共同引领全省城镇化发展的战略格局。

B.21
河北省安全宜居城市治理路径

严晓萍　赵瑞华*

摘　要： 随着城镇化发展，城市进入内涵式、韧性化、绿色高质量发展新阶段，这一时期城市发展面临许多全新的问题和挑战，各类风险、矛盾突出。建设安全宜居城市，增强抗风险能力，创新社会治理方式，对实现城市可持续发展具有重要意义。本报告借鉴国内外安全宜居城市建设经验，针对河北省安全宜居城市发展中环境质量、公共服务、基础设施、应急防控、高效智慧等方面的短板问题和未来发展趋势，提出了加强安全宜居城市治理方面的建议。

关键词： 安全宜居城市　社会治理　河北省

我国正处于城镇化快速发展期，城市人口规模不断扩大，生产生活方式发生了深刻变化，运行系统日益复杂，城市在为经济社会发展注入新动力的同时，也给风险治理带来巨大挑战。2015 年中央城市工作会议指出，把安全落实到城市工作和城市发展各个环节、各个领域。2018 年《关于推进城市安全发展的意见》本着生命至上、安全第一的思想，打造共建共治共享的城市安全社会治理格局，提出城市安全管理防控，提升应急管理和救援能力，关注领域是城市重点产业和基础设施。党的十九届五中全会提出加强国家安全体系和能力建设，保障人民生命安全，维护社会稳定。《中共中央关

* 严晓萍，河北省社会科学院社会发展研究所研究员，研究方向为人口社会学、社会问题；赵瑞华，河北经贸大学教授，研究方向为经济学。

于制定国民经济和社会发展第十四个五年规划和二〇三五年远景目标的建议》更是指出了国际国内环境不确定性和不稳定性增加，社会治理还有弱项，应从国家安全、经济安全、人民生命安全不同的角度进行平安中国建设。还重点关注以人为核心的新型城镇化建设，明确提出实施城市更新行动、韧性城市建设，提高城市治理水平，加强城市风险防控治理，推动社会治理重心向基层下移，加强城乡社区治理。世卫组织早在 1989 年就倡议“安全社区”建设，针对高危人群、高风险环境、高脆弱群体进行预防。2002 年，我国首次引入“安全社区”理念，截至 2021 年，全球共有国际安全社区 403 家，其中中国内地已建成 120 家。

城市安全风险因素具有不确定性和不可预见性，危机治理需要系统、科学的方法和手段。截至 2021 年，我国常住人口城镇化率已经达到 64.72%，城镇常住人口达 9 亿多人，未来时期还有不断增加的可能，中心城市和城市群已经成为承载经济社会发展要素的主要空间形式。建设具有包容性、安全性、可持续性的城市是全球城市发展的共同主题，居住功能同样是城市作为人类主要生存空间的基本功能，安全宜居是人民群众对高品质生活空间的基本要求，“人民城市为人民”是我国城市治理工作的出发点和落脚点。

一　河北省安全宜居城市治理主要内容

在全国城镇人口已经超过 9 亿人，并呈继续增加趋势的背景下，安全宜居问题涉及全体城市居民，无论高、中收入还是低收入群体都不可避免，事关治安、环境、社会风险防控等城市治理大问题。在以人为核心的城镇化新发展时期，城市安全、社区安全、人民生命安全是安全宜居城市的关注重点。

从宏观角度看安全宜居城市，包括合理控制城市人口密度、改善人居环境、优化城市空间布局三个方面。根据各地资源、人口承载力，合理控制人口密度，解决大城市中心城区人口和功能过密问题。完善安全宜居城市、韧性城市生态系统和安全系统，合理布局城市发展和居民经济、生活、生态、安全需要的产业和设施。城市和城市之间既要互联互通，也要有必要的生态安全屏障，形成多层级、多节点的城市群网络。

从城市微观角度分析，城市安全包括人民生存安全、社会（社区）环境安全、自然环境安全几个方面。人民生存安全主要包括基础设施、公共场所设施安全。社会（社区）环境安全主要包括公共服务共享安全、治安安全、交通安全、信息安全等。自然环境安全主要包括空气、噪声、水等污染防治和自然灾害防控。

人民生存安全角度，面临城市更新问题。城市是人口、能源、财富、基础设施高度集中的地方，一些很小的事故也会因为人口和财富的高度密集，造成重大伤亡和损失，灾难具有放大效应，会严重降低城市居民安全感。部分城区水、电、热气等基础设施老化、质量低、配置不足，人口居住密度高，老旧小区、城中村、群租房、老城区、低收入阶层居住区常是火灾、坍塌、刑事治安等安全事件的高发地，是安全宜居城市治理的重点区域。

社会（社区）环境安全角度，面临治理能力现代化问题。城镇居民享有社会保障、教育、医疗、就业等基本公共服务是建设和谐社区关系及享有尊严、体面的城市生活的基本条件。享有基本公共服务作为城市生活的重要支撑，对于居民在城市社会经济活动中的参与机会和参与成本具有显著影响，如果缺乏这些重要的支撑，农业转移人口、低收入群体都将在社会融入等各方面面临压力，个体、家庭承受的种种压力累积，有逐渐演变成影响社会和谐稳定的社会安全压力风险。治安、交通、信息安全考验城市治理手段和治理能力，是安全宜居城市治理的重点内容。

自然环境安全角度，面临人民健康宜居问题。人民生命安全和健康是城市发展基础，近年来，京津冀区域空气污染涉及人口多，不仅影响居民身体健康，也关系到许多行业转型升级、人的就业机会和发展前景，河北省空气污染防治、灾害防控是治理的重点领域。

城市安全问题具有累积性、传导性、隐蔽性、突发性、系统性特点[①]。

---

① 王郁：《城市居住生活安全是宜居城市建设的重要内容》，《中国建设报》2019 年 11 月 28 日。

累积性表现为城市经过几十年的发展，基础设施配置数量和质量都与人口快速增加不适应，老旧、老化、拥堵问题累加，从量变到质变，将产生放大效应，成为威胁城市安全的重大事故风险。传导性在于安全问题往往不是单一的原因和结果，生产、生活方方面面和各行各业都密切相连，一个安全问题会传导到其他的经济、社会领域，甚至传导到其他国家、地区和城市，引发大的风险或舆论危机。隐蔽性表现在安全问题常常隐蔽在繁荣发展背后，如果缺乏预警防控机制，各种突发事件将导致各界恐慌。突发性表现在风险发生的时间、地点不确定。系统性不仅表现在安全问题存在于城市生活的方方面面、角角落落，也表现在其影响范围广，涉及城市运行的整体安全。

二　安全宜居城市治理的相关理论和国内外经验

（一）有关城市安全宜居研究理论分析

宜居城市研究始于20世纪60年代，简·雅各布斯（Jan Jacobs）认为，人口的集中是一种资源，大城市是天然的多样化的发动机，是各种各样新思想和新企业的孵化器。但城市最终是为人服务，一切让人与城市功能分离的想法，都会让城市成为规划的牺牲品，她从城市活力的视角，提出了“街道眼”“城市活力理论”，关注人对城市的意义。她在《美国大城市的死与生》一书中，从城市的高人口流动密度、功能的多元化、风格的多样性、街道服务设施布局的人性化等角度，首次提倡建立适宜人类居住的城市，以保持城市活力和再生能力①。芒福德（Mumford）在《城市文化》中指出，城市的基本问题是能否满足人的基本需要、城市的设计能否促进人的步行交通和人与人的面对面交流，关注城市人口的宜居问题②。萨尔扎诺则（Salzano）在《宜居城市的七大目标》中提出重视城市对于历史和未来的连

① 〔加拿大〕简·雅各布斯：《美国大城市的死与生》，金衡山译，译林出版社，2005。

② 〔美〕刘易斯·芒福德：《城市文化》，宋俊岭、李翔宁、周鸣浩译，郑时龄校，中国建筑工业出版社，2009。

续性，尊重所有的历史遗迹①。西蒙兹（Simonds）的《21 世纪园林城市——创造宜居的城市环境》提出建设便利的、完整的以及富有表现力的宜居园林城市②。埃文斯（Evans）则认为宜居城市包含适宜居住和城市建设符合生态可持续发展的要求③。吴良镛从人居环境发展与建设角度，针对人居需求和有限空间资源之间的矛盾，提倡遵循社会、生态、经济、技术、艺术五大原则，追求有序空间与宜居环境目标④。有研究认为宜居城市是安全、健康、生活方便、有良好的邻里关系及和谐社区的城市。各位学者从城市生活空间宜居、环境空间宜居、文化空间宜居和城市发展等多方面进行了论述，使人们对宜居城市有了较为系统的了解。

（二）城市安全宜居特征

城市最初是因着人类的聚集和需要而形成的，安全宜居城市评价指标注重城市居民生活质量、文化环境、公共设施、社会公平等影响城市安全的因素。经济学人智库（Economist Intelligence Unit）根据治安状况、基础设施建设、医疗服务水平、文化、环境及教育等指标对全球 140 个城市进行评估，选出国际十大宜居城市，中国没有城市上榜。中科院《中国宜居城市研究报告》，根据城市安全、公共服务设施便捷、自然环境宜人、社会人文环境舒适、交通便捷和环境健康等 6 个维度的 29 个指标，对全国 40 个城市进行评价，选出青岛、昆明、三亚、大连、威海、苏州、珠海、厦门、深圳、重庆十大宜居城市。从国际国内最宜居城市角度分析，它们普遍具备良好的居住环境、优质的公共空间环境、充满人文关怀的生活环境、清洁绿色的生态环境、完备的公共服务设施、社会治安良好、文明和谐的特征。

① Salzano E. , Seven Aims for the Livable City, International Making Citis Livable Conferences California, USA: Gondolierpress, 1997.

② 〔美〕约翰·奥姆斯比·西蒙兹：《21 世纪园林城市——创造宜居的城市环境》，刘晓明、赵彩君、孙晓春译，辽宁科学技术出版社，2013。

③ Evans P. ed. *Livable Cities & Urban Struggles for Livelihood and Sustainability* (California, USA: University of California Press Ltd, 2002).

④ 吴良镛：《中国人居史》，中国建筑工业出版社，2014。

在国际、国内十大宜居城市中，北京、上海、广州都没有上榜。国内城市宜居指数评价最低的 5 个城市为南昌、太原、哈尔滨、广州、北京，主要有环境健康性、交通便捷性和居民对自然环境的认可度三大影响因素①。京津冀区域城市全部落榜，其中居民对环境健康的认可度低是最主要的障碍。

（三）国内外安全宜居城市治理经验

1. 深圳超大城市安全治理经验②

流动人口管理法治化。深圳作为流动人口大市，非户籍人口是总人口的 80%。深圳从 1984 年率先开始实行暂住证制度，2015 年实施居住证制度，并将居住证作为流动人口享受城市权利的凭证，从流动人口管理法治化入手，掌握人口信息，打好安全管理基础。

民生警务便民化。深圳公安推出民生警务深微平台，公安政务服务事项 100% 上线，方便群众在线办理民生业务。

交通、犯罪管理智能化。建立电子警察系统，交通管理智能化，标志着交通执法由人工朝自动化方向转变。非现场执法从查处“车”到查处“人”，实现无盘查的跨越式发展。利用公安大数据战略和“AI + 新警务”等 13 个平台，实现关口前移，破解线上、线下犯罪案件。

治安管理社会化。深圳社区以“两长两员”（楼栋长、门店长，物管员、企业保安员）成立了拥有近 10 万名队员的义警队伍，进行群防群治。

2. 湖南株洲老旧片区治理经验③

城市基础设施改造升级。社区通过对老旧片区居民意愿摸底调查，对居民日常生活需要的基础设施进行有机更新。将老旧小区、街巷的水、电、管、气、路“微循环”打通，新建或改建社区公园和文化广场，历史文化建筑得到保护和利用，实现城市环境质量、人民生活质量双提升。

---

① 《以治理升级共建美丽城市》，《人民日报》2020 年 8 月 6 日。

② 《闯出超大型城市治理特色经验　平安深圳如今成亮丽名片》，《南方都市报》2020 年 8 月 26 日。

③ 《以治理升级共建美丽城市》，《人民日报》2020 年 8 月 6 日。

拓展城市公共空间。协调不同权属的城市用地，使小区业主共有空间、市政道路空间、停车空间等开放性空间实现高效利用。投入千万元资金支持停车场改造，推进“厕所革命”，解决居民车位难、公厕难问题，提升了居民生活环境水平。

3. 武汉海绵韧性城市治理经验①

城市治涝的生态思路。将城市排水系统、雨水资源利用、防洪防涝及城市园林景观相结合，在提高应急排水系统抽排能力基础上，通过建设透水铺装、生态停车场、下沉式绿地等，对城市雨水、污水进行蓄、净、用，完成海绵系统良性循环，为城市安全建设奠定了基础。

4. 江苏省美丽城市治理经验②

打造城市特色风貌。强化对城市重点区域、重点地段的空间形态、高度体量、风貌特色等的控制引导，保留独特的地域环境、文化特色、建筑风格，打造城市亮点和精品建筑，筑就城市空间景观特色。

建设美丽宜居街区。推动街道小区围墙内独立的居住空间与围墙外开放空间有机衔接，系统考虑地上和地下、环境和配套、硬件和软件，消除街区安全盲区，优化慢行交通道路，协调停车供求，探索小区物业管理与城市管理有机融合，建设宜居住区。

政府购买社区治理综合服务。政府提供专项资金，购买社区治理综合服务。在重大公共安全事件突发时，社区工作者、物业人员、网格员、志愿者等迅速组织动员，构筑起“家园防控墙”，社区安全治理能力提升。

5. 南宁城市黑臭水体治理经验③

南宁市以治水优生态，以建城促宜居，抓重点、补短板，在黑臭水体治理中转变思路，统筹上游与下游、岸上与岸下，开展全流域、全要素系统治

---

① 王辉健、林震：《建设海绵城市　让家园更加安全宜居》，《光明日报》2020 年 10 月 6 日。

② 《打造美丽宜居城市，让生活更美好》，新华报业网，2020 年 8 月 15 日，http：//news.xhby.net/js/sh/202008/t20200815_ 6768406.shtml。

③ 《南宁市全面推进水环境治理推动城市生态宜居品质不断升级》，《南宁日报》2020 年 11 月 19 日。

理。从末端治理到全过程治理，从只治水到水陆同治，控源截污，推进污水处理厂、排污管网、河道沿岸排污口改造提升，提升城市污水收处能力，沿河而建湿地公园，建设透水化的生态停车位、路面、绿化带，层层渗透净化雨水，提升城市生态宜居品质。

6. 石家庄打造“红色物业”、建设宜居社区经验①

石家庄通过加强“红色物业”党建引领，发挥党组织在物业企业中的核心作用。对“红色物业”实行减税降费，减少物业服务企业基础投入，规范物业收费项目，在创业贷款、员工培训、社保补贴等方面给予优惠，有效破解老旧小区改造后的治理难题。全市 1951 个老旧小区，通过打造“红色物业”承接老旧小区管理，物业服务企业已主动承接 1361 个老旧小区服务，物业管理覆盖率由 35% 提高到 69%，受惠群众 90 余万人。石家庄针对老旧小区分布零散、独栋独院小区多的情况，推行独楼独院老旧小区“连并托合”管理模式，通过“连、并”已减少“小、散、独”小区 183 个，通过“托、合”使 345 个小区有了“红色物业”当管家，在保洁、维护、投诉维修等方面实现资源共享，提高管理成效。

坚持共商共建共管理念，积极发动居民全程参与，梳理安全管理、居住功能提升、环境治理、后续管理等 4 个方面 32 类改造内容，对 80% 以上的居民进行问卷调查，确保将居民最关心的诉求纳入改造内容并公示 5 天，选取居民代表参与监督和安全管理，改造后进行居民满意度测评。

按照“传承、延续、记忆”的总体原则，充分挖掘提炼保留小区的文化内核，在改造中保留社区原有的文化元素。

7. 新加坡城市可持续发展治理经验②

利用先进技术创造宜居环境。新加坡受地理位置限制，水资源和食物生产方面天然不足，除了尽可能减少环境污染，还从源头和使用两方面解决缺水问题，建设蓄水池，收留雨水，利用“白天鹅”形的机器人来监测

① 《河北石家庄：“红色物业”暖民心》，《光明日报》2019 年 11 月 20 日。

② 《新加坡城市治理经验：用可持续技术创造宜居环境》，网易网，2019 年 5 月 27 日，https：//3g. 163. com/local/article/EG69K7EA0491000Q. html。

水质，并将其作为水资源评估网络的一部分，成功地从缺水国家转变为水资源安全的国家。通过立体垂直空间布局，提高土地使用率，种植营养价值高、产量高的农作物，提高食品自给率，保证食品供应安全，实现可持续发展。

三　河北省安全宜居城市治理存在的主要问题

2020 年河北省常住人口 7461 万人，城镇常住人口 4481.7 万人，占全部常住人口的60.07%，与2010 年相比，提高16.13 个百分点，增幅与全国平均水平的差距从 2010 年的 5.74 个百分点下降到 3.82 个百分点。全省常住人口城镇化率首次突破了 60%，城乡结构发生了历史性变革。在中国科学院发布的《中国宜居城市研究报告》中，京津冀区域没有上榜城市，北京宜居指数则排倒数第一，其中最主要的短板是城市人居环境健康性差。河北省各个城市不仅在环境宜居方面差距大，还存在公共服务设施、人文环境、韧性城市建设方面的短板，面临缩小与京津差距的艰巨任务。

（一）人居环境宜居质量亟待提高

京津冀城市群环境质量经过多方努力，已有明显好转。2020 年京津冀及周边地区“2+26”城市平均优良天数比例为 63.5%，而长三角地区 41 个城市平均优良天数比例为 85.2%，空气质量明显好于京津冀区域。2021 年春节期间，京津冀及周边地区中，廊坊市空气质量为严重污染，北京、保定、石家庄等 7 个城市为重度污染，天津、德州、菏泽等 4 个城市为中度污染①，空气质量差的城市中京津冀区域占多数。2021 年1~8 月份，全国339 个地级及以上城市空气质量平均优良天数比例为 86.3%，下降 0.4 个百分

① 《生态环境部发布2020 年全国生态环境质量简况》，生态环境部网站，2021 年 3 月 2 日，https://www.mee.gov.cn/xxgk2018/xxgk/xxgk15/202103/t20210302_823100.html。

点。其中，京津冀及周边地区“2+26”城市平均优良天数比例为62.4%，长三角地区41个城市平均优良天数比例为86.6%，汾渭平原11个城市平均优良天数比例为65.6%，在区域比较中京津冀环境状况较差。

（二）城市公共服务方面差距明显

据相关分析，2010~2017年京津冀城市群内各城市公共服务水平差距总体呈扩大趋势，尤其是基础教育领域、医疗卫生领域、社会保障领域的差距扩大明显，并且医疗卫生公共服务的差距成为京津冀城市群内差距最大的公共服务领域①。经过近几年铁路及公路路网、服务设施等基础设施建设领域补短板，河北省与京津设施环境领域的差距在缩小，但在城市地下管网、停车场建设、托幼、养老、家政、教育服务设施等方面仍然不能满足需求。

（三）城市生活宜居方面改造更新任务繁重

据住建部相关统计，全国老旧小区近16万个，涉及居民超4200万人，建筑面积40亿平方米。2018~2020年河北省开始老旧小区、城中村改造三年行动，共改造完成老旧小区6311个，惠及居民141万户，其中石家庄市老旧小区1951个，整治任务为332个，涉及14个县（市、区），城中村改造项目192个，惠及群众3.9万户。2021年将城镇老旧小区改造工程继续列入20项民生工程之中，改造城镇老旧小区3057个，涉及居民52万户，配套完善老旧小区基础设施和安全设施，为居民打造设施完善、管理有序、安全健康的生活环境。“旧改”面临解决居住安全问题，包括消防水源、消防设施是否充足，消防通道是否通畅，燃电气网管理，电梯、路灯、管网老旧，居家环境适老化改造等。生活宜居方面，缺乏幼儿园、社区养老服务设施，有的小区没有正规物业，存在菜市场远、停车泊位不足、私拉电线缺乏充电设施等20余项公共服务配套设施短板。环境宜居方面，小区私搭乱建，公共绿地被破

---

① 叶堂林等：《京津冀蓝皮书：京津冀发展报告（2020）》，社会科学文献出版社，2020。

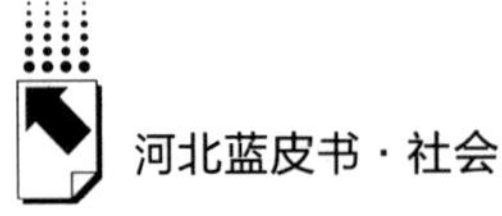

坏，小区卫生状况差等。由于老旧小区维护成本高，投入大、收益少，很多物业公司不愿意进驻。改造方案、改造成本分担问题，改造后如何管理，也是重点难点。

（四）韧性城市体系建设亟待加强

从2021年1月2日石家庄市藁城，还有随后在辛集、鹿泉突发的疫情来看，河北省还存在基层防控意识薄弱、对风险地区来往人员管理不到位、预警机制不完善的问题，各类风险防治工作重事后补救、轻事前预防，被动的事后补救造成治理成本增加，缺乏完整的应急备案系统。

四　河北省安全宜居城市治理路径分析

在资源环境承载压力大、公共服务资源供给不足、社会治理能力有待进一步提升等背景下，城市安全运行面临巨大挑战，经济新产业、新业态、新技术不断涌现，给城市安全发展带来了新风险、新挑战，要求在治理理念、治理措施、治理技术上不断进行创新。

（一）充实基层社区治理资源，及时应对安全隐患和回应居民诉求，提升城市社会治理效能

1. 提高城市基层社区治理效能

《中共中央关于制定国民经济和社会发展第十四个五年规划和二〇三五年远景目标的建议》提出，加强社区治理体系建设，推动社会治理重心向基层下移，减轻基层负担。因地制宜对城市社区基础设施、公共服务设施等进行改造升级，补短板。继续推动“红色社区”管理，建立和完善社区党组织、居民委员会、业主委员会和物业服务企业“四位一体”的协调机制。采用5G、物联网等新一代信息技术，对基层治理信息进行全方位采集、整合，为基层社会治理提供科技支撑。强化基层社会治理人才队伍建设，提升其专业化服务水平。

2. 推动治理资源向基层下沉

充分重视基层社区在城市安全治理中的重要性，推动资源下沉，加强基层社区治理人员、资源优化配置，建立及时发现、智能上报、就近处置、协同治理机制，有效提升基层防控、应急处置能力。推动服务下移，针对多元化、个性化的服务需求，整合各类社区网格功能，把医疗、基础设施、教育等公共服务、市场服务、志愿服务下沉到网格，精准投送，发挥各类社区社会组织的专业化优势，以“精准治理”畅通社会的“大循环”。推动智慧应用下移，互联网、云计算、物联网、知识服务的迅猛发展，为精细化社区治理提供有力技术支撑。完善社区风险监测监控、预测预警、智能防范技术运用，加大对信息管理系统、网络平台建设的投入，掌握社区网格党员和志愿者信息，随时调度应急应对人力。汇集社区服务资源信息，构建线上线下供需对接机制，高效解决人口管理、生活物资供应、健康保障等治理难题。

3. 积极支持各类社会主体共建共治共享

完善市民参与城市治理机制，引导市民积极参与城市治理决策、监督工作。充分发挥基层党组织及群团组织和服务性、公益性、互助性社会组织的作用，引导民间组织、非营利性社会组织等各类社会组织参与城市治理，倡导城市治理志愿服务。通过政府和社会资本合作等方式，推进城市基础设施、便民服务设施、环卫保洁、园林绿化等的市场化运营，吸引社会力量和社会资本参与城市治理，激发社会活力，增强治理合力。

（二）加快城市老旧和基础设施更新，提升居民生活空间宜居感

1. 有序推进城市更新

适应安全宜居城市发展需要，改造老旧小区，完善停车场、生活服务、管道等公用设施建设，补齐短板。改造老旧厂区，通过转换建设用地用途、转变空间功能等方式，打造双创空间、新型产业空间或文化旅游场地。改造老旧街区，推动地方特色街区及商业步行街业态多元化，打造街区经济。加快城中村改造，按照城市标准进行整体重建或修复，将城中村彻底改造为城

市社区或其他公共空间。

2. 加强安全绿色社区居住环境建设

结合城市更新和改造提升，综合治理社区道路，消除小街、小巷和小区路面坑洼破损等安全隐患，畅通各个小区和大型公共场所的消防、救护等生命通道，配备消防装备。将绿色发展理念贯穿城市住宅建筑设计、建设、管理和服务全过程，以绿色低碳的方式改善社区人居环境，彻底整治小区及周边绿化带、街道照明等，推进建筑物屋顶绿化、悬垂绿化等立体绿化，实现社区人居环境整洁、舒适、安全目标，形成崇尚绿色生活、争建绿色社区的社会氛围。加大建筑节能改造力度，提高建筑绿色节能化水平。严格执行生活垃圾分类，合理设置生活垃圾投放点、收集点及便民回收点。推进社区海绵化改造和建设，促进雨水就地蓄积、渗透和利用。统筹利用好地上、地下空间，合理配建停车场及充电设施，优化停车管理，提升社区停车设施供给能力。推动住宅、公共场所等适老化改造和无障碍设施建设，进一步规范管线设置，加强噪声治理。增加社区便民服务设施建设投入，补齐在卫生防疫、社区生活服务等方面的短板。推进社区市政基础设施智能化改造和安防系统智能化建设，推动门禁管理、停车管理、公共活动区域监测、公共服务设施监管等领域智能化升级。

（三）建设韧性城市，加强城市安全风险防控能力

1. 提升城市系统免疫能力

增强城市抵御风险和应急保障能力，提高城市防洪、抗震、消防、排水防涝等设施建设标准，提高城市免疫力。合理规划布局应急避难场所、公共卫生事件应急场所等，完善应急基础设施体系。完善公共卫生服务和疾病预防控制体系，健全公共卫生重大风险防控、重大疫情预警、救治和应急处置机制，补齐公共卫生短板。整治城市环境卫生死角，建立严格检疫、产品供应管理体系。

2. 加强应急物资保障管理

健全重要物资收储、调配机制，加强粮食、水、能源、药品、防护品等

重要物资储备保障。完善交通物流、能源、信息通信等生命线工程。建立健全城市群之间的联防联控机制，优化重要物资区域布局，推动产能互补、资源互助、信息互通。

3. 健全应急防控救援体系

实行城市“全周期管理”，完善重大风险监测、研判、预警、决策、防控协同机制，规划制定各类灾害应急预案和可替代预案，建立专业化、职业化的救灾救援队伍，健全统一指挥、上下联动的应急救助体系。强化重大灾害行政问责制。强化社区应急防控基础性作用，积极发挥社会力量在应急管理中的作用。

4. 构建信息化预警监测体系

加强新型信息技术在灾害监测和分析中的应用，充分利用大数据信息共享与实时监测系统进行灾情播报。优化整合基层各类信息员队伍，完善基层预警信息发布服务体系。建立健全灾害监测预警信息报送制度，明确信息联络员，加强专门监测队伍力量和监测装备配备。

（四）重视城市生态环境建设，建设宜居城市生态环境空间

生态环境是最公平的公共产品，良好的城市生态与每个人息息相关。应充分认识生态环境保护和建设对城市发展的意义，坚持绿色发展，使城市发展更可持续、更具活力，整改城市生态环保领域突出问题，发展资源节约型、环境友好型新兴产业。构建绿色交通体系，提倡绿色出行，积极倡导绿色生产生活方式。以资源环境承载能力为硬约束，聚焦人口和建设规模“双控”，合理控制城市规模，重视城市生态空间“留白增绿”。加大环境基础设施投入，推进海绵城市建设，实现城市街道小雨不积水、大雨不内涝。从末端治理转向全过程治理，消除城市黑臭水体，建设环水绿色廊道，加强区域合作，解决空气和水污染问题。

（五）保留传承和创新城市文化遗产，建设宜居城市文化空间

习近平总书记强调：“一个城市的历史遗迹、文化古迹、人文底蕴，是

城市生命的一部分。”① 应将历史文化遗产保护纳入城市整体发展战略，在城市总体规划中开展城市历史文化遗迹评估，划定各级各类历史文化保护片区，建立历史文化保护片区禁拆制度。以历史文化遗产为载体，延续城市的文脉，将城市传统街区、历史建筑修旧如旧，利用老工厂区和工业建筑发展文创产业，并融入城市新功能，在更新中保护，让城市留下记忆，提供充满地方文化魅力的公共空间和人居环境空间。

参考文献

《〈中共中央关于制定国民经济和社会发展第十四个五年规划和二〇三五年远景目标的建议〉辅导读本》，人民出版社，2020。

本书编写组编著《党的十九届五中全会〈建议〉学习辅导百问》，学习出版社、党建读物出版社，2020。

① 《习近平：一个城市的历史遗迹、文化古迹、人文底蕴，是城市生命的一部分》，搜狐网，2019 年 2 月 2 日，https：//www. sohu. com/a/292991899_ 160257。

B.22

河北省“空心村”基本状况调查报告

王立源*

摘　要： 通过“空心村”基本状况调查发现，农村外出就业人员主要为青壮年群体，外出务工收入成为家庭经济收入主体，出现存在耕地流转现象的村庄但为数不多，留守老人、留守妇女、留守儿童现象仍然存在。“空心村”现象受到村民普遍关注，他们寄希望于政府改变现状。在“空心村”现象日益严重的背景下，政府提供的基本公共服务略显不足，在各种利益博弈中“空心村”治理阻力重重。破解“空心村”治理难题，需要从分类推进“空心村”专项治理、夯实“空心村”公共资源基础、精准强化“空心村”公共服务、加强“空心村”建设人才支撑、创新“空心村”治理体制机制等五大方面系统施策。

关键词： “空心村”　公共资源　社会治理

伴随城镇化进程，“空心村”已成为农村固有的现象，由“空心村”带来的农村经济、政治、文化、社会、生态等影响将不断加深。为了深入了解河北省“空心村”基本状况，获得第一手调查资料，课题组于2022年初对太行山东麓5个村庄进行了深度访谈和问卷调查。其中村庄调查表设计24个问题，较为全面地反映了该村经济社会发展的基本情况，居民调查问卷发放158份，家庭调查问卷发放107份，均已成功回收。

* 王立源，河北省社会科学院社会发展研究所助理研究员，研究方向为社会调查与乡村社会治理。

一　受访者基本情况分析

（一）性别结构

此次居民问卷调查共回收有效问卷158份，受访者性别结构方面，男性占比高于女性，其中男性91人，占比57.6%，女性67人，占比42.4%（见图1）。此次调查基本能够反映出不同性别农村居民的认知情况。

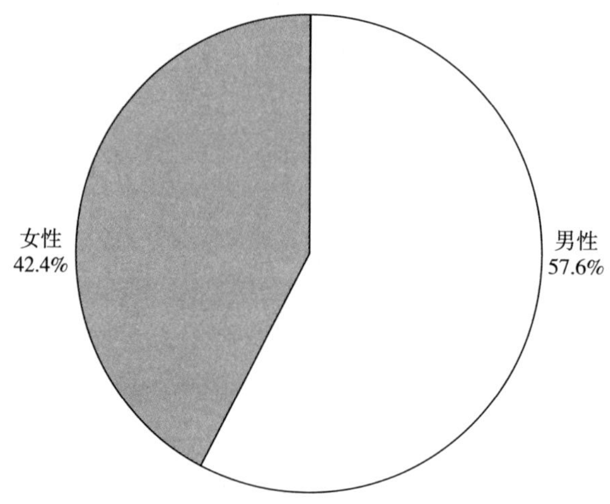

图1　受访者性别结构

（二）年龄结构

年龄分布主要集中在21～40岁年龄段，其中年龄在20岁及以下的有8人，占受访人总数的5.1%，21～30岁的有31人，占19.6%，31～40岁的有75人，占47.5%，41～50岁的有19人，占12.0%，51～60岁的有20人，占12.7%，61～70岁的有4人，占2.5%，70岁以上的有1人，占0.6%（见图2）。从图2中可以看出，受访者主要为青壮年群体，这部分人眼明手快、头脑清晰，能够对所提问题进行明确回答。

受访者以农业户口为主，其中 146 人为农业户口，占受访人数的 92.4%，12 人为非农业户口，占 7.6%。非农业人口的加入，提高了受访者对农村问题看法的客观性。

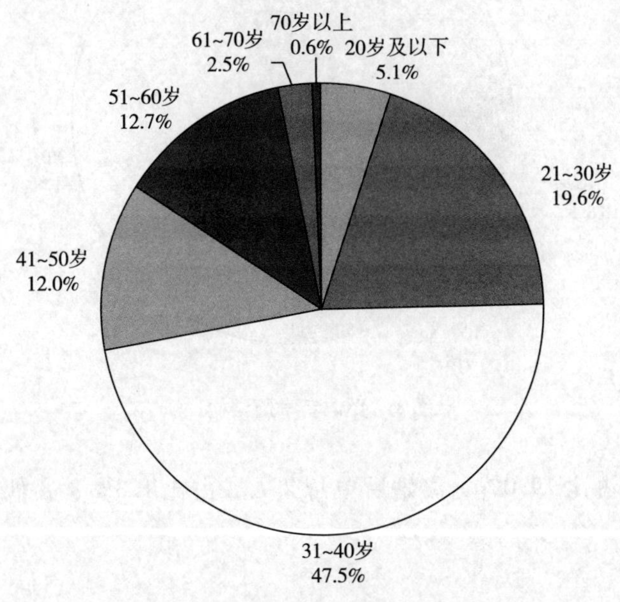

图 2　受访者年龄结构

（三）学历结构

学历层次主要集中在初高中学历水平，不存在没有学历的人。其中，小学 13 人，占比 8.2%；初中 66 人，占比 41.8%；高中（职高）25 人，占比 15.8%；中专（中师）17 人，占比 10.8%；大学专科 22 人，占比 13.9%；大学本科及以上学历 15 人，占比 9.5%（见图 3）。受访者学历结构与访谈中了解到的农村人口学历结构基本一致，各种学历结构受访者的观点表达，能够充分体现不同学历结构人群的看法。

（四）婚姻结构

受访者大部分是已婚人群。其中，已婚 125 人，占受访人数的 79.1%；

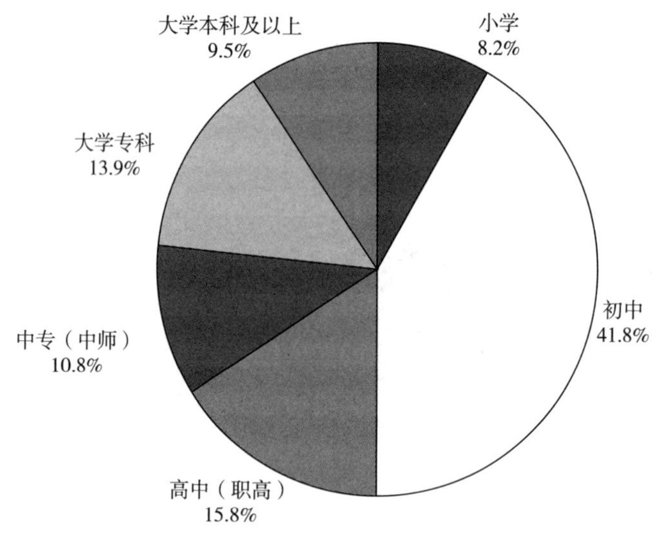

图3　受访者学历结构

未婚30人，占比19.0%；离婚后单身2人，占比1.3%；丧偶再婚1人，占比0.6%。

二　受访者家庭基本情况分析

（一）人口结构

此次家庭问卷调查共回收有效问卷107份，受访者家庭人口结构呈小型化状态，其中1人家庭1户，2人家庭1户，3人家庭7户，4人家庭20户，5人家庭20户，6人家庭38户，7人家庭12户，8人及以上家庭8户。3户家庭有15岁以下人口4人，8户家庭有3人，40户家庭有2人，39户家庭有1人，18户家庭没有15岁以下人员，说明绝大多数家庭都有在学儿童或少年。4户家庭有3个60岁以上老人，39户家庭有2人，25户家庭有1人，39户家庭回答没有60岁以上老人，经过核实回答没有60岁以上受访人多数没有将父母归入家庭成员。1户家庭5人就业，3户家庭4人就业，16户家庭3人就业，39户家庭2人就业，33户家庭1人就业，15户家庭0人就业，这里理解的就业为外出就业。以上数据结合访谈可以得出，家庭就业压力主要在青壮年身上，为了年高的老人和求学的子女，多数选择外出打工以增加家庭经济收入。

（二）经济收入

从全部107户有效样本看，这部分农村居民家庭收入显示在较低水平，近半数家庭年收入在3万和6万元之间。其中家庭年收入1万元以下的占总样本量的5.6%，家庭年收入1万~2万元的占16.8%，家庭年收入2万~3万元的占11.2%，家庭年收入3万~4万元的占19.6%，家庭年收入4万~5万元的占5.6%，家庭年收入5万~6万元的占19.6%，家庭年收入6万~7万元的占5.6%，家庭年收入7万~9万元的占8.4%，家庭年收入10万元及以上的占7.5%。如果取中间值5万元按照一家4口人折算，年人均收入仅有1.25万元，显然多数农村居民家庭收入水平偏低。在家庭农业年收入统计中，34.6%的家庭农业收入在2000元以下，9.3%的家庭农业收入为3000~5000元，11.2%的家庭农业收入为6000~8000元，42.1%的家庭农业收入为1万~2万元，2.8%的家庭农业收入在3万元以上，农村居民家庭农业收入跟人均拥有耕地面积和实际耕种面积相关，所以呈现较大差距。从家庭年总收入和农业收入的数值比较看，农业收入占总收入的比重较低，反推外出务工收入占总收入比重较高。

（三）拥有耕地

在107户有效样本中，除少数非农业户口受访者不拥有耕地外，大多数受访人自家养种耕地，耕地流转现象出现但为数不多，个别农户出现撂荒现象。调查显示：8.3%的人表示自家没有耕地，11.2%的表示自家养种1~2亩耕地，15.0%的人表示自家养种2~3亩耕地，21.5%的人表示自家养种3~5亩耕地，19.6%的人表示自家养种6~7亩耕地，13.1%的人表示自家养种8~9亩耕地，6.5%的人表示自家养种10~12亩耕地，4.8%的人表示自家养种14亩以上耕地，其中有2家养种耕地在20亩以上。养种耕地面积差距较大，说明农村耕地存在流转现象，以下数据可以支撑上述观点。11 户占比 10.3% 的家庭表示自家有他人耕地流入，最高流入 9.5 亩；25 户占比 23.4% 的家庭表示自家有耕地流转给他人，最高流出 10 亩。另外，有 10 户占比 9.3% 的家庭表示有不同程度撂荒现象，2 人表示不知道自家有无撂荒现象。

（四）住房情况

大多数受访者在农村居住，近 1/3 受访者已在城市或城镇购房。调查显示：75.7% 的受访者回答自家有 1 套住房，23.4% 的受访者回答自家有 2 套住房，0.9% 的受访者回答自家有 3 套住房，这里的第 1 套住房多指农村住房。71.0% 的受访者回答自家在城市或城镇没有住房，29.0% 的受访者回答自家已在城市或城镇购房，表明相当一部分农村居民很可能已经脱离了农村生活，他们的购房资金在 10 万 ~120 万元不等，购房资金的巨大落差跟购房地点和购房时间密切相关。当前在城市或城镇拥有住房已成为婚嫁的必备条件，未来一段时期将会有更多年轻人在城镇购房。在回答家中是否有闲置住房的问题上，受访者的答案有些矛盾，虽然只有 8.4% 的人回答家中有闲置住房，但问到家中有几套闲置住房时，15.9% 的人给了 1 套的肯定答案，说明在闲置住房问题上受访者的回答是保守的。

（五）留守情况

在全部受访家庭中，有半数家庭的成员全部在农村居住，半数以上家庭中有留守老人，接近半数的家庭中有留守妇女，超过 40% 的家庭中有留守儿童。调查显示：51.4% 的家庭表示家庭成员全部常住农村，24.3% 的家庭表示家中有 1 ~2 人不在农村常住，14.1% 的家庭表示家中有 3 ~4 人不在农村常住，3.7% 的家庭表示家中有 5 ~6 人不在农村常住。6.5% 的家庭表示全部家庭成员不在农村常住。这组数据表明了现阶段农村居民的居住状态，也从侧面印证了农村家庭外出务工和求学状态。在留守情况的问题中，52.3% 的家庭回答家中有留守老人，48.6% 的家庭回答家中有留守妇女，41.1% 的家庭回答家中有留守儿童。以上数据说明，农村的留守现象在一定范围内是存在的，之所以留守儿童数据相对较低，跟家庭追求后辈享受城镇优质教育相关。

三　“空心村”认知情况分析

（一）心中的“空心村”样态

在158份有效受访样本中，大多数受访者认为青壮年外出务工，家中留下老人和儿童就是“空心村”，48.7%的人认为本村的“空心村”现象比较严重，且“空心村”具有不同程度的危害。调查显示：在对“空心村”现象的认知上受访者的观点不尽一致，73.4%的人认为青壮年劳动力外出打工是“空心村”的表现，38.6%的人认为存在原有人口减少，村庄变空就是“空心村”，33.5%的人认为村庄住宅向往扩张，村中心住户变少是“空心村”，在其他选项中，也有少部分人认为村中心旧房无法翻盖导致“空心村”，农民攀比心理太重，在县城买房造成“空心村”。15.8%的受访者认为本村的“空心村”现象非常严重，32.9%的人认为比较严重，31.7%的人认为一般，13.3%的人认为不太严重，6.3%的人认为不严重（见图4）。说明“空心村”现象已经受到当地居民的广泛关注，只是在具体问题看法上不太一致。

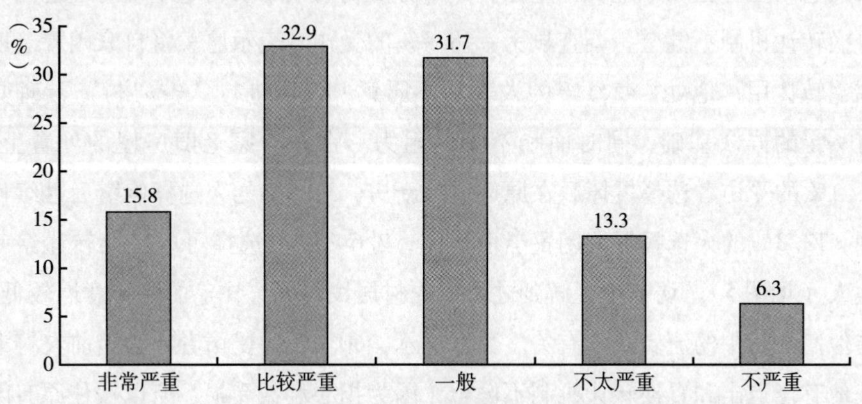

图4　“空心村”严重程度认知情况

（二）“空心村”改造治理认知

大多数受访者认为“空心村”现象必须解决，认为“空心村”现象出现的原因是农村转移人口进入城市、村庄缺少合理规划、新建住房向外扩张，认为制约“空心村”改造的原因是政策不到位和资金不足，认为解决“空心村”问题的办法是建设新型农村社区统一搬迁和统筹规划使用宅基地。调查显示：76.0%的受访者认为农村“空心化”现象必须加以解决，22.1%的人认为“空心村”现象会随时间推移自行解决，1.9%的人认为解不解决无所谓。在“空心村”治理影响因素的选项中，64.0%的受访者选择了政策不到位，60.1%的人选择了治理资金不足，50.0%的人选择了政府推动力弱，15.2%的人选择了村民有抵触情绪。在解决“空心村”问题的办法中，63.3%的受访者主张进行新型农村社区整体搬迁，61.4%的人主张统筹规划合理使用宅基地，47.5%的人主张完善农村宅基地流转政策。以上数据可以看出，虽然少数农村居民对“空心村”治理有负面情绪，但是大多数人还是期望“空心村”问题得以解决，且把希望寄托在政府层面。

（三）“空心村”中老宅处置意愿

多数受访者表示愿意将自家闲置老旧住宅转为他用，半数受访者表示自家的老旧住房会在原址拆掉重建，大部分受访者表示农村宅基地有偿退出和置换转让机制不健全。调查显示：58.9%的受访者表示愿意将自家闲置老旧住宅转让用作他处，41.1%的人表示不愿意，说明进行“空心村”治理具有一定的群众基础，同时面临不小的阻力。在对自家老旧房屋的处置上，48.1%的受访者选择拆掉后在原址重建新房，31.0%的人选择修缮后继续使用，13.3%的人选择保留闲置老旧房屋，7.6%的人选择可以有偿转让给其他人（见图5）。访谈中了解到之所以农村居民对闲置住宅的流转意愿较低，与他们心目中的流转政策有关。数据显示，60.8%的受访者认为当前农村宅基地有偿退出和置换转让机制不健全，因为担心利益受损，所以按住原有闲置老旧住宅不轻易放手。

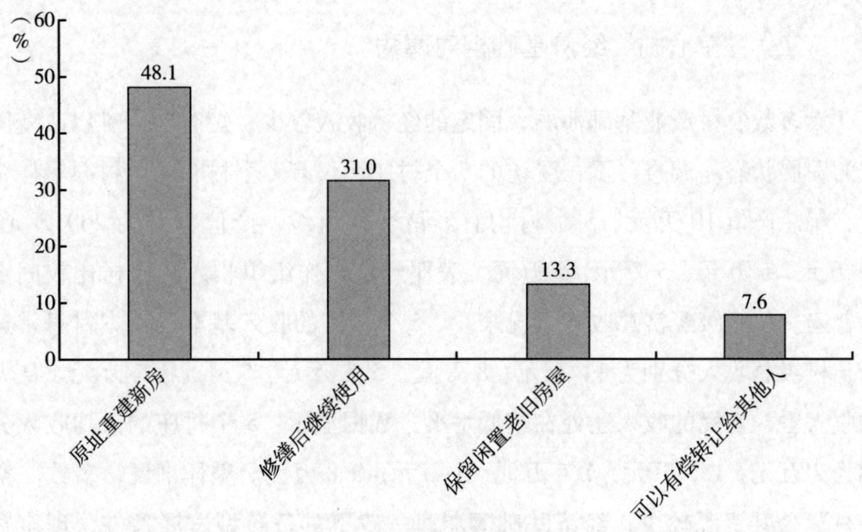

图 5　老旧住宅处置意愿

四　“空心村”背景下农村存在的主要问题

（一）农村空心化现象日趋严重

随着城镇化进程加快，农村转移人口进入城镇越来越多，农村“空心化”现象必然越来越严重。调查显示：受访的 5 个村庄，从事农业劳动的劳动力占劳动力总数比例在 30% 以下的有 2 个村，40% 的有 1 个村，60% 以上的有 2 个村。农业劳动力占比较大的 2 个村常住人口较少，分别为 650 人和 280 人，可见农村实际拥有劳动力数量较少。外出务工劳动力占劳动力总数比例在 60% 以上的有 4 个村，40% 的有 1 个村，可以看出多数农村外出务工劳动力超出本村劳动力的一半。其中 1 个村明确表示已有 15 户外迁出本村，外出务工人口中 60% 的人半年回一次家，40% 的人一年回一次家，可见大多数外出务工人口基本脱离了本村的日常生活。访谈发现：仍在本村生活的年轻人结婚有意愿在城镇购房，表明农村“空心化”现象有进一步加深的趋势。

（二）“空心村”经济基础相对薄弱

大多数农村产业基础薄弱，固定的经济收入较少，短时期内难以改变固有的发展状态。调查显示：受访的5个村庄，仅有1个村有1个村办集体企业，年总产值10万元；5个村均有经济合作组织，产值分别为200万元、20万元、5万元、5万元、5万元，表明经济合作组织收入在农村比较固定且普遍。从村级经济总收入情况来看，5个村庄的收入基本维持本村日常运行，村级总收入分别为11万元、8万元、5.5万元、5万元、5万元。从人均收入看，农民的收入还处在较低水平，数据显示：5个村庄的人均收入分别为2万元、1.5万元、1.5万元、1万元、0.8万元。整体来说，多数“空心村”公共资源较少，经济基础薄弱，一般不具备转型发展条件，现有资源也难以被统筹利用转化为农村发展优势。

（三）“空心村”公共服务供给针对性不强

近些年，国家和省里先后出台各类惠农政策，农村的基本公共服务水平不断提高，但是公共服务对象的针对性有待提高。调查显示：受访的5个村庄，基本都有便利店（小商店、小卖部）、卫生室（诊所）、健身活动场所、图书室等基本公共服务设施。其中3个村有老年活动场所、2个村有小学、2个村有幼儿园，可以满足农村居民日常生活需要。本报告所说的公共服务针对性不强，主要是对应“空心化”现象中的“一老一小”而言。对“一老”来说几乎所有的农村老年人都选择居家养老，对他们来说，在失去劳动能力之前乐意单门独户自己生活，需要的是生病卧床的照料和临终关怀，这方面的公共服务供给尚显不足。对“一小”来说，因为“空心村”现象存在，部分儿童留守农村由长辈照看，在幼儿园尤其是公办幼儿园供给不足的情况下，需要老人们长距离接送，给农村居民生活带来许多不便。

（四）“空心村”治理具有一定难度

“空心村”治理的必要性显而易见，但是“空心村”治理进度相对缓慢，说明“空心村”治理有一定难度。究其原因，主要有两个方面。一是“空心村”治理需要政府大量的资金投入，由于河北农村数量很多，无论是整村搬迁还是就地改造都需要巨额资金投入，全面推进“空心村”治理，政府还需量力而行。二是“空心村”治理困难也来自村民阻力，农村居民为自身利益计算，不愿放弃或置换出自家老宅。调查显示：在问到村庄的房屋空置率时，1 个村庄拒绝回答，其他 4 个村庄回答分别为 0.05%、2%、5%、7%，可见农村居民对房屋空置率的话题比较敏感。当问到“您会如何处置自家的老旧房屋”时，多数人表示会“保留原有住房”，说明他们除非在不得已情况下，否则不愿转换自身的财产利益。

五　对策建议

（一）分类推进“空心村”专项治理

在全省更大范围内开展“空心村”基本情况摸底调查，了解山区、平原、坝上、沿海等不同区域“空心村”的不同特点和严重程度，分类实施“空心村”治理的具体举措。对空置率超过 50% 的村庄建议实施整体搬迁，具体办法分为两种。一是交通不便、地质灾害频发的山区小村可通过在城镇周边建设单元楼形式整村搬迁，并配套非农就业岗位；二是平原地区的较大村庄，可通过整村合并形式，建设农村新型社区，配套建设公共设施和公共服务设施。对空置率超过 30% 的村庄建议实施整村改造，合理规划布局村庄建设用地，创新体制机制盘活村庄闲置用地。对空置率小于 30% 的村庄，建议深度开发利用闲置土地，建设幼儿园、老年食堂、老年服务场所等公益性机构，有条件的村庄可以依托闲置土地发展医养服务产业，以此带动整村发展。

（二）夯实“空心村”公共资源基础

深入挖掘“空心村”自然风貌资源、历史文化资源、农产品特色资源，将资源优势转化为发展优势。在太行山区、燕山山脉、长城周边、运河两岸，充分利用自然生态优势，古村落、历史文化名村名镇品牌，特色农产品优势，发展乡村游等服务产业。在平原地区，充分利用历史文化名人影响，物质和非物质文化遗产，提高乡村知名度与城镇交相辉映、协同发展。依托农村经济合作组织，大力发展农村集体经济，盘活农村集体用地，发展本地特色产业，通过集体企业或组织形式开展深加工、创品牌，增加农产品附加值，推动农村居民共同富裕。鼓励县直单位对口帮扶欠发展“空心村”，鼓励财政资金优先支持农村公共资源开发和公共设施建设，鼓励村庄拓展人脉，为本村跨越式发展助力。

（三）精准强化“空心村”公共服务

针对“空心村”特点，实施有效公共服务，扩大农村地区普惠性幼儿园和公办幼儿园覆盖面，满足“三孩”政策放开后农村学龄前儿童就学需求。定期开展农村老年人健康查体活动，完善老年人健康档案，增加农村妇女健康体检服务，关爱留守妇女身心健康，健全农村医疗服务体系，适时将农村卫生室或诊所看病纳入农村新型合作医疗报销范围。推动乡镇卫生院与养老服务机构深度合作，为农村居民开展医养结合服务。持续推进农村老年人长期护理服务，为失能半失能老年人提供专业照护，开展农村老年人助餐服务和托养服务，为外出务工子女减轻家庭负担。增设棋牌室、舞蹈场地等老年活动场所，鼓励知名医生和社会体育指导员入村服务，将健康保养知识和太极拳、广场舞等养生健身方法传授给农村老人。

（四）加强“空心村”建设人才支撑

推进农村“两委”班子年轻化进程，建立健全农村人才档案管理系统，完善社会保险转移接续办法，为本村青年才俊参与村庄管理扫清障碍，进一步扩大大学生村官覆盖面，为农村注入新鲜血液和现代思想。加强知识化、专业化农民培养，鼓励农业口大中专院校专家和政府部门开展乡村振兴服务，为农业生产“传经送宝”，提高农村科技能手社会认可度，为农村科技创新人才提供支持环境。引导有成就的农村外出务工人员回乡创业，在银行贷款、税收减免等政策方面给予扶持优惠，对带动村庄发展的个人和集体给予荣誉奖励。支持党政干部、企业家、专业技术人才等社会精英回乡任职，畅通退休人员回乡发挥余热渠道。

（五）创新“空心村”治理体制机制

根据农村年轻人职业选择，有序引导他们进城就业生活，保障他们在农村的土地承包经营权、宅基地使用权和集体收益分配权，探索建立在农民自愿放弃农村“三权”情况下的现金或实物补偿机制。引导社会资本参与“空心村”治理，丰富农村建设用地占补平衡内涵，稳妥推进村际间建设用地指标交易。一是可以解决急需用地村庄的发展，二是可以有效利用“空心村”闲置土地，三是可以打消社会资本参与“空心村”治理的顾虑。鼓励各地创新“空心村”治理的体制机制，可以选取有代表的村先行试点，制定路线图，细化实施方案，定期总结经验教训，在实践中破除体制机制障碍，为创新改革提供支撑。

皮 书

智库成果出版与传播平台

皮书定义

皮书是对中国与世界发展状况和热点问题进行年度监测，以专业的角度、专家的视野和实证研究方法，针对某一领域或区域现状与发展态势展开分析和预测，具备前沿性、原创性、实证性、连续性、时效性等特点的公开出版物，由一系列权威研究报告组成。

皮书作者

皮书系列报告作者以国内外一流研究机构、知名高校等重点智库的研究人员为主，多为相关领域一流专家学者，他们的观点代表了当下学界对中国与世界的现实和未来最高水平的解读与分析。截至 2021 年底，皮书研创机构逾千家，报告作者累计超过 10 万人。

皮书荣誉

皮书作为中国社会科学院基础理论研究与应用对策研究融合发展的代表性成果，不仅是哲学社会科学工作者服务中国特色社会主义现代化建设的重要成果，更是助力中国特色新型智库建设、构建中国特色哲学社会科学“三大体系”的重要平台。皮书系列先后被列入“十二五”“十三五”“十四五”时期国家重点出版物出版专项规划项目；2013~2022 年，重点皮书列入中国社会科学院国家哲学社会科学创新工程项目。

皮书网

（网址：www.pishu.cn）

发布皮书研创资讯，传播皮书精彩内容
引领皮书出版潮流，打造皮书服务平台

栏目设置

◆ **关于皮书**

何谓皮书、皮书分类、皮书大事记、
皮书荣誉、皮书出版第一人、皮书编辑部

◆ **最新资讯**

通知公告、新闻动态、媒体聚焦、
网站专题、视频直播、下载专区

◆ **皮书研创**

皮书规范、皮书选题、皮书出版、
皮书研究、研创团队

◆ **皮书评奖评价**

指标体系、皮书评价、皮书评奖

◆ **皮书研究院理事会**

理事会章程、理事单位、个人理事、高级
研究员、理事会秘书处、入会指南

所获荣誉

◆ 2008 年、2011 年、2014 年，皮书网均在全国新闻出版业网站荣誉评选中获得“最具商业价值网站”称号；

◆ 2012 年，获得“出版业网站百强”称号。

网库合一

2014年，皮书网与皮书数据库端口合一，实现资源共享，搭建智库成果融合创新平台。

皮书网

“皮书说”
微信公众号

皮书微博

S 基本子库
UB DATABASE

中国社会发展数据库（下设 12 个专题子库）

紧扣人口、政治、外交、法律、教育、医疗卫生、资源环境等 12 个社会发展领域的前沿和热点，全面整合专业著作、智库报告、学术资讯、调研数据等类型资源，帮助用户追踪中国社会发展动态、研究社会发展战略与政策、了解社会热点问题、分析社会发展趋势。

中国经济发展数据库（下设 12 专题子库）

内容涵盖宏观经济、产业经济、工业经济、农业经济、财政金融、房地产经济、城市经济、商业贸易等12个重点经济领域，为把握经济运行态势、洞察经济发展规律、研判经济发展趋势、进行经济调控决策提供参考和依据。

中国行业发展数据库（下设 17 个专题子库）

以中国国民经济行业分类为依据，覆盖金融业、旅游业、交通运输业、能源矿产业、制造业等 100 多个行业，跟踪分析国民经济相关行业市场运行状况和政策导向，汇集行业发展前沿资讯，为投资、从业及各种经济决策提供理论支撑和实践指导。

中国区域发展数据库（下设 4 个专题子库）

对中国特定区域内的经济、社会、文化等领域现状与发展情况进行深度分析和预测，涉及省级行政区、城市群、城市、农村等不同维度，研究层级至县及县以下行政区，为学者研究地方经济社会宏观态势、经验模式、发展案例提供支撑，为地方政府决策提供参考。

中国文化传媒数据库（下设 18 个专题子库）

内容覆盖文化产业、新闻传播、电影娱乐、文学艺术、群众文化、图书情报等 18 个重点研究领域，聚焦文化传媒领域发展前沿、热点话题、行业实践，服务用户的教学科研、文化投资、企业规划等需要。

世界经济与国际关系数据库（下设 6 个专题子库）

整合世界经济、国际政治、世界文化与科技、全球性问题、国际组织与国际法、区域研究 6 大领域研究成果，对世界经济形势、国际形势进行连续性深度分析，对年度热点问题进行专题解读，为研判全球发展趋势提供事实和数据支持。

法律声明